"十一五" 国家重点图书出版规划

中国经济问题丛书

ZHONG GUO JING JI WEN TI CONG SHU

中国反贫困：人类历史的伟大壮举

ZHONGGUOFANPINKUN RENLEILISHIDEWEIDAZHUANGJU

朱信凯　彭超 等　著

中国人民大学出版社

· 北京 ·

《中国经济问题丛书》
总　序

　　经济理论的发展与变化是和经济实践紧密联系的，在我国继续向社会主义市场经济体制过渡的今天，实践在呼唤经济学的发展和繁荣；同时，实践也为经济学的发展创造着条件。

　　中国的市场化改革是没有先例的，又没有现成的经济理论作指导，这是中国学者遇到的前所未有的挑战。他山之石，可以攻玉。随着一大批西方经济理论译介进来，以及一大批具有现代经济学素养的人成长起来，认识和解决中国问题开始有了全新的工具和视角。理论和实践是互动的，中国这块独一无二的"试验田"在借鉴和运用现代经济理论的同时，势必会为经济理论的发展注入新的活力，成为其发展的重要推动力量，而建立在探讨中国经济问题基础之上的经济学也才有望真正出现。中国经济问题正是在这个大背景下获得了特别的意义。

　　我们策划出版《中国经济问题丛书》的主要目

的是为了鼓励经济学者的创新和探索精神，继续推动中国经济学研究的进步和繁荣，在中国经济学学术著作的出版园林中，创建一个适宜新思想生长的园地，为中国的经济理论界和实际部门的探索者提供一个发表高水平研究成果的场所，使这套丛书成为国内外读者了解中国经济学和经济现实发展态势的必不可少的重要读物。

中国经济问题的独特性和紧迫性，将给中国学者以广阔的发展空间。丛书以中国经济问题为切入点，强调运用现代经济学方法来探究中国改革开放和经济发展中面临的热点、难点问题。丛书以学术为生命，以促进中国经济与中国经济学的双重发展为己任，选题论证采用"双向匿名评审制度"与专家约稿相结合，以期在经济学界培育出一批具有理性与探索精神的中国学术先锋。中国是研究经济学的最好土壤，在这块土地上只要勤于耕耘，善于耕耘，就一定能结出丰硕的果实。

序

从"千年发展目标"到《2030 年可持续发展议程》，联合国都把消除贫困视为首要任务。2017年 6 月，在瑞士日内瓦举行的联合国人权理事会第35 次会议上，中国代表登上发言席，携手全球 140多个国家，就共同努力消除贫困发表了郑重而庄严的联合声明。这是世界反贫困历史上由中国人树立的一座里程碑。联合国开发计划署前署长海伦·克拉克说："中国最贫困人口的脱贫规模举世瞩目，速度之快绝无仅有！"纵观世界反贫困进程，中国这边风景独好，仅仅 40 年时间，就让 8 亿人摆脱了贫困，占全球减贫人口的四分之三。贫困人口比例减半，是联合国千年发展目标之一，中国提前实现了这一目标，并且是第一个实现这一目标的国家。中国共产党十八届五中全会提出，到 2020 年，也就是在全面建成小康社会的时间节点上，农村贫困人口实现全面脱贫，贫困县全部"摘帽"。这不仅是中国共产党人勇于担当的责任，而且是他们对中国人民的庄严承诺，更是他们为世界反贫困事业树立的中国旗帜。

习近平总书记指出，当前扶贫开发工作已经进入"啃硬骨头""攻坚拔寨"的冲刺期。在这一背景下，从事扶贫实际工作，进行扶贫相关研究，必须顺应时代要求，勇于尝试创新。中国人民大学朱信凯教授带领的研究团队立足于中国经验，在大量案头研究和实地调查的基础上，创新性地解读了中国 40 年的反贫困历程。对书稿进行研读之后，我的总体观感是，信凯教授深厚的学术功底和对中国农民问题的长期跟踪研究，必是要在反贫困研究方面锦上添花了。40 年来，中国人民大规模地摆脱贫困，我们也创造了集中连片深度贫困地区、贫困县、贫困村整体脱贫的成功经验，为世界反贫困事业作出了中国贡献，树立了中国榜样。本书对这一伟大历史进程进行了全面总结、系统归纳。尤其是党的十八大以来，马克思主义反贫困理论不断充实完善，并付诸中国实践，一条具有中国特色的全面摆脱贫困之路逐渐向未来铺开。本书对这一新的伟大历史实践进行了深入的思考和研究。在此基础上，本书又选取区域平衡、产业发展、生态扶贫、教育扶贫等领域进行了专题案例剖析。总之，本书既是对马克思主义反贫困理论的系统总结，又是对中国发展道路与经验的全面梳理。

信凯是我熟悉的一位青年学者，他的团队也是圈内长期从事农业与农村发展研究的一支"长江学者"创新队伍。这支队伍坚持马克思主义基本原理，立足于中国发展经验，辩证地汲取国际前沿研究方法，对中国发展道路进行观察、研究、探索，值得鼓励与倡导。我郑重向理论界和政策界的同仁们推荐本书。

是为序。

段应碧

2017.9.23.

中国扶贫基金会理事长、中央农工办原主任

前　言

　　摆脱贫困，是中国人千百年来追寻的梦想，是中国共产党对亿万人民的庄严承诺，是中国改革发展的目标。

　　中华人民共和国成立后，中国共产党人带领全国各族人民筚路蓝缕，艰苦创业。改革开放以来，中国共产党人又带领亿万人民群众大胆探索，走出了一条中国特色社会主义道路。党的十八大以来，中国共产党人站在新的历史起点上，全面深化改革，为全面建成小康社会而努力奋斗。如今，改革开放已走进第四十个年头。四十年来，中华大地经历了沧海桑田的巨变，中国经济发展创造了世界奇迹，为第三世界国家摆脱贫困落后树立了榜样。四十年来，中国改革"由表及里""由浅到深"，从"改革开放"到"全面深化改革"，不断突破思想观念的桎梏，以发展的伟大成就科学回答了"怎样建设社会主义"的问题。四十年来，人民生活水平正逐步由"温饱"迈入"小康"，农村贫困人口显著减少，在摆脱贫困的道路上我们力求不落下一个民族，不落下一个群众。习近平总书记曾引用《说苑·政理》中的一句话来描述摆脱贫困的家国情怀："善为国者，遇民如父母之爱子，兄之爱弟，闻其饥寒为之哀，见其劳苦为之悲。"确实如此，改革开放以来党中央高度重视农村贫困人口之饥寒劳苦，始终把贫困人口脱贫和建设小康社会统一起来，在不同的发展阶段开展了方式各异的反贫困实践，构筑了现在的扶贫开发体系。

1978 年以前，中国贫困人口的规模大约为 2.5 亿人，这一时期存在大规模贫困人口的主要原因是经济体制因素限制了农村生产力的发展。之后随着农村基本经营制度、商品流通制度的改革，农村生产力得到解放，农业产出和农民收入迅速提升，农村贫困人口大幅减少。但随之而来的是贫困人口向"老、少、边、穷"地区集聚，仅靠经济增长已经难以实现农村贫困人口有效脱贫，扶贫开发工作遇到新的矛盾和瓶颈。1986 年以后，中国政府开展了一系列有计划、有组织的大规模农村扶贫开发活动，制定了"县级瞄准"机制，确定了 331 个国家重点扶持贫困县，从而形成了中国特色开发式扶贫战略的雏形。1992 年邓小平同志南方讲话以后，中国经济进入高速增长阶段，经济增长的减贫效应成为这一阶段扶贫开发工作的主要推动力：第二、第三产业的快速发展吸收了农村剩余劳动力，农民工资性收入的增加显著提高了农村居民的收入水平，从而带动一部分群众走出了贫困。但是，经济高速增长势必带来区域发展不均衡的问题，使贫困人口进一步向落后地区集聚。针对这一矛盾，1994 年中国开始实施《国家八七扶贫攻坚计划（1994—2000 年）》，提出在经济不发达地区优先解决贫困人口温饱问题的发展战略：用 7 年时间基本解决农村 8 000 万人口的温饱问题。在新的标准下中国贫困县增加到 592 个。八七扶贫攻坚计划实施 6 年后，中国绝对贫困人口已降低到了 3 200 万人。尽管取得了显著成就，但是新的矛盾又暴露出来：贫困县未能覆盖所有贫困人口，大量贫困人口分布在非国家重点扶持贫困县内，这一部分贫困人口无法享受国家扶贫资源的支持，扶贫开发工作进展缓慢。

在新的矛盾面前，国家"对症下药"，出台《中国农村扶贫开发纲要（2001—2010 年）》，放宽了扶贫资金的使用限制，允许资金投向非国家重点扶持贫困县的贫困人口，扶贫瞄准方法由"县级瞄准"向"村级瞄准"调整。2011 年，国家出台《中国农村扶贫开发纲要（2011—2020 年）》，确定了 11 个连片特困区以及西藏、四省藏区、新疆南疆三地州作为扶贫攻坚主战场。这一时期，扶贫开发战略主要向两个方面调整：一是聚焦于区域发展差异，着力解决贫困人口相对集中的西北、西南经济欠发达地区的贫困问题，由"县级瞄准"向"村级瞄准"转变，进一步保障扶贫措施落到实处；二是坚持以开发式扶贫为主要手段，强调由"输血式"扶贫向"造血式"扶贫转变。

事物是不断变化发展的，因时因势调整扶贫开发战略是中国摆脱贫困的关键。党的十八大以来，扶贫开发工作进入"深水区"，到了"啃硬骨头"的阶段：贫困问题与城乡发展问题、区域发展问题、产业发展问题相互交织，存在于经济、社会、文化、生态等各方面，形成了一系列新的亟待解决的贫困问题，扶贫开发因此变成了一项复杂的系统工程。新时期农村扶贫开发广泛涉及农业发展、城乡一体化等方面。

在农业发展方面，农业增长对农村贫困人口脱贫至关重要。"吏不治则乱，农事缓则贫。"《墨子》中的这句话告诫人们要做到不违农时，否则农民生活就会陷入贫困。在新时期，"不违农时"有了更加丰富的内涵，如有效的制度供给、及时的技术革新、农业生产条件的改善等。党的十八大以来，农业创新发展保证了"不违农时"：一是坚持和完善农村基本经营制度，创新实践"三权分置"，促进土地要素有效流转；二是推进农业供给侧结构性改革，加速推进实现农业现代化；三是坚持绿色兴农，把绿水青山变成群众致富的金山银山。农业创新发展为摆脱贫困提供了基础支撑，促进了农村贫困人口收入实现可持续增长，是现阶段农村贫困地区脱贫的重要途径。

在城乡一体化方面，城镇化在解决了一部分贫困问题的同时带来了新的贫困问题。新时期，贫困问题由主要集中在农村地区向城乡并存的局面转变，解决低收入农民工、留守人群、流动儿童、失地农民等新贫困人群的贫困问题，是党的十八以来扶贫开发工作的重要探索。针对城乡一体化进程中出现的新贫困问题，党中央及时调整扶贫开发战略、适应形势变化，提出了社会保险扶贫、城乡教育一体化、公共服务一体化等创新性的扶贫措施，有效地满足了制度需求，确保扶贫开发工作稳步推进。

除上述两方面外，新时期农村扶贫开发还涉及区域发展、生态建设、文化教育等各方面，本书正文有详细论述，这里就不一一赘述了。贫困人口数量显著减少、生活水平明显改善是四十年来中国反贫困成就的一个方面。值得注意的是，中国对人类减贫事业最大的贡献在于总结了反贫困的中国经验。本书最后三章分别从三个方面总结了反贫困的中国经验，即经济增长与区域均衡、产业发展与生态保护、文化教育与兜底机制。这与精准扶贫、精准脱贫的主要途径"五个一批"（发展生产脱贫一批、易地扶贫搬迁脱贫一批、生态补偿脱贫一批、发展教育脱贫一批、社会保障兜底一批）基本一致，后三章的理论逻辑与内容安排均立足于此。

在党的十九大召开前夕，在中国反贫困事业即将持续四十年之际，中国人民大学迎来了八十华诞。在这个值得纪念的时间节点上，中国人民大学出版社委托我对改革开放四十年以来中国反贫困的伟大成就和经验进行梳理总结，进而继续探索摆脱贫困的路径。本书作为党的十九大胜利召开、中国反贫困事业四十周年暨中国人民大学八十华诞的三重献礼，地位特殊、意义非凡。

本书在编写过程中，课题组成员参考了国内外反贫困研究的部分成果，得到了学术界和政策界同仁的大力支持。但是，限于编写人员的能力和实践约束，本书难免存在缺点和疏漏之处，希望专家、学者和广大读者向编写人员提出宝贵的意见。

朱信凯
2017 年 9 月

目 录

第一章

人类反贫困事业的亮丽篇章：中国道路

古人云："善为国者，遇民如父母之爱子，兄之爱弟，闻其饥寒为之哀，见其劳苦为之悲。""消除贫困，实现小康"，是中华民族对美好生活的不变期盼，也是党和国家一往无前、不懈追求的目标，更是全人类共同致力的伟大事业。改革开放以来，中国四十年的反贫困历程彰显了中国的实力与自信。在实现全面小康的过程中，党和国家始终坚持群众路线，关心群众、相信群众、依靠群众，全心全意为人民服务。

放眼世界，贫困问题的深化、扩散、演变，严重阻碍了世界各国的经济社会发展进程。截至2013年，世界贫困人口仍占世界总人口的10.7％。世界贫困现象主要呈现两大特征：一是区域性贫富差距较大，亚洲、非洲和拉丁美洲较为贫困；二是经济发展水平差距较大，发达国家掌握着世界近4/5的财富，而绝大多数的发展中国家仅依靠约1/5的财富来维持基本生活。聚焦中国，人口基数大、地理构成复杂、区域发展不平衡以及城乡差距大等矛盾突出，且具有中国特色，因此较同类发展中国家而言，中国反贫困的难度更大。2017年6月，在瑞士日内瓦举行的联合国人权理事会第35次会议上，中国代表全球140多个国家，就共同努力消除贫困发表联合声明。这一里程碑式的重要时刻，肯定了四十年来中国在世界反贫困过程中充当主力军取得的举世瞩目的成就。联合国开发计划署前署长海伦·克拉克曾说："中国最贫困人口的脱贫规模举世瞩目，速度之快绝无仅有。"各国反贫困的内生性动力推动了世界反贫困工作的进程，而国家间的相互合作和经验借鉴也是促进国际反贫困事业成功的重要因素。

具体而言，我国扶贫难度较大，主要体现为：人口基数庞大导致人均资源有限；自然环境约束导致非人力赤贫；经济发展水平有限导致扶贫财政压力大。近四十年来，中国在历届领导集体的指引下迎难而上、克服万难，推动全面建成小康社会，实现社会主义共同富裕的目标。数据显示，1981年到2013年间，中国贫困人口由8.8亿人减少至2 000多万人，占同期世界减贫人口数量的78%。中国在世界反贫困工作中贡献了巨大力量，并且减贫速度远超印度及非洲同类发展中国家。中国在实现自身发展的同时，积极开展南北对话、南南合作，带动其他国家共同发展。

中国反贫困四十年取得了世界瞩目的成就：贫困人口大量减少，福利保障水平大幅提升，人均收入大幅提高；反贫困在医疗卫生、农业发展、教育水平、基础设施、基层党建等方面的外部效应，整体促进了我国的物质文明、政治文明、精神文明、社会文明和生态文明的发展与进步。这些成就要归功于，扶贫政策基于实事求是的精神，从项目导向到系统推进、从"输血式"到"造血式"、从粗放"漫灌"到精准"瞄准"的不断演变。中国的反贫困经验既包含了中国特色，又体现了可供世界其他发展中国家学习借鉴的普世价值，无疑是人类历史上的伟大壮举。

中华人民共和国成立后，毛泽东把建立"人人平等、大家富裕"的社会主义社会放在了极其重要的地位。邓小平在马克思列宁主义的基础上科学地概括了社会主义的本质，即"解放生产力，发展生产力，消灭剥削，消除两极分化，最终达到共同富裕"。党的十八大将"全面建设小康社会"调整为"全面建成小康社会"，体现了新时期实现全面小康的决心。中国反贫困四十年，见证了党和国家进一步完善中国特色社会主义、积极探索、勇于实践的正确性。

第一节　贫困：阻碍社会发展的巨大难题

人类社会发展史，就是一部不断摆脱饥荒与贫困、实现自我解放与发展的历史。从这个意义上说，贫困不是某个人或某个国家独有的问题，而是全人类必须共同解决的难题。在世界反贫困斗争中，既要看到中国贫困人口多、区域经济发展差异大、资源禀赋分布不均、致贫原因多样等困难，也要看到中国在党和政府的领导下，不断克服困难，取得了举世瞩目的成就，在世界反贫困事业中发挥着不可替代的作用。消除贫困，作为实现"国家富强、民族振兴、人民幸福"的重要途径，既是社会主义的本质要求，也是全人类的共同理想。

一、贫困的含义与标准

国内外学者对贫困的定义存在一定的争议。萨缪尔森（Samuelson，1992）在其著作《经济学》中写道："贫困是一个非常难以捉摸的概念。"奥本海默（Oppenheim，1993）也认为，贫困概念模糊，具备不确定性，随时间、空间及人们的思想观念的变化而变化。朗特里（Rowntree，1901）最早对贫困给出了较为明确的定义，他在《贫困：城镇生活研究》一书中提出："如果一个家庭的总收入不足以支付维持家庭成员生存所需的最少生活必需品的费用，那么这个家庭就基本上陷入了贫困之中。"1998年诺贝尔经济学奖获得者印度经济学家阿玛蒂亚·森（Amartya Sen）则认为，真正的贫困是指贫困人口缺乏创造收入的能力和机会，即缺少获取和享受正常生活的能力。国家统计局根据中国国情，将贫困界定为："一个人或一个家庭的生活水平达不到一种社会可接受的最低标准，缺乏某些必要的生活资料或服务致使生活处于困难境地。"人们对贫困的认知大致经历了一个从静态到动态、从客观到主观、从确定到模糊、从一维到多维的发展过程。并且，在经济学、社会学、政治学等多个领域，贫困的概念被不断丰富。经济学概念的贫困主要指具体的物质层面的收入贫困、消费贫困和资产贫困；社会学概念的贫困主要指个人或群体的能力、知识和社会接受程度的稀缺性；政治学层面的贫困则涉及阶级理论和公民权利剥夺（田龙鹏，2016）。由此可见，贫困不只是一种经济现象，还是经济、社会、文化和政治多领域交叉的矛盾点。

贫困的定义有狭义和广义之分。狭义上，贫困仅指经济意义上的贫困，即物质资料匮乏，生活不能实现温饱，土地贫瘠，生产条件恶劣，缺乏产业创新能力和内生增长动力，生产难以维持；广义上，贫困则还包括政治、文化、社会、习俗等意义上的贫困，营养不足（营养不良）、人口平均寿命短、婴儿死亡率高、文盲人口多等。联合国开发计划署的《1997年人类发展报告》提出的"人文贫困"的概念，就属于广义贫困的范畴。它从人类发展的角度来衡量一个国家的贫困程度，不仅涉及人均国民收入的多少，而且考虑了人均寿命长短，以及卫生、教育和生活条件的好坏程度。狭义的贫困与广义的贫困相互作用、互为因果，在一定条件下相互转化，循环累积（石扬令、常平凡、冀建峰，2004）。

贫困也可分为相对贫困和绝对贫困。经济发展水平的差异、自然地域的差异使得贫困的内涵更加丰富。阿玛蒂亚·森认为，无论一个社会收入分配的相对模式是什么，饥荒总会被认为是赤贫的表现。由此可见，在贫困概念中存在一个不可见的绝对贫困的内核，即把饥饿、营养不良以及其他可以看得见的贫困统统转换成关于贫困的判断，而不必事先确认收入分配的相对性。因此，相对贫困分析方法只是对绝对贫困分析方法的一种补充而非替代（阿玛蒂亚·森，2011）。事实上，绝对贫困和相对贫困现象往往共存。美国学者奥本海默认为"贫困是物质上、社会上、情感上的匮乏"。显然，相对贫困的含义多样，不易界定，而绝对贫困（生存贫困）意思明确，多表现为"食不果腹、衣不遮体、居不避寒"的状况，即马克思所说的官方认为需要救济的贫民或赤贫。①

不同时期衡量贫困的标准会有所变化。从贫困的含义所反映的内容看，贫困又可分为收入贫困、能力贫困和权利贫困。其中，收入贫困就是指用于日常生活的物质匮乏；能力贫困就是指获取生活资料的能力不足；权利贫困则是指政治和文化权利缺乏（郭熙保，2005）。当前，国内外多从生物学角度，以保障人们的基本生存需求为目标，以必需消费品和必要服务的最低费用为基础，划分"消费标准"或"贫困标准"。

国际上通常以一个国家或地区人均收入的中位数或算术平均数的50%～60%作为该国家或地区的贫困标准；世界银行公布的贫困标准2015年为每人每天1.9美元（见表1-1）；中国的贫困标准也根据不同时期的经济水平进行调整。2008年以前，中国存在两个贫困标准：第一个是绝对贫困标准，即以每人每天2 100大卡热量的最低营养需求为基准，再结合最低收入人群的消费结构所制定的标准，该标准随物价调整，1986年为206元，2007年提高至785元；第二个是低收入标准，2000年为865元，2007年调整为1 067元。2008年进行改革后，绝对贫困标准与低收入标准合二为一，统一使用1 067元作为贫困标准；2010年该标准随物价变化进

① 值得注意的是，马克思区分了"贫困"与"赤贫"。参见马克思. 资本论：第一卷［M］. 北京：人民出版社，1975：707.

一步上调为 1 274 元；2011 年，中央决定将农民人均纯收入 2 300
元（2010 年不变价）作为新的国家贫困标准，这个标准比 2010 年
提高了 80.5％，使扶贫覆盖人群增至约 1.28 亿人，占农村户籍人
口的比例约为 13.4％（范小建，2011）。

表 1-1　　　　　世界银行各年公布的国际贫困标准

年份	基期	极端贫困标准		一般贫困标准	
		数值（美元/人·天）	测算方法	数值（美元/人·天）	测算方法
1990	1985	1.01	12 个最穷国的最高标准		
1994	1993	1.08	10 个最穷国的平均标准		
2008	2005	1.25	15 个最穷国的平均标准	2	发展中国家贫困标准中位数
2015	2011	1.9	15 个最穷国的平均标准	3.1	发展中国家贫困标准中位数

资料来源：世界银行相关年度《世界发展报告》。

　　《中国农村扶贫开发纲要（2011—2020 年）》提出，到 2020
年要稳定实现扶贫对象不愁吃、不愁穿，保障其义务教育、基本医
疗和住房，即实现"两不愁、三保障"。为实现这一愿景，我们既
要看到中国贫困标准与国际贫困标准仍有一定距离，也要看到中国
贫困标准在不断上调，肯定中国政府对反贫困工作的重视。从
表 1-2 中 1985 年和 2014 年农村居民基本食品消费支出需求统计
数据可知，中国贫困标准制定较为合理，可基本满足物价变动下农
村居民的最低食品消费，保障农村贫困人口的基本生存。

表 1 - 2　　中国 1985 年和 2014 年农村居民基本食品消费支出需求统计

项目	1985	2014
综合平均价		
粮食（原粮）（元/公斤）	0.43	2.48
猪肉（元/公斤）	3.44	18.39
鸡蛋（元/公斤）	2.52	9.53
基本食品消费所需支出		
每天 1 斤商品粮（元）	0.288	1.653
每天 1 斤蔬菜（元）	0.098	1.478
每天 1 两肉或者 1 个鸡蛋（元）	0.174	0.794
合计（元）	0.560	3.925

资料来源：根据国家统计局农村贫困监测调查（2016）数据整理而得。

二、贫困的危害

贫困，是阻碍人类社会发展的巨大难题。研究贫困问题，必须搞清为什么一定要治理贫困，为什么贫困不是某个人或某个国家政府的问题，也不是单纯穷人需要关心的问题，而是全人类需要共同努力解决的问题。

20 世纪 50 年代，发展经济学家最早提出了贫困恶性循环论，其中，最具代表性的就是纳克斯（1953）的贫困恶性循环理论、纳尔逊（1956）的低水平均衡陷阱理论以及缪尔达尔（1957）的循环累积因果关系理论。如图 1 - 1 所示，早期的贫困陷阱理论认为，贫困陷阱多由物质匮乏、投资不足所引致，而后期的贫困陷阱理论被诸多学者完善，贫困陷阱的形成因素被扩展到地理环境、资源禀赋、教育文化、政治制度、犯罪腐败、疾病灾害等。如利比亚、安哥拉、刚果民主共和国、苏丹等国家的贫困极大程度上源于各种体制弊端（政治僵化、官员腐败、管理不当、暴力动乱等），这些弊端导致价格不能有效调节市场，私有产权得不到有效保护；但马里、加纳以及非洲的其他大部分地区，虽不存在类似的体制弊端，却仍有超过一半的人口处于极度贫困状态，这就难以用早期的贫困陷阱理论来解释了（习明明、郭熙保，2012）。

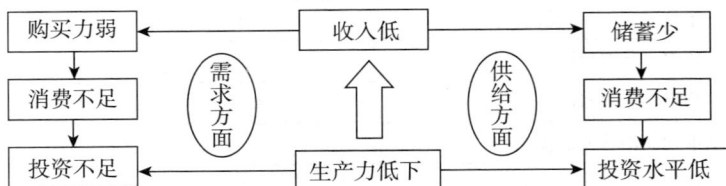

图 1-1　发展中国家经济贫穷落后的恶性循环理论示意图

资料来源：石扬令，常平凡，冀建峰. 产业创新与农村经济发展［M］. 北京：中国农业出版社，2004：100.

　　由此可见，贫困的产生受多种因素共同影响，并通过贫困恶性循环造成贫困加剧（如图 1-2 所示）：无钱就学、就医，导致获取知识和医疗保障的途径受阻，影响国民整体素质和健康水平的提高；无钱投资开发，致使贫困人口获得经济报酬的途径受阻，只能依靠劳动力和资源掠夺式的生产方式，导致生态环境受损；由于身心发展受到局限，贫困在代际传递，使得贫富差距加大，不平等矛盾加深，由此甚至引发社会不安定、恐怖主义活动、局部战争等，成为世界各国和整个人类社会的定时炸弹。

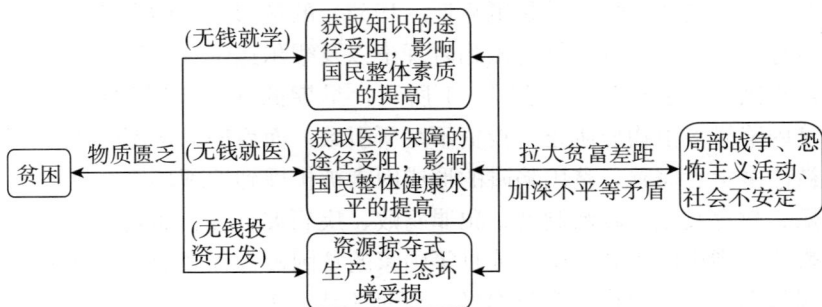

图 1-2　贫困危害传递示意图

　　第一，贫困危及人类个体的生存与发展。人类文明是历经几千年进化而构建的物质文明和精神文明。贫困的存在会危及人类文明的延续和发展，主要体现为：贫困导致无钱就医（就医途径受阻）、无钱入学（获取知识的途径受阻），严重影响人的身心的健康发展，进而加剧贫困。物质基础决定上层建筑，"仓廪实而知礼节""穷山恶水出刁民"等名言在一定程度上说明了物质基础对于人类文明的重要作用，而贫困恰恰起因于物质基础薄弱。从全世界整体来看，婴儿和儿童占死亡人口的比例是 15％，60 岁及以上的人口所占的比例则超过 50％。而在贫穷国家，5 岁以下的孩子约占死亡人口的 30％，这一比例之所以较高主要是因为呼吸道感染、痢疾、肺结核，以及世界卫生组织所称的"儿童疾病"（百日咳、白喉、脊髓灰质炎、麻疹）等传染病的肆虐。除此之外，贫困地区疟疾、艾滋病、营养不良死亡（主要是缺乏食物导致蛋白质和能量摄入不足）导致贫血（饮食中缺乏铁导致铁元素的摄入不足）甚至死亡的情况也较为普遍。这种由贫困导致的身心发展不健全，极大地影响了人类的精神文明建设和物质文明建设。而这种贫困（营养不良和疾病）还会进一步加剧贫困并通过基因和生活习惯"遗传"给下一代。研究发现，健康水平恶化会通过影响居民的长期创收能力造成贫困脆弱性的上升，具体来说，居民健康水平每下降 10％，贫困脆弱性约上升 6％（黄潇，2013）。也有学者研究发现，贫困程度越高的大病农户面临的筹资约束问题越严重，而贫困农户"因贫致病""因病致贫"和"因病致病"的风险则更大（马志雄、丁士军、张银银等，2013），极易陷入"贫困的恶性循环"。贫困导致人类身体素质下降和精神素养低下，极大程度上危及"穷二代"的个人发展，致使贫困代际传递和扩散，瓦解人类整体文明。

　　第二，贫困破坏生态环境。自然资源的稀缺容易导致贫困地区的生态承载力突破极限，"反噬"地区发展力，使贫困地区陷入"生态脆弱—诱发贫困—掠夺资源—生态恶化—贫困加剧"的恶性循环而无法自拔（杨文静，2016）。中国贫困人口的分布与地形有关，诸多研究表明，贫困人口多集中于山区，这些地区多呈现资源禀赋匮乏、生产生活条件差、经济落后的特征。由于生产投资少、科技水平低，农户只能采用大肆毁林开荒、毁草种粮的掠夺式开发模式进行生产，导致了"越贫越垦，越垦越贫"的恶性循环。这种以消耗自然资源为主的生产方式，短期内可能实现经济迅速增长，但长期来看必然对生态环境造成破坏，进一步提高贫困程度，导致地区经济发展不可持续。印度官方统计数据显示，印度全国有70%的地表水遭到污染，80%的居民得不到干净的饮用水，一些贫苦地区长期过量采伐林木、毁林开荒，导致森林面积不断缩小。中国一直秉承可持续的绿色发展观，"既要绿水青山，也要金山银山，宁要绿水青山，不要金山银山，而且绿水青山就是金山银山"，从三个层面阐明了绿色发展和经济发展的关系，提出要坚持绿色可持续的健康发展，让经济发展、全面脱贫与绿色发展形成良性互动。

第三，贫困阻碍社会发展进步。经济发展强调效率，社会发展强调公平。因此，社会的协调发展必须建立在消除两极分化、实现共同富裕的目标之上。贫困人口在经济属性上被边缘化，也导致其在社会属性上被孤立，很难通过经济手段和人际关系主动摆脱贫困陷阱。当前我们生活的世界仍存在极端的不公平，这种不公平既存在于各国内部，也存在于国家与国家之间，换句话说，发达国家和发展中国家、发达地区和贫困落后地区存在较大差异。这主要是由于社会存在诸多不平等现象，在收入分配、财产分布、基础教育、公共卫生等方面存在较大差异。数据显示，瑞典只有不到 0.5% 的儿童在年满一周岁之前死亡，而莫桑比克却有将近 15% 的儿童活不到一周岁。在萨尔瓦多，受过教育的母亲所生婴儿的死亡率为 2%，而文盲母亲所生婴儿的死亡率却高达 10%。在厄立特里亚，最富裕的 1/5 的家庭的儿童免疫注射率接近 100%，而最贫穷的 1/5 的家庭的儿童免疫注射率仅为 50%（世界银行，2006）。因此，我们必须警惕贫困的代际传递，即，要防止通过家庭内部将贫困和不利因素传递给后代，使子女重复上一代的贫困境遇（恶性遗传链）（王瑾，

2008)；必须警惕贫困人口的疾病问题，防止疾病传染和扩散，致使因病致贫现象更加严重；必须警惕贫困问题的反复和加剧，防止因贫丧志、越扶越贫。因此，从根本上解决贫困问题，使得老有所养、病有所医、住有所居，有助于国家和社会的整体发展。

第四，贫困破坏政治稳定。从世界格局来看，经济发展的巨大差异造成的两极分化，成为社会不稳定的重要影响因素。贫困意味着落后，而落后往往就要"挨打"。国家贫困往往伴随经济不景气、军事科技力量薄弱、信息获取滞后等，导致其在与他国的博弈中处于落后地位，为强国的"侵略"提供了可能性。对于贫困个体或群体而言，物质的极度匮乏会在一定程度上造成人的心理扭曲，使人产生仇富或报复社会的不良心理。恐怖主义的参与者往往来自久经贫困和战火的国家，他们不满社会的不公平，从而产生了报复社会的情绪。同理，极度贫困会使人走向极端，例如丧失奋斗动力、自暴自弃，抑或走上犯罪道路。贫困和发展不平衡一直困扰着人类，当今世界所面临的一国内部冲突、国家间纷争、恐怖主义、生态环境恶化以及非法移民等问题，背后都有贫困的阴影。贫困问题严重扰乱了世界的和平稳定。

第五，贫困阻碍全人类的共同发展。截至2013年，贫困人口仍占世界总人口的10.7%。世界贫困现象主要呈现两大特征：一是区域性贫富差距较大，亚洲、非洲、拉丁美洲等地区较为贫困；二是经济发展水平差距较大，发达国家掌握着世界近82%的财富，而人口占比近75%的发展中国家却仅拥有18%的财富。阿玛蒂亚·森认为，研究贫困问题，首先就要厘清贫困是只与穷人（或富人）的利益有关，还是与穷人和富人的利益均有关？实际研究发现，由于经济全球化、资源环境共有化、人口外迁移民趋势①，人类作为具有合作属性的群体动物，不可能割裂为个人或某国，而是通过外部性

① 2015年诺贝尔经济学奖获得者安格斯·迪顿（Angus Deaton）曾指出："移民对减贫的影响远远超过了国际贸易。"（安格斯·迪顿. 逃离不平等［M］. 崔传刚，译. 北京：中信出版社，2014：275.）

对整个人类社会造成影响，即穷人的贫困将影响富人的利益，穷国的贫困将影响富国的利益。换言之，贫困关注的焦点虽然在于贫困人口的利益，但反贫困将有益于全人类。因此，贫困不仅仅是个人或某国的问题，还是全人类发展所必须面对的共同难题。

三、反贫困的重要性

消除贫困是保障人权的基本前提。哲学家康德等人认为"天赋人权"，即强调人生而平等，有生存权、自由权和追求幸福的权利。然而，贫困的核心症结在于基本权利的丧失。我们必须警惕并解决贫困导致的营养不良、疾病肆虐的问题，因获取知识的途径匮乏引起个人发展受阻，因缺乏投资和再生产能力引起贫困代际传递，最终陷入恶性循环。根据《国际人权文书》的定义，消除贫困，有助于保障人权。《2006 年世界发展报告：公平与发展》（第 28 份年度发展报告）将重点放在探讨公平在发展中的作用上。"公平"的第一要义是实现"机会公平"，具体而言，首先个人发展应由自身努力程度等内部因素所决定，而不是受种族、性别、社会及家庭背景或出生国家等外界因素的限制；其次，要"避免剥夺享受成果的权利"，尤其是享受健康、教育、消费的权利。综上，免于贫困的权利是人类享有获得维持体面生活所必需的物质资料和文化产品，并通过获得均等的减贫机会，参与、促进减贫并分享减贫成果之积极行为来实现的权利。这种权利与人的尊严密切相关，具备人权的逻辑要素（汪习根，2012）。换言之，反贫困的实质是对基本人权的维护，是对生存权和发展权的不懈追求（钱箭星，2000）。

消除贫困能够为经济发展创造新增长点。经济增长和减贫之间的强相关性是发展经济学中程式化的核心事实之一。贫困人口具有生产者和消费者的双重属性：一方面，解决贫困问题将提高国内就业率，带动农业或非农产业进一步发展，也有助于实现产业复兴，从供给侧角度带动经济发展；另一方面，解决贫困问题，即提高贫困人口的创收能力、增加贫困家庭收入，将提高贫困人口的消费水平，从需求侧角度带动经济发展。贫困地区物质匮乏，往往是经济发展的空白地带，因此，解决贫困地区的贫困症结，促进贫困人口增收，将极大地促进消费，带动当地产业发展，进而激发当地的经济活力。贫困地区的产业扶持，一方面为贫困人口提供了就业岗位，使其学会一技之长；另一方面为贫困人口提供了创业的可能性，使贫困人口拥有自力更生、实现个人发展、对抗贫困的"造血"能力。

消除贫困可以为共同富裕提供基础支撑。消除贫困，实现共同富裕，离不开生产力的发展，更离不开生产关系的保障。作为社会主义的本质特征，共同富裕是与资本主义社会的两极分化对立的，具有鲜明的制度特征。首先，共同富裕反映了社会主义的生产目的。社会主义的生产不是为了少数人的利益，不是为了资本家最大限度地追求剩余价值，而是为了满足人民群众日益增长的物质文化需要，实现人的全面发展。其次，共同富裕也反映了生产资料公有制的根本特征。生产资料公有制的建立，使劳动者成为生产资料的共同主人，生产资料由剥削劳动者的条件变成了劳动者实现自身利益的手段，从而为消灭阶级对立创造了条件。再次，共同富裕还反映了按劳分配的客观后果。按劳分配只承认劳动贡献的差别对收入分配的影响，排除了生产资料占有和资本积累的差别对收入分配的影响，这样就不会产生贫富差距过大的问题。最后，共同富裕反映了社会主义经济发展的计划性。资本主义的经济发展受自发的价值规律调节，处于盲目的无政府状态，人们之间的利益是对立的，必然导致资本与劳动之间的两极分化，要解决这一问题，必须依靠国家有计划的调节（张宇，2017）。在世界反贫困行列中，中国反贫困无疑是人类历史上最伟大的壮举。中华人民共和国成立后，毛泽东把建立"人人平等、大家富裕"的社会主义社会放在了极其重要的位置。邓小平在马克思列宁主义的基础上科学地概括了社会主义的本质，即"解放生产力，发展生产力，消灭剥削，消除两极分化，最终达到共同富裕"。党的十八大将"全面建设小康社会"调整为"全面建成小康社会"，体现了新时期实现全面小康的决心。中国反贫困四十年的光辉历程，体现了党和国家进一步完善中国特色社会主义的伟大实践。

案例1-1　　　　世界儿童生存状况

儿童的生存和发展关系到世界各国和整个人类社会的未来。然而，战乱、饥荒、贫穷等诸多发展问题限制了儿童的发展，并对其身心健康造成了一定伤害。联合国报告强调，儿童贫困的社会代价最大。儿童身心发育的机会只有一次，无论经济状况如何，一个国家都必须把给予儿童健康成长所必需的资源放在社会发展的首位，否则将会导致一系列经济和社会问题。贫困，并非仅仅出现在贫困地区或贫困国家，城市和发达国家同样存在各种贫困问题，而贫民窟和战乱地区的贫困现象更为普遍和严重。

城市儿童——急需友好的环境

贫困作为全球性问题，影响了整个人类社会发展。作为弱势群体的儿童，最易受气候变化、自然灾害、粮食短缺和内战等复杂问题的伤害。联合国儿童基金会发布的《2012年世界儿童状况报告》中的数据显示，城市中的儿童正日益成为最贫困、最脆弱的群体之一。当下，全球有1/2的儿童生活在城市里，这一比例在2050年将达到2/3。在发展中国家，由于经济发展的区域性差异，大量农村贫困儿童随外出打工的父母转移到城市，但由于获取教育和医疗等基本社会服务的途径受限，贫困问题更加严重。这些贫困儿童还面临着当童工、被拐卖等各种严重问题。

发达国家儿童——教育资源分配不均

欧洲一些国家的儿童教育也存在发达地区和落后地区的差异，移民子女的教育问题长期存在。联合国儿童基金会研究中心曾发布报告重点关注发达国家的儿童问题。该报告指出，在全世界35个发达国家，共有3 000万儿童生活在贫困中；在29个欧洲国家，

1 300 万儿童缺少健康成长发育所需的一些必要资源。这份报告中的贫困指的是相对贫困，贫困线被定义为居民可支配家庭收入低于所在国家中位收入的 50%，但和战乱饥荒地区相比要好得多。这份报告强调，即使是经济发展程度相似的国家，儿童的生活状况也仍有很大差异，说明政府政策和资金投入对于解决儿童贫困问题具有重要的作用。

贫民窟儿童——更需免费义务教育

目前印度全国约有 9 700 万人居住在城市贫民窟中，占城市总人口的 25.7%，其中约有 760 万为 6 岁以下儿童，占城市儿童总数的 13.1%，即每 8 名 6 岁以下儿童中就有一名生活在贫民窟。印度"拯救儿童组织"新德里办公室媒体负责人瓦雷·辛格说，约有 47% 的当地儿童营养不良，有 48% 的女童过早出嫁，有 70% 的 5 岁以下儿童患有贫血症。而对于这些孩子而言，缺少教育资源是最大的问题。根据新德里一家非政府组织的调查，仅新德里市就有大约 25 万居住在城市贫民窟中的孩子失学。

战乱中的儿童——弱者中的弱者

沙特《中东报》报道说，在也门，几乎一半人因战乱生活在贫困线以下，成为弱势群体，其中儿童更是"弱者中的弱者"，许多孩子每天连起码的温饱都无法得到保障，有的甚至辍学当童工，过早地肩负起生活的重担。在非洲，这样的儿童还有很多。冲突、饥饿、健康和缺少教育机会等，仍是非洲很多儿童面临的现实问题。撒哈拉以南的非洲是全球适龄儿童中未能入学人数最多的地区。去年东非之角地区发生严重粮食危机和饥荒，成千上万的索马里儿童在逃荒的路上渴死、饿死。联合国儿童基金会驻马里副代表弗雷德里克表示，马里北部的儿童正遭遇巨大的灾难，这里的孩子们辍学、营养不良、流离失所并面临严重的人权威胁。据报道，在该国北部 30 万流离失所者中，有近一半是儿童，甚至有一些儿童被强迫加入武装组织。非洲中部和西部多个国家灾情严重，据联合国儿童基金会估计，有超过 100 万儿童面临生存威胁。

由此可见，世界各国都面临着复杂多样的贫困问题，贫困对儿童的危害严重影响社会发展，世界各国必须共同努力消除贫困。

资料来源：人民网驻亚非美欧各大洲记者现场报道世界儿童生存状况［J］．人民日报，2012－06－01：22.

第二节　中国：推动世界反贫困的主力军

放眼世界，贫困问题的深化、扩散、演变，严重阻碍了世界各国的经济社会发展。在世界各国的努力下，世界反贫困工作取得了突破性进展。其中，中国由于自身人口众多，地形复杂，人均资源禀赋不足，以及区域间、城乡间的巨大差异，贫困问题较为严重。然而，通过积极开展一系列反贫困工作，中国在世界反贫困行动中充当主力军，在反贫困过程中取得了举世瞩目的成就。联合国开发计划署前署长海伦·克拉克曾肯定地说："中国最贫困人口的脱贫规模举世瞩目，速度之快绝无仅有。"

一、世界的贫困状况

世界贫困现状仍不容乐观。据联合国开发计划署《1998 年世界人类发展报告》，全球有 26 亿居民缺少基础卫生设施，15 亿人缺乏住房保障，20 亿人缺乏饮水保障，全球 20％的儿童受教育年限不足 5 年，20％的儿童营养不良。世界贫富差距存在区域性集中的特征，全球有 59 个国家的人均收入在 380 美元以下，其中被联合国列为最不发达国家的 48 个国家，有 33 个在非洲，13 个在亚太地区，2 个在拉丁美洲（石扬令、常平凡、冀建峰，2004）。世界各国的贫困状况不一，资源禀赋方面的先天缺陷和经济发展的滞后，引发并进一步加剧了贫困现象的代际传递和扩散。从世界整体格局来看，世界贫富差距不断拉大，贫困呈现出明显的全球化趋势。例如，非洲的贫困随生态灾难和战争而不断蔓延，亚洲的贫困人口也呈增长态势，南美洲的金融动荡致使众多人口陷入贫困。1976年至今，美国贫困家庭的收入增加了14%，中等家庭的收入增加了15%，而最富裕家庭的收入增加了46%；1995年收入不到贫困线一半的贫困人口有1 390万，1996年增加至1 440万。俄罗斯有1 000多万人生活在政府确定的"最低食品消费线"以下（石扬令、常平凡、冀建峰，2004）。

二、世界组织和各国政府的反贫困战略

联合国长期关注并致力于解决贫困问题。由于经济全球化、资源环境共有化、人口外迁移民，人类是具有合作属性的群体动物，所以贫困会通过外部性对整个人类社会造成影响。因此，贫困问题必须受到世界各国的共同重视。为使世界各国的反贫困工作形成合力，联合国等世界组织先后发布了诸多宣言，旨在引起全世界对贫困问题的关注，推动世界消除贫困工作的开展。例如，1922年12月22日，第47届联合国大会将每年的10月17日确定为国际消除贫困日；1995年3月，联合国在于丹麦召开的社会发展世界首脑会议上，将1996年确定为国际消除贫困年，第50届联合国大会正式宣布了这一决定。在联合国会议上，各国代表集中讨论了消除贫困、社会融洽、促进发展的问题，呼吁各国政府和人民一起行动、共商大计，最终消除贫困，兑现《哥本哈根宣言和行动纲领》的承诺。贫困是全球性社会发展的绊脚石，对此，各国政府都应该积极行动，制定最行之有效的扶贫措施，和世界反贫困工作方向保持一致并积极贡献力量。

1969年联合国《社会进步和发展宣言》第二部分"目标"第十条（丙）项为："消除贫困；保证不断地改进生活水平和给以公平的收入分配。"1993年《维也纳宣言和行动纲领》则有多处涉及消除极端贫穷（绝对贫困）或消除贫困的目标（湛中乐、苏宇，

2010）。1995 年联合国社会发展世界首脑会议发布的《共同宣言》和《行动纲领》均表示要以果断的国际行动和国际合作努力消除世界性的贫困化问题。2000 年，《联合国千年发展目标》设置了八大目标，将消除极端贫困与饥饿摆在了首要地位，而普及初级教育，促进男女平等并赋予妇女权利，降低儿童死亡率，改善产妇保健条件，与艾滋病毒/艾滋病、疟疾及其他疾病斗争，加强全球伙伴合作关系等目标一定程度上都要与消除贫困紧密挂钩，换言之，消除贫困是解决世界发展难题的基础保障。因此，世界各国在消除本国贫困、支援他国反贫困的过程中，都应积极探索；广大发展中国家更应艰苦奋斗，与贫困抗争。

世界各国都制定了专门的反贫困政策体系。美国政府的反贫困政策主要是针对弱势群体给予必要的扶持，如补充保障收入计划主要是向低收入的老人、盲人、残疾人提供帮助；家庭帮助计划主要是向有"需抚养的儿童"的家庭提供现金补助；食品券计划是向低收入者发放在指定副食店使用的仅限于购买食品的有价凭证；医疗补贴计划向低收入的老人、盲人、残疾人、孕妇和多子女家庭提供医疗保健帮助等。欧洲社会保障制度不仅关注积极的经济活动者，而且关注失业人群和老年人、残疾人，如 1942 年出台的《贝弗里奇报告》具有划时代的意义，该报告主张向每位社会成员提供最基本的生活保障，并建立完善的综合社会保障制度。除此之外，欧洲各国都根据最低生活和生存需要划定了贫困线，规定凡是生活在贫困线以下的公民，无论身居何地、收入来源如何，都可获得同样标准的生活帮助（何慧超，2008）。为消除贫困，巴西卢拉政府在2003 年启动了家庭补助金（Bolsa Familia）减贫计划，该计划每个月向最低收入阶层的母亲提供现金援助，目前是每个孩子每月12 美元，或者平均每个家庭每月 35 美元，已惠及超过 1 200 万个家庭，受惠人口占巴西人口的 1/4（佩里·安德森，2012）；2008年，巴西政府将社会福利预算由部门上报的 118 亿雷亚尔增加到165 亿雷亚尔，新增的 47 亿雷亚尔主要用于家庭补助金计划（陆绮雯，2007）；此外，为改善农村贫困状况，巴西政府早在 1993 年就实施了农村贫困缓减与消除计划，1993—2009 年，该计划已使 1 300 多万农村居民摆脱了贫困（世界银行，2010）。俄罗斯政府从 2009 年开始将事业补助最高金额提高了 1.5 倍，通过住房抵押贷款代理机构重组了失业人员的抵押贷款债务，提高了居民补贴制度的针对性，补偿居民支付的住房公用设施支出，资助大学生，包括开展低息教育贷款实验（年利率不超过 11.5％），加大国家扶持力度，以卢布定期支付全公费大学生在读期间的教育费用，对强制性医疗保险给予额外的财政支持（钟建平等，2011）。

反贫困行动中国际合作日趋频繁。贫困是阻碍世界发展的难题。随着全球化的深入推进，国家之间的交流和融合也在不断深化，发展中的各种问题更加多元化、交融化、发散化，如环境污染、疾病传染、气候变化、粮食危机、资源危机、金融危机、核扩散、恐怖袭击以及由此引发的贫困问题等可能迅速越过国界，在全球传播，给全球带来挑战与威胁。因此，迫切需要全球合作以应对上述问题，这对全球治理的范畴、结构、机制、路径、方法和效率等提出了更加迫切、更高的要求。"南南合作""南北对话"都是促进世界经济社会和谐统一发展的重要战略方向。发达国家与发展中国家在经济水平和社会发展等方面存在较大差异（林跃勤、周文等，2014），林毅夫认为，高收入国家对低收入国家提供适当的援助，不仅能缓解或消除不发达国家的贫困问题，体现了大国的责任与担当，而且能实现双赢。例如，在高收入国家，能促进生产率提高的投资机会非常有限，很难通过国内投资带动经济发展，摆脱经济危机，而大多数发展中国家（除少数新兴市场经济体以外）都受到财政能力薄弱或外汇储备不足的限制，需要外来帮助，因此，发达国家也可以创造条件加大对发展中国家的投资和帮扶力度，从而实现双赢（林毅夫，2012）。

世界反贫困工作既要借助各国反贫困的内生性动力，也不能忽视国家间相互合作和借鉴他国经验共同促进国际反贫困事业成功的重要性。金砖国家国土面积占世界领土总面积的 26.8%，人口占世界总人口的 43%，2010 年 GDP 占世界 GDP 总量的 18.08%（见表 1-3），贸易额占世界贸易总额的 15%，对世界经济增长的贡献率超过 60%（张兵、李翠莲，2011）。由此可见，金砖国家的贫困问题具有代表性，换言之，解决金砖国家的贫困问题对于世界反贫困工作具有举足轻重的意义。

表 1-3　金砖五国 GDP（现价美元）占世界 GDP 总量的比例（2008—2015 年）

年份	2008	2009	2010	2011	2012	2013	2014	2015
占比（%）	14.94	16.07	18.08	19.63	20.39	21.24	21.79	22.27

资料来源：世界银行。

　　金砖国家在国情方面存在相似之处，为反贫困方面的合作和经验借鉴提供了基础。各国资源的互补也的确为金砖国家合作反贫困打下了坚实的基础。例如，从国土面积来看，金砖五国地域辽阔，俄罗斯世界第一，中国第三，巴西第五，印度和南非的国土面积也均超过 100 万平方公里；从人口数量来看，截至 2011 年，中国和印度的人口分别达到 13 亿和 11 亿，巴西和俄罗斯的人口也都超过 1 亿，南非作为非洲第一人口大国其人口数量已接近 5 000 万；从生产力要素禀赋来看，巴西被称为"世界原料基地"，中国被称为"世界工厂"，印度被称为"世界办公室"，俄罗斯被称为"世界加油站"，南非被称为"钻石之国"。在金砖国家的反贫困行动中，中国和印度扮演着产品和服务提供者的角色，巴西、俄罗斯、南非则扮演着原材料和资源提供者的角色，五国在供给和需求方面形成了明显的互补优势，也使其合作更具稳定性与潜力，这些都为扩大就业、增加收入提供了良好的条件。可以看到，金砖国家地域辽阔、人口众多、物产丰富，拥有通过国际合作共同消除贫困的物质基础和反贫困的动力来源。而且，在反贫困领域这种合作机制的形成与合作效果的取得，也为金砖国家进一步"扩容"打下了基础。

早在 20 世纪末，金砖国家就已经积极参与到区域性合作组织的建设中，包括南方共同市场（1991）、上海合作组织（1996）、东盟 10 ＋ 1/10 ＋ 3 合作机制（1997）、环印度洋区域合作联盟（1995）、欧亚经济共同体（2000）、非洲联盟（2002）等。金砖国家一直秉承着"共商、共建、共享"的治理理念。针对贫困这一难题，金砖国家齐心合力、共同治理，在促进就业、增加生活补贴、缩小贫富差距、吸引和利用外资方面采取了积极措施。从国际视角来看，金砖各国在 21 世纪的国家发展规划中，都把减少贫困、强国富民作为政府工作的重中之重，并将反贫困由国家的"内部事务"上升到"国际高度"。我们要明确各个国家的反贫困工作的胜利，不仅离不开本国政府的努力，而且离不开联合国的积极倡导和各国共同反贫困的良好氛围，共同促进人类文明进步。就国内现实而言，金砖国家长期受累于贫困的负外部性的影响，成为各国取得更大发展的主要障碍。正是基于对反贫困的共同诉求，金砖国家在反贫困领域较为顺利地达成了合作意向，使反贫困事业得以顺利推进。正是类似于金砖国家之间的这种国际合作，促进了反贫困工作的顺利推进，我们应看到世界各国在反贫困工作中的贡献与努力！

三、中国反贫困难点诸多

中国的反贫困事业受制于自身的国情和发展阶段。改革开放以来，中国经济迅速发展，取得了举世瞩目的成就，但在反贫困方面遇到了诸多难题，主要表现为：人口基数大，人均资源占有量少；国土辽阔，地区发展不平衡；科学技术仍然比较落后，国民文化素质还有待提高；社会主义市场经济制度还不尽完善，经济与社会发展仍然处于并将长期处于社会主义初级阶段。受自然环境、资源禀赋、经济发展、产业协同等因素制约，部分地区出现了区域性整体贫困。生病、伤残、就学、受灾、缺地、缺水、缺技术、缺劳动、缺资金、缺基础设施等多种原因导致部分人群长期处于贫困之中。

由此可见，在中国，导致贫困的原因多样，且各种原因互相叠加。因此，中国不仅贫困人口数量多，而且贫困的成因复杂、程度较深，导致中国的反贫困事业难度大、障碍多、任务重。

中国人口众多。国家统计局数据显示（如图 1-3 所示），中国人口众多，1978 年为 96 259 万人，20 年后（1998 年）已攀升至 124 761 万人，涨幅近 30％。而根据 2015 年年末人口统计数据，中国人口已突破 14 亿大关。1978—1985 年贫困发生率从 30.7％下降到 14.8％；1986—1993 年，贫困发生率进一步下降至 8.22％；1994—2000 年，贫困发生率继续降至 3.4％。我们不仅要看到近几十年来中国贫困发生率不断下降（由 30.7％下降至 3.4％），而且要看到中国人口在这一时期大幅增加，二者综合说明了中国减贫数量之大、速度之快。

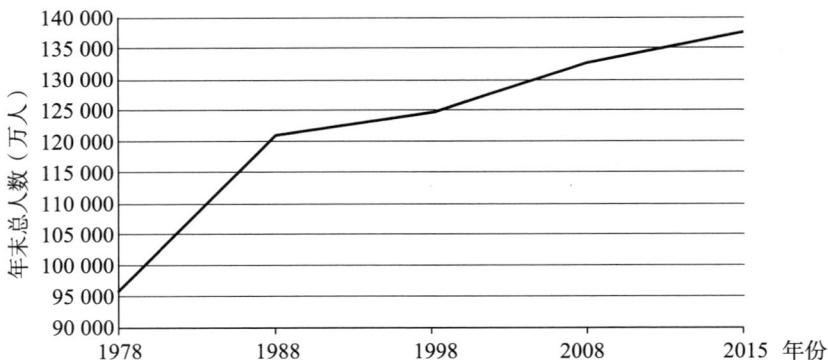

图 1-3　中国年末人口（1978—2015）

资料来源：《中国统计年鉴（1979—2016）》。

中国疆域辽阔，仅次于俄罗斯、加拿大，位居世界第三。中国地形多样，山区面积较大，占总面积的 2/3，一定程度上给交通运输、当地产业和经济发展造成了较大阻碍。从海拔角度而言，中国地势呈现出西高东低的特征，大致可分为三级阶梯，一定程度上也成为经济发展水平的分水岭，即越靠近东部沿海的地区其经济发展越快。中国贫困人口主要集中在国家重点扶持的 592 个贫困县，这些贫困县分布在中西部的深山区、石山区、荒漠区、高寒山区、黄土高原区、地方病高发区以及水库库区，可见，以地形为核心的自然要素是主要的致贫因子，如地形高程、地形破碎度、平均坡度与区域贫困化有显著的负相关关系（李双成等，2005）。周亮等（2015）研究了秦巴连片特困地区 80 个县区地形起伏的空间特征，并进一步探讨了地形起伏与人口经济格局之间的关系，得出了以下结论：区域地形起伏与所在县区人口密度、三次产业结构存在显著的空间负相关关系，即地区地形起伏越大，人口密度越小，经济发展所受限制越大，相反，地形越平缓，经济活动则越频繁，人口的空间分布更为集中，由此可见，地形起伏度是决定区域经济发展的主导因素。从中国 2015 年贫困地区农村常住居民收入消费统计数据（见表 1-4）可知，平原、丘陵、山地贫困地区的人均可支配收入依次降低，其中，平原和丘陵贫困地区的人均可支配收入相差无几，但考虑人均消费支出，则可明显得出平原地区居民人均收入消费更为宽裕。当然，我们也能从数据中得出，食品烟酒一项占人均消费支出的比重，平原地区最小，丘陵地区次之，山地地区最大。

表 1-4　中国 2015 年按照地势分组的贫困地区农村常住居民收入消费统计

（单位：元）

指标	合计	平原	丘陵	山地
一、人均可支配收入	7 653	8 098	7 942	7 204
1. 工资性收入	2 556	2 448	2 768	2 481
2. 经营净收入	3 282	3 672	3 239	3 081
3. 财产净收入	93	98	114	77

续前表

指标	合计	平原	丘陵	山地
4. 转移净收入	1 722	1 880	1 821	1 564
二、人均消费支出	6 656	6 649	7 058	6 399
1. 食品烟酒	2 411	2 296	2 510	2 415
2. 衣着	405	482	397	365
3. 居住	1 376	1 396	1 557	1 247
4. 生活用品及服务	411	407	427	402
5. 交通通信	693	719	701	671
6. 教育文化娱乐	680	611	757	670
7. 医疗保健	567	610	581	533
8. 其他用品和服务	114	128	128	96

资料来源：国家统计局农村贫困监测调查。

中国区域发展很不平衡。由于上文讨论的地形方面的原因，中国自西向东呈现三级阶梯，经济发展因此受限，呈现出东部沿海地区经济发展更快的特征（由表1-4、表1-5数据对比而得）。加之社会、政治、文化、历史等方面的原因，整体造成了中国区域间较为明显的贫富差距。

表1-5　　　　　2005年农村贫困人口分布情况

地区	贫困人口（万人）	占全国农村贫困人口的比重（%）	贫困发生率（%）
东部地区	142	6.0	0.4
中部地区	668	28.2	2.4
西部地区	1 421	60.1	5.0
东北地区	134	5.6	2.4

资料来源：《2006年中国农村贫困监测报告》。

如表1-5所示，中国贫困人口主要集中于西部地区，该地区的贫困人口占全国贫困总人口的60.1%；中部地区次之，其贫困人口占全国贫困总人口的28.2%；东部及东北地区贫困人口共占全国贫困总人口的 11.6％，整体呈现出贫困程度自东向西递减的趋势。表 1-6 详细划分了中国 18 个集中连片贫困地区的分布情况，西部地区有 9 个集中连片贫困地区，中部地区有 7 个，东部地区只有 2 个，基本上印证了中国贫困现象在地理环境上的特征。

表 1-6　　18 个集中连片贫困地区在东、中、西部地区的分布

经济地带	贫困地区数（个）	贫困地区名称	涉及的省和自治区
东部	2	沂蒙山区	鲁
		闽西南、闽东北地区	闽、浙、粤
中部	7	努鲁儿虎山区	辽、内蒙古、冀
		太行山区	晋、冀
		吕梁山区	晋
		秦岭大巴山区	川、陕、鄂、豫
		武陵山区	渝、湘、鄂、黔
		大别山区	鄂、豫、皖
		井冈山和赣南地区	赣、湘
西部	9	定西干旱地区	甘
		西海固地区	宁
		陕北地区	陕、甘
		西藏地区	藏
		滇东南地区	滇
		横断山区	滇
		九万大山地区	桂、黔
		乌蒙山区	川、滇、黔
		桂西北地区	桂

　　注：根据新的地区划分标准，把全国划分为东部、中部、西部和东北四大地区。东部地区包括京、津、冀、沪、苏、浙、闽、鲁、粤和琼共 10 个省（直辖市）。中部地区包括晋、皖、赣、豫、湘、鄂共 6 个省；西部地区包括内蒙古、桂、川、渝、黔、滇、藏、陕、甘、青、宁和新共 12 个省（自治区、直辖市）；东北地区包括黑、吉和辽 3 个省。对原来的地区划分所做的调整是：将东部地区的辽宁和中部地区的吉林和黑龙江划归东北地区；将东部地区的广西和中部地区的内蒙古划归西部地区。

　　资料来源：宋洪远．农村改革三十年［M］．北京：中国农业出版社，2009：366.

　　由上述分析可知，西部地区是贫困的集中区域。西部地区的贫

困现象严重，致贫原因是多方面的。有学者对中国西部地区的情况
进行分析后认为，贫困导致环境恶化和多育，而环境恶化和多育又
使贫困得以延续。因此，贫困地区人口增加、环境恶化与贫困加剧
之间存在叠加性的因果关系（如图1-4所示）。这种"贫困—多育
—环境恶化—贫困"的恶性循环成为西部地区贫困的特征之一（王
必达，2003）。

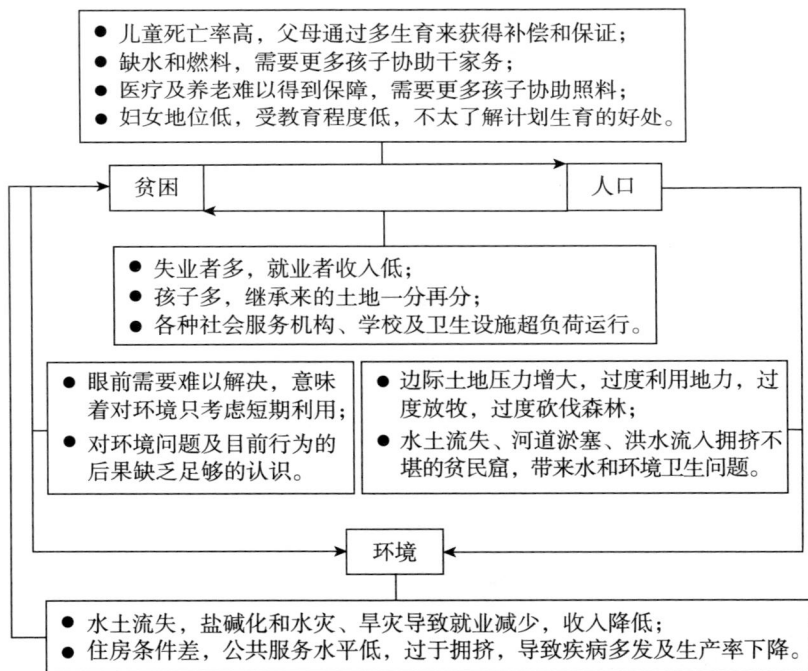

```
● 儿童死亡率高，父母通过多生育来获得补偿和保证；
● 缺水和燃料，需要更多孩子协助干家务；
● 医疗及养老难以得到保障，需要更多孩子协助照料；
● 妇女地位低，受教育程度低，不太了解计划生育的好处。
```

贫困 ⟶ 人口

```
● 失业者多，就业者收入低；
● 孩子多，继承来的土地一分再分；
● 各种社会服务机构、学校及卫生设施超负荷运行。
```

```
● 眼前需要难以解决，意味       ● 边际土地压力增大，过度利用地力，过
  着对环境只考虑短期利用；        度放牧，过度砍伐森林；
● 对环境问题及目前行为的       ● 水土流失、河道淤塞、洪水流入拥挤不
  后果缺乏足够的认识。           堪的贫民窟，带来水和环境卫生问题。
```

环境

```
● 水土流失，盐碱化和水灾、旱灾导致就业减少，收入降低；
● 住房条件差，公共服务水平低，过于拥挤，导致疾病多发及生产率下降。
```

图1-4　贫困、人口和环境的关系图

资料来源：王必达. 后发优势与区域发展 [M]. 上海：复旦大学出版社，2004：211.

城乡差距明显。城乡二元结构是阻碍中国社会发展的难点，也
是具有中国特色的一大矛盾。习近平总书记曾指出："城乡发展不
平衡不协调，是我国经济社会发展存在的突出矛盾，是全面建成小

康社会、加快推进社会主义现代化必须解决的重大问题。改革开放
以来，我国农村面貌发生了翻天覆地的变化。但是，城乡二元结构
没有根本改变，城乡发展差距不断拉大趋势没有根本扭转。"① 根
据国际标准，基尼系数为 0.3 到 0.4 表示收入差距较为合理，基尼
系数为 0.4 到 0.5 表示收入差距较大，而基尼系数在 0.5 以上则表
示收入差距悬殊。纵观 1997 年到 2015 年的数据，2000 年前我国
基尼系数基本上在 0.3 到 0.4 之间，而 21 世纪以后我国贫富差距
明显拉大，基尼系数一直维持在 0.4 到 0.5 之间，2008 年我国基
尼系数值达到最高峰 0.491，险些突破 0.5 的大关（见图 1-5）。

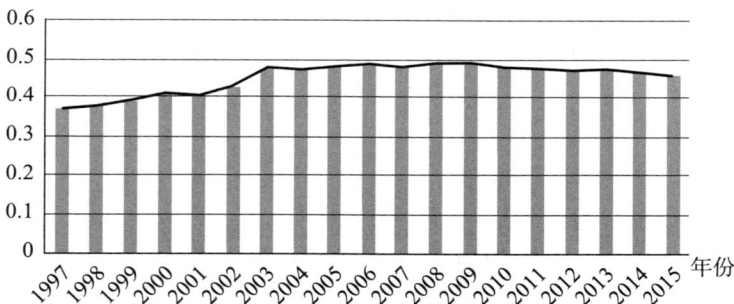

图 1-5 1997—2015 年中国的基尼系数
资料来源：国家统计局。

在收入方面，按照可比价计算，改革开放初期我国城镇居民家
庭人均收入比农村居民家庭人均收入高出 210 元，1990 年这一数
值增至 824 元，而到 2004 年这一数值达到 1 600 元左右，换言之，
城乡间居民人均收入差距增至 1990 年的约 8 倍。在消费方面，如
表 1-7 所示，农村居民家庭的恩格尔系数要大于城市居民家庭的
恩格尔系数，说明在农村食物消费仍占总消费支出的绝大部分，而
城市部分人口由于收入水平和消费水平的提高，在教育、娱乐等非

① 2013 年 11 月 9 日至 12 日，习近平在十八届三中全会上的报告。

食物方面的支出明显增加。教育方面的城乡差距也较为显著，例如教育经费投入、就学机会（教育可及性）、教育质量以及人力资本存量等方面的差距较大。2002 年，全国有 431 个县九年义务教育未达标，这些县全部位于贫困边远的农村地区，总人口为 10 761万，占到当年全国人口总数的 8.8%。[①] 在医疗卫生方面，地区间卫生健康投入、卫生服务质量和卫生服务可及性方面的差距逐渐拉大，如 2001 年的数据显示，城市每千人拥有卫生技术人员 5.2 人，而农村每千人只拥有卫生技术人员 2.4 人；在社会保障方面，中国老龄研究中心 2000 年年底进行的一项研究显示，城市老年人的养老保险覆盖率已达到 70% 以上，而在农村这一指标却不足 4%。

表 1-7　　　2006—2012 年城乡居民家庭恩格尔系数对照表　　　　（%）

年份	2012	2011	2010	2009	2008	2007	2006
城市居民家庭恩格尔系数	36.2	36.3	35.7	36.5	37.9	36.3	35.8
农村居民家庭恩格尔系数	39.3	40.4	41.1	41	43.7	43.1	43

资料来源：国家统计局。

　　整体而言，我国的地理环境、贫困人口分布与经济发展存在相关性，主要体现为：地势越高，自然环境越差，贫困发生的概率越大；经济发展水平越低，贫困人口越集中；中、西部贫困现象严重；城乡贫富差距明显；等等。由于我国人口众多、地域辽阔，类似西部地区贫困、人口和环境等多个因素共同制约个人和当地发展的"贫困陷阱"的情况屡见不鲜，因此，我国的反贫困工作较其他发达国家甚至发展中国家而言，有更多的疑难杂症和本身特有的矛盾亟待解决。面对这些难题，我国政府在党的领导下迎难而上，作为主力军在世界反贫困工作中取得了举世瞩目的伟大成就。

四、中国与其他国家反贫困进展的比较

　　中国经济发展更快。金砖国家和其他发展中大国在发展与治理

[①] 2002 年的数据来自教育部基础教育司。

方面的国际影响日益扩大，保持经济稳定持续发展既是本国提升自身在全球发展与治理中的地位的要求，也是对联合国可持续发展目标以及全球和谐稳定的贡献。中国的经济社会发展为世界发展贡献了突出力量。例如，2014 年中国对全球经济的贡献率达到 25％左右。根据美国学者斯蒂芬·罗奇的测算，中国 2016 年经济增长率达到 6.7％，意味着中国为世界经济增长贡献了 1.2 个百分点，贡献率达到 39％（IMF 测算 2016 年全球经济增长率为 3.1％），比美国的贡献率（0.6 个百分点）高一倍。中国和印度对全球经济的贡献已经超过整个欧盟。因而，世界比任何时候都需要一个成功的中国（林跃勤、周文等，2014）。在当今世界，中国对全球经济增长的贡献大于任何一个发展中国家。以印度为例，其 2016 年经济增长率为 6.6％，落后于中国的 6.7％，IMF 还降低了对印度 2017 财年经济增速的预期，下调幅度为 1 个百分点。从更宽广的视角来看，中国经济增长占到金砖国家经济增长总量的 73％。其中，印度和南非的增长与俄罗斯和巴西的衰退大致能够相抵。如果抛开中国，那么其他金砖国家 2016 年 GDP 增长率平均仅为 3.2％。

改革开放初期，我国 GDP 仅有 3 678.7 亿元，正处于百废待兴的阶段。随着农村制度改革、经济逐渐开放，我国历经近 40 年的努力探索，终于在经济方面取得了伟大的成就。由我国 1978 年至 2016 年 GDP 的折线图（图 1-6）可知，近 40 年来我国经济体量逐年攀升，21 世纪以来 GDP 增长迅速。而放眼国际（如图 1-7 所示），中国与同为金砖国家的印度、巴西、南非和俄罗斯在国情和国际地位上本较为相似，但后四者的经济并不景气，GDP 增长较慢。我国近几十年来经济、军事、政治、文化等领域多方面、多层次的发展，取得的成果逐渐让诸多发展中国家望尘莫及。在等级关系中，我们发现弱国服从于强国，小国服从于大国，小国和弱国在很多情况下没有其他选择，这也提高了强国进行军事侵略和经济制裁的可能性。中国在国际环境中，一直维护自身的独立自主权并谋求更多的国际话语权，这主要是由于中国在经济、军事等方面的实力得到了世界公认，中国作为大国在享有国际权利的同时也肩负起了大国的责任。

（亿元人民币）

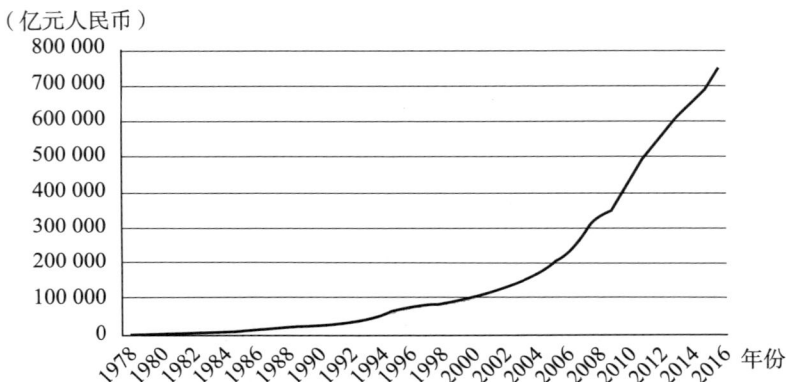

图 1-6 中国 GDP（1978—2016 年）

资料来源：《中国统计年鉴》（1979—2016）、《中国 2016 年国民经济和社会发展统计公报》。

（万亿美元）

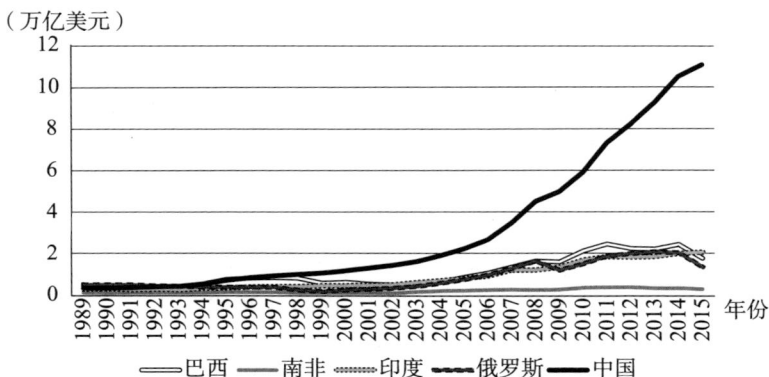

巴西 南非 印度 俄罗斯 中国

图 1-7 1989—2015 年巴西、南非、印度、俄罗斯、中国 GDP 趋势图

资料来源：世界银行 GDP 现价数据。

中国减贫力度更大。2015 年诺贝尔经济学奖获得者安格斯·迪顿研究了世界银行关于 1980—2008 年全球贫困情况的数据，发现全世界每日生活标准低于 1 美元的人口，已从 1981 年的 15 亿下降到 2008 年的 8.05 亿。由于同一时期，据数据统计全球人口数量增加了近 20 亿，因此，世界贫困人口占世界总人口的比例的下降速度（不到 30 年，就从原先的 42％下降到 14％）要比贫困人口绝对数的下降速度快许多。安格斯·迪顿指出，这一成就，可以说完完全全归功于中国的经济发展奇迹。如果将中国的贡献排除在外，那么在 1981 年时，全球每日生活费不足 1 美元的人口是 7.85 亿，到了 2008 年，这一数字是 7.08 亿。同样，如果不包括中国的人口，那么这一时期的世界贫困人口占世界总人口的比例由 1981 年的 29％下降到 2008 年的 16％，相比包括中国的人口后世界贫困人口占世界总人口的比例的下降速度，这一数据变化实在没什么惊人之处（安格斯·迪顿，2014）。从绝对贫困人口数量和贫困人口占总人口的比重两个指标来看，中国减贫数量和减贫速度均位居世界前列（见图 1-8 和表 1-8）。

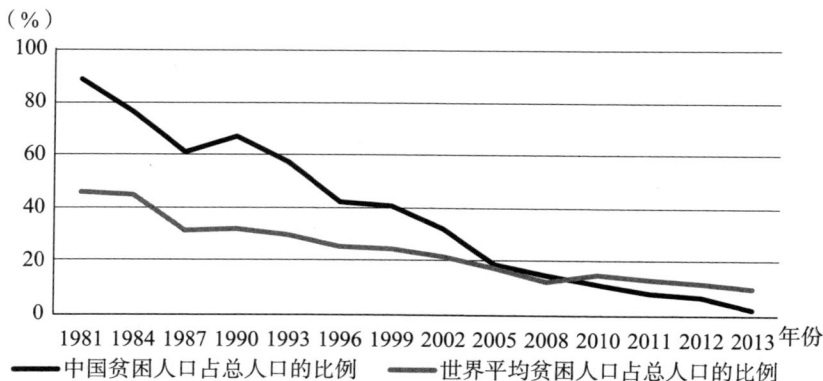

图 1-8　按 1 美元标准中国和世界贫困人口占总人口的比例对照图

资料来源：世界银行。其中世界平均贫困人口占总人口的比例，是以该年所有可得的该数据指标（即其他国家的贫困人口占总人口的比例）的平均值作为粗略参考。

表 1－8　　　　　**1981—2008 世界与中国减贫速度对比**

年份	绝对贫困人口数量（亿人）				贫困人口占总人口的比重（%）			
	世界	除中国外	中国	印度	世界	除中国外	中国	印度
1981	15	7.85	7.15	2.96	42	29	82	42
2008	8.05	7.08	0.97	2.47	14	16	7	21

资料来源：笔者依据文献资料整理而得。

　　由表1－9可知，2009年印度在所有金砖国家中贫困人口占总人口的比例最高，达到了19.7%，其后依次为巴西、俄罗斯和中国，三者占比分别为16.2%、12.7%和1.8%。南非当前数据缺失，但从历史数据来看，其贫困指数估计也不低。当然，我们要考虑到数据统计口径不一，即各个国家所制定的贫困线存在差异，但是贫困指数即贫困人口占总人口的比例，仍在一定程度上反映了一国的贫困程度。从表1－9中的数据对比可知，我国在反贫困工作中取得了傲人的成就。其他四国的反贫困之路仍任重道远。

表 1－9　　　　　　　**金砖国家的贫困指数**　　　　　　（%）

年份\国家	2005	2006	2007	2008	2009
巴西	19.8	18.6	17.8	16.8	16.2
俄罗斯	16.8	15.9	14.3	13.8	12.7
印度	23.2	21.9	21.1	20.3	19.7
中国	2.1	2.0	2.0	2.0	1.8
南非	—	23.0	—	—	—

资料来源：林跃勤，周文.金砖国家经济社会发展报告（2011）[M].北京：社会科学文献出版社，2011：366；世界银行数据库。

　　我国在减贫绝对量上，远超其他四国，但从基尼系数和贫困差距指数来看，我国离胜利仍有一段路要走。从表1－10、表1－11的数据可知，印度的基尼系数和贫困差距指数都大于其他国家。南非国内的贫富差距很大，基尼系数高达0.6以上。一方面，我们要看到，除巴西外，俄罗斯、印度、中国和南非的基尼系数逐年上升，说明贫富差距状况在持续恶化；另一方面，我们也必须承认，"金砖国家"在反贫困、缩小贫富差距方面做出了应有的努力，贫困人口的收入在逐年增加，贫困程度日益减轻。

表1-10　　　　　　　　　金砖国家的基尼系数

国家 \ 年份	2005	2006	2007	2008	2009
巴西	0.576	0.570	0.564	0.558	0.550
俄罗斯	0.365	0.370	0.375	0.401	0.437
印度	0.341	0.356	0.368	0.382	0.408
中国	0.401	0.401	0.415	0.435	0.489
南非	0.602	0.605	0.609	0.610	0.612

资料来源：林跃勤，周文.金砖国家经济社会发展报告（2011）［M］.北京：社会科学文献出版社，2011：363.

表1-11　　　　　　　　部分金砖国家贫困差距指数表

标准 \ 国家 \ 年份		2005	2006	2007	2008	2009
按1.25美元/天	巴西	1.6	1.8	1.3	1.2	1.1
	俄罗斯	0.5	0.5	0.5	0.5	0.5
	印度	10.8	9.5	8.7	7.6	6.8
	中国	4.0	3.1	2.5	2.1	1.8
按2.0美元/天	巴西	5.9	5.6	4.2	4.0	3.8
	俄罗斯	0.5	0.5	0.5	0.5	0.4
	印度	30.4	29.1	26.8	25.1	23.1
	中国	12.2	11.2	10.1	9.5	9.0

资料来源：林跃勤、周文.金砖国家经济社会发展报告（2011）［M］.北京：社会科学文献出版社，2011：367；白维军."金砖国家"反贫困政策比较研究［J］.现代经济探讨，2012（12）：86-90.

　　从基尼系数和贫困差距指数来看，俄罗斯国内贫富差距较小，而我国虽然整体上更加远离绝对贫困的困扰，但由于贫富差距较大，相对贫困成为亟待解决的难题。一方面，必须肯定我国经济的整体发展和国家整体的富足程度远超世界同类发展中国家；另一方面，也必须认清我国现在仍存在较大的贫富差距，并进一步调整收入再分配，实现社会公平。

除此之外，世界银行数据显示中国在健康福利保障方面的成就也十分显著。例如从儿童 BCG 疫苗接种比例这一指标来看，如图 1-9 所示，自 2008 年起我国适龄儿童接种疫苗的比例已接近100％。国家对于儿童健康和传染病防治的重视，一定程度上防止了健康问题带来的贫困，由此也可看出中国在反贫困工作中的不懈努力。

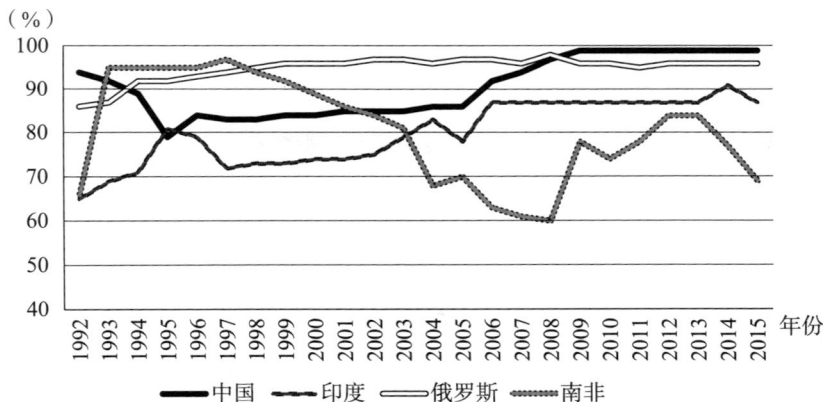

图 1-9 儿童 BCG 疫苗接种比例

五、全球贫困治理的中国方案

2017 年 6 月，在瑞士日内瓦举行的联合国人权理事会第 35 次会议上，中国代表全球 140 多个国家，就共同努力消除贫困发表了联合声明。这无疑是中国在世界反贫困斗争史上树立的重要里程碑。四十年来，我国在世界反贫困过程中充当主力军，取得了举世瞩目的成就。联合国开发计划署前署长海伦·克拉克说："中国最贫困人口的脱贫规模举世瞩目，速度之快绝无仅有。"

党的十八大以来，中国提出要构建新型大国关系，坚持正确的义利观，参与或主导建立若干全球性的机制，提出了"一带一路"构想、"人类命运共同体"的理念等，显示了中国作为"负责任的大国"在寻求变革的同时并不颠覆或抛开全球治理机制的担当。在经济方面，根据 IMF 的预测，2020 年，中国和印度对全球经济增长的贡献率将达到 40％以上，成为最主要的增长动力。巴西作为全球主要的原料产地，未来将一定程度上依赖中国经济的发展（林跃勤、周文等，2014）。正是因为长期坚持多维扶贫，我国的扶贫开发事业才取得了举世瞩目的伟大成就。从我国自身来看，改革开放近 40 年来，我国农村贫困人口减少了 7 亿多，占全球减贫人口的 70％以上；2013 年至 2016 年，我国连续 4 年年度脱贫人数超过 1 200 万人，累计脱贫 5 564 万人，贫困发生率从 2012 年年底的 10.2％下降到 2016 年年底的 4.5％。这充分表明，在国际社会还在对多维贫困进行理论探索之时，我们党已经在实践中开创了多维扶贫的崭新事业（陈宗胜，2017）。

中国属于发展中国家，而发展中国家最集中的地区则是非洲。长期以来，中国将"加强同包括非洲国家在内的广大发展中国家的团结与合作"作为自己的对外政策的基本立足点。五十多年来，中国对非洲的社会进步和经济发展高度关注，竭尽全力帮助非洲国家减贫。要解决非洲国家的贫困问题，只能靠发展。发展是一项系统性工程，需集中多方力量，全力以赴，多管齐下，标本兼治。例如，减免非洲国家的外债，增加公共援助，促进贸易的公平公正；加强基础设施建设，振兴农业，发展医疗卫生事业，提高教育水平；积极培养人才，促进区域经济合作和经济一体化；保护生态环境，预防和治疗艾滋病等常见疾病；等等。

在促进区域发展和减贫等议题上，中非双方具有很大的合作空间，可以在很多领域展开合作。通过农业的可持续发展来推动脱贫，是中国在反贫困过程中总结出来的一条重要经验。当前的非洲与中国面临的情况类似，人口中农民占比较高，消除贫困的关键是让农民脱贫。自改革开放以来，通过调整土地经营制度、农产品流通体制和农村产业结构，中国农村、农业和农民发生了翻天覆地的变化。农民的温饱问题得到解决，收入显著提升，生活水平大幅改善。20 世纪 80 年代以来，中国进一步加大了消除贫困的力度。1978 年，全国还有 2.5 亿人没有解决温饱问题，到了 1999 年，这一数字急剧下降至 3 400 万（夏吉生，2006）。中国在上述方面取得的成就和经验，引起了非洲国家的浓厚兴趣。2000 年 10 月 12 日，一场名为"消除贫困与农业可持续发展"的专题研讨会在中非合作论坛期间召开，就中国的减贫经验进行研讨。非洲国家代表认为，中国在激发农民的积极性和提高农业效率方面的经验，对于非洲反贫困具有极强的示范效应和借鉴意义。

农业合作在中非合作中占有重要的地位。为帮助非洲国家发展农业生产，早在 20 世纪 60 年代，中国就开始在马里、坦桑尼亚等国建立农技指导站和试验站，开展水稻新品种、蔬菜和甘蔗等农作物的引种和试种，推广新技术，并兴建农产品加工厂等配套设施。到 20 世纪末期，由中国援建的大型农场数量已达 90 个，面积达 4 万多公顷；糖厂 11 座，甘蔗日处理能力达到 5 400 吨；承接灌溉项目近 30 个，建成水井 600 多眼（夏吉生，2006）。中非农业合作成效显著，当地农业生产力得到显著提升，农民掌握了一些适宜的农业技术和田间管理技能，收入增加，生活进一步改善。中国的脱贫经验发挥了积极作用。

第三节　中国反贫困四十年：践行中国特色社会主义的成果

中国反贫困无疑是人类历史上的伟大壮举。中华人民共和国成立后，毛泽东把建立"人人平等、大家富裕"的社会主义社会放在了极其重要的位置。邓小平在马克思列宁主义的基础上科学地概括了社会主义的本质，即"解放生产力，发展生产力，消灭剥削，消除两极分化，最终达到共同富裕"。党的十八大将"全面建设小康社会"调整为"全面建成小康社会"，体现了新时期实现全面小康的决心。四十年来，中国贫困人口大幅减少，特殊群体贫困程度降低，福利保障水平提升，农业现代化进入重点突破、梯次实现的新阶段，人均收入大幅提高，中国落后地区迅速发展。可以说，中国反贫困四十年，无疑是在党和政府领导下进一步完善中国特色社会主义正确道路的四十年。

一、中国贫困状况的转变

贫困人口大幅减少。改革开放促进了中国经济的快速发展，这期间的反贫困斗争也取得了巨大胜利。以绝对贫困线度量，1978年中国农村贫困人口数量为 2.5 亿，2010 年下降至 2 688 万，仅仅32 年，全国就有超过 2 亿人摆脱了食不果腹的绝对贫困状态。这既是一项了不起的成就，也是对人类社会发展的重大贡献（陈宗胜等，2013）。

改革开放四十年来，中国人民在党的领导下筚路蓝缕、迎难而上，解决了温饱问题，人民生活达到了小康水平，取得了举世瞩目的发展成就。在国内扶贫开发过程中，中国在强调扶贫扶志、带动贫困人口脱贫的同时，也带动了经济社会的新一轮发展：在生产方面，21 世纪以来粮食生产实现"十二连增"；在民生方面，大力推进教育、卫生等民生工程建设，小学适龄儿童的入学率保持在99％以上，4.67 亿农村居民的饮水安全得到保障，充分说明我国的扶贫工作具有持续造血功能。放眼国际，中国的扶贫开发工作对世界反贫困作出了突出贡献：1981—2016 年，中国贫困人口由 8.8亿减少至 0.4 亿，占同期世界减贫人口数量的 78％；中国减贫速度远超印度及非洲同类发展中国家。中国在实现自身发展的同时，积极开展南南合作，先后为 120 多个发展中国家落实千年发展目标提供了力所能及的帮助。1978—1985 年，中国贫困发生率从 33％降至 11.9％。贫困人口从 2.6 亿人减少到 0.96 亿人，减少幅度为 63％；2001—2003 年，农村绝对贫困人口数量下降速度减缓，2001 年为 2 970 万人，2003 年为 2 900 万人，基本在 3 000 万人左右徘徊，贫困发生率也在 3％上下浮动。

特殊群体贫困程度降低。在我国反贫困的过程中，我们一直重视少数民族、妇女和残疾人等特殊贫困群体的扶贫开发工作，并取得了诸多成就。1986 年，扶贫领导小组制定贫困县的基本标准为1985 年人均纯收入低于 150 元；而革命老区和少数民族自治县的这一标准放宽到人均纯收入低于 200 元，一定程度上将更多的扶贫资源向贫困地区倾斜；对内蒙古、新疆和青海部分有特殊困难的少数民族自治县，这一标准进一步放宽到人均纯收入低于 300 元。1994—2000 年，国家累计向 5 个少数民族自治区和贵州、云南、青海 3 个少数民族人口较多的省份投入资金 432.53 亿元，占全国总投资的 38.4％，其中，财政资金 194.15 亿元（含以工代赈资金127.22 亿元）。在妇女扶贫方面，妇女联合会通过建立扶贫联系点、联系户，开展各类技术培训、小额信贷等项目和活动，帮助贫困地区的妇女就业，关注其身心健康发展。在残疾人扶贫方面，1992 年全国有贫困残疾人口约 2 000 万人，其中农村贫困残疾人口有 30％集中于 592 个贫困县内，国家采取了一系列有效措施，如1998 年制定的《残疾人扶贫攻坚计划（1998—2000 年）》等，取得了显著成就，2001 年我国贫困残疾人口降至 979 万人（张磊，2007）。

福利保障水平提升。国家统计局数据显示，2015 年，我国共扶持贫困残疾人 226.8 万人次、贫困白内障患者免费手术 29.9 万例、农村贫困残疾人危房改造 6.9 万户（惠及 9.1 万人）。为提高国民尤其是贫困人口的健康水平和生活质量，我国除对贫困残病人群进行帮扶外，还扩大了失业保险、城镇养老保险、城乡居民社会养老保险的覆盖面，让更多贫困人口享受国家福利和保险保障（见表1－12）。

表1－12　　　　　　2011—2015 年各类保险覆盖情况

指标	2011	2012	2013	2014	2015
失业保险参保人数（万人）	14 317.1	15 224.7	16 416.8	17 042.6	17 326.0
领取失业保险人数（万人）	394.4	390.1	416.7	422.0	456.8
发放失业保险金额（亿元）	159.9	181.3	203.2	233.3	269.8
城镇养老保险参保人数（万人）	28 391.3	30 426.8	32 218.4	34 124.4	35 361.2
城乡居民社会养老保险参保人数（万人）		48 369.5	49 750.1	50 107.5	50 472.2

资料来源：历年《中国统计年鉴》。

农业现代化进入重点突破、梯次实现的新阶段。国家统计局数据显示，我国粮食产量实现"十二连增"，一些地方农民收入实现"十二连快"。如图1－10所示，1978 年农村制度改革以后，农业生产积极性得到了显著提高，很多贫困人口通过农业的生产经营摆脱了贫困陷阱。粮食产量在 21 世纪初期有小幅度下降，此后2004—2016 年实现"十二连增"，由此可见，农业取得了显著的成就。从第一产业增加值来看，这一数值长期呈现增长趋势，21 世纪前后增幅较小，自 2004 年起，伴随粮食的增产，我国第一产业增加值也快速增加。我国农业发展呈现出可喜局面，极大地调动了贫困农村的生产积极性，使农民有钱可赚，自己主动扩大农业生产，实现脱贫致富。

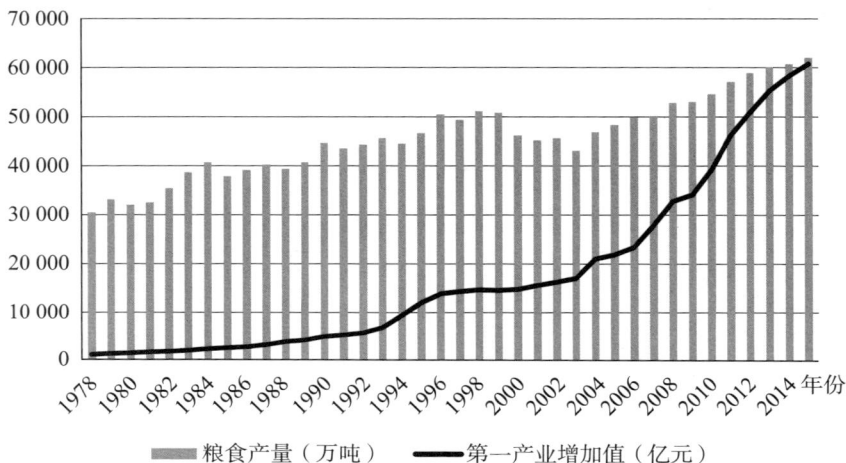

图 1 - 10　1978—2014 年粮食产量和第一产业增加值

资料来源：历年《中国统计年鉴》。本章剩下的图如不做特殊注明，资料来源均与此相同。

人均收入大幅提高。如图 1 - 11 所示，从 1981 年到 2015 年，我国农村居民人均纯收入不断上升。从图 1 - 12 可知，农民工月收入也在不断提高，极大地缓解了这一群体的生活压力。从图 1 - 11、图 1 - 12 可知，我国农村人口的收入在不断上升，这一数据很好地说明了中国的减贫成就。未来中国将进一步朝着增加贫困人口收入，保障其生存权利，进而提高贫困人口的生活质量，消除绝对贫困，缓解相对贫困的目标进发。

中国落后地区迅速发展。自从 20 世纪 70 年代后期的经济改革以来，中国在实现空前的经济发展和大幅减少社会贫困的同时，地区间发展的不平衡也越来越明显。地区间持续存在的社会经济发展的不平衡所导致的社会经济成本已经越来越成为政府考虑的重点问题之一（世界银行，2006）。

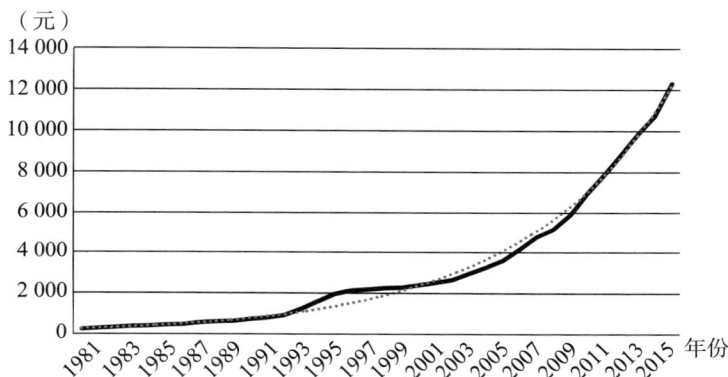

图 1 - 11 1981—2015 年全国农村居民人均纯收入

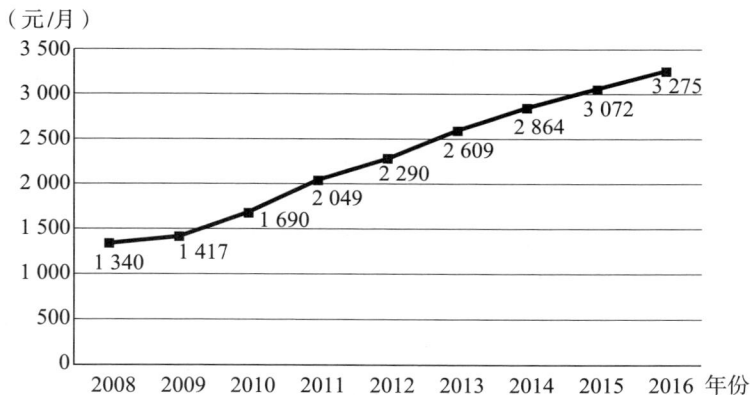

图 1 - 12 2008—2016 年中国农民工月收入变化趋势图

　　1999 年，中国政府提出了以促进落后的西部地区发展为目的的西部大开发战略。在过去的 5 年中，通过基础设施建设和财政补贴，中央政府已经投入了 1 万亿元人民币（1 200 亿美元）。这些投资主要用于西部地区教育、卫生、环境等方面的建设。同时，中央政府还采取了多种多样的投资优惠政策和低息贷款政策来吸引国内外的企业到西部地区那些具有比较优势的领域（如能源和农业）发展。

同时，历史上曾经领先的东北地区近年来的衰退也是政府关注的主要问题。中国东北地区的一些处于衰退状态的行业和城镇现在正面临着低增长率和高失业率的双重难题。因此，中国政府在 2003 年提出了振兴东北的战略。这一战略包括一些新的措施，如完善投资环境、发展更加灵活的市场、用公共基金推动而不是推迟产业的调整，以及通过改善后的便利的社会保障网络减少社会成本等。

二、反贫困成果的外部效应

贫困地区医疗卫生服务体系建设步伐加快，社会文明建设再上新台阶。兜底保障机制能否建立事关贫困地区特别是深度贫困地区因病致贫人口脱贫的成败。在我国扶贫过程中，医疗保障制度作为兜底保障的一大防线，切实保障了贫困人口的个人健康。2017 年 8 月 1 日，国家卫计委召开了第三次扶贫开发与对口支援工作领导小组会议，会议提出："要将农村贫困人口住院医疗费用个人自付比例控制在 10％以内，门诊费用个人自付比例控制在 20％以内，个人支付医疗费用年度限额不超过当地农村居民人均可支配收入，超出限额部分由各项保障措施予以兜底；要针对多人患病家庭提高医疗救助水平，协调中央财政在安排时序上优先、在安排力度上倾斜支持深度贫困地区建立兜底保障机制；要提高贫困地区基层医疗卫生服务能力，协调中央财政安排专项资金支持深度贫困地区加快医疗卫生服务体系标准化建设，推进三级医院对口帮扶工作，加快医疗卫生人才培养，全面建立远程医疗网络，促进优质医疗资源共享和下沉基层。"解决贫困人口"就医难"的关键是，让贫困人口更便捷地获得优质资源。这样既可减少贫困人口的疾病问题，防止因病返贫、贫困加深，同时又可降低非贫困人口因病致贫的可能性。医疗卫生等公共服务的建设有利于社会全体成员，对于个人身心的健康发展会起到积极作用，进而有助于社会文明的建设。

农业现代化推动了农业生产的进步，促进了社会主义生态文明建设。习近平总书记指出："没有农业现代化，没有农村繁荣富强，没有农民安居乐业，国家现代化是不完整、不全面、不牢固的。"①我国贫困人口绝大多数在农村，因此，消除农村贫困也是促进农业和农村发展的基础。消除贫困，摈弃资源掠夺式的生产模式，让人民群众通过高科技手段，更高效、更绿色地进行生产，有利于进一步促进全面小康社会的建成，提高我国整体的生态文明水平。2016年 4 月在于安徽凤阳县小岗村召开的农村改革座谈会上，习近平总书记强调："增加农民收入，要构建长效政策机制，通过发展农村经济、组织农民外出务工经商、增加农民财产性收入等多种途径，不断缩小城乡居民收入差距，让广大农民尽快富裕起来。在政策上，要考虑如何提高粮食生产效益、增加农民种粮收入，实现农民生产粮食和增加收入齐头并进，不让种粮农民在经济上吃亏，不让种粮大县在财政上吃亏。"这就说明，消除贫困一定程度上体现了增加农民收入、农村扶贫和农业现代化的双向关系，也体现了习近平总书记关于"绿水青山"和"金山银山"的经典论述的要义。

贫困地区教育机会均等化程度得以提高，社会主义精神文明建设达到新高度。"家贫子读书"，"治贫先治愚"，教育是提高国民素质的主要途径。在当下，缺教育、缺技术导致的个人发展受限，严重影响了国家整体的精神文明和政治文明。我国政府明确要求："加快实施教育扶贫工程，让贫困家庭子女都能接受公平有质量的教育，阻断贫困代际传递。"为此，国家采取了诸多积极举措：在资金方面，加大教育投资金额，提高资金使用效率，以教育资金的使用数量和质量两个维度为抓手，将更多福利向农村等贫困地区倾斜；在制度方面，逐渐健全和完善教育帮扶制度，免除家庭困难学生的学杂费，保障贫困地区适龄儿童能公平地拥有就学机会和良好的就学环境，并对品学兼优且家境困难的学生发放助学金和奖学

---

① 2014 年 12 月 13 日至 14 日习近平总书记在江苏调研时的讲话。

金，缓解家庭困难学生家庭的经济压力；在设施方面，积极发动社会力量共同建设农村中小学，改善基本办学条件，完善教育设施（如桌椅、黑板、运动器材、图书、电脑、电子教学系统等）；除此之外，在师资方面，提高对乡村教师的合理补贴，加大对乡村教师队伍建设的支持力度，特岗计划、国培计划向贫困地区基层倾斜，为贫困地区乡村学校定向培养留得下、稳得住的一专多能教师，以此来解决贫困地区的教学问题（国家行政学院编写组，2016）。优质的教育让学生知礼节、晓道理，也能理解更多的个人权利与义务，更好地承担起公民的职责，积极参与政治活动，如基层民主选举等，充分带动贫困乡村的精神文明和政治文明建设。由此我们可以看出，妥善解决贫困中的教育问题有利于切实促进全国尤其是贫困地区的精神文明建设。

农村各项基础设施日趋完备，社会主义物质文明的基础更加坚实。我国政府要求："完善农村最低生活保障制度，对无法依靠产业扶持和就业帮助脱贫的家庭实行政策性保障。"如在贫困地区修公路、通水电气、建设太阳能发电站等措施，完善了贫困落后地区的基础设施建设，让人流、物流、信息流在农村与城市间更好地传递，逐渐消除城乡差异；要立足于基本公共服务均等化配置的理念，增强农村社会保障的供给力度，实现学有所教、劳有所得、病有所医、老有所养、住有所居，消除两极分化，加快城乡一体化建设；要基于广泛覆盖、逐步提高的原则推动农村公共产品供给方式的变革，结合全国和地方财政能力的提升态势，提高大部分农村贫困人口和小部分城市贫困人口的福利保障待遇；加快完善城乡居民基本养老保险制度，适度提高养老金额，防止无钱养老、致病致贫的情况发生。我们可以看到，国家和政府从衣、食、住、行方方面面对贫困人口的体恤，极大地提高了贫困人口的物质福利水平，进而减少了诸多社会不安定因素，在反贫困的过程中，显著提高了物质文明水平。

贫困地区基层党组织和政权建设得到强化，社会主义政治文明取得了新的、更大的成果。"善政之要，惟在养民。"解决群众贫困问题是党和国家解决民生问题的头等大事。党的十八大以来，中西部22个省份的党委和政府主要领导向中央立下军令状，主动约谈相关党政负责同志，采取了稳定贫困县党政正职、向贫困村派驻"第一书记"和驻村工作队等一系列措施，体现了中央对反贫困工作的支持力度和坚定决心。为进一步加强基层领导建设，解决一些地区的贫困问题或组织涣散问题，国家鼓励并动员一批优秀青年干部、后备干部，以及国有企业或事业单位的优秀人才深入农村、服务农村，做好驻村"第一书记"。"第一书记"的设立加强了基层党组织建设，和村两委形成合力共同致力于解决农村贫困问题，主抓思想建设，促进了当地农业与农村的发展。在反贫困过程中，贫困地区村两委和"第一书记"集思广益、相互砥砺，共同加强基层党组织建设，提高贫困户的政治觉悟和思想高度，真正落实"扶贫先扶智"。"第一书记"的下派充分体现了国家对基层建设的重视程度，而基层民主选举制度的实施更是真正实现了农民当家做主。村领导班子成员来源于群众，又走进群众中开展相关扶贫工作；驻村"第一书记"协同村两委一起带动村民消除贫困，例如通过积极推广当地的农产品、开发生态旅游项目、引进农产品加工企业、实施"三权分置"、促进土地流转、实现农地适度规模经营并开展股份合作等来促进农业与农村的发展。"第一书记"和村两委在不断学习中央政府文件的过程中，提高了思想觉悟，为农村提供了更好的服务，并带领村集体走向富足、安定；减少并消除了村集体组织涣散的情况，并将村干部、村集体紧密联系在一起，共同消除贫困；提高了农民的思想素质，降低了违法犯罪的概率，提高了社会整体文明程度。

三、扶贫政策的不断完善

当前，中国的多维扶贫已经走在世界前列。扶贫的目标，并不仅仅限于提高贫困人口的收入，还包括提高生活质量，保障就学、就医，促进国民素质的整体提高，推动我国物质文明、精神文明、政治文明、社会文明、生态文明建设。

由表 1-13 可见，改革开放近四十年来，我国的扶贫目标从来没有局限于提高贫困群众的收入，而是涉及收入、教育、卫生、文化等多个维度，并不断丰富其内容。国务院贫困地区经济开发领导小组成立之初，就规定其成员包括农业、教育、卫生、财政等领域的多个政府部门。我国的扶贫主体包括财政、民政、卫生等领域的诸多部门和机构。只有各相关部门加强协调、共同参与，才能有效开展多维扶贫。教育部门解决教育资源不足问题，卫生部门应对因病致贫问题，金融部门处理生产生活融资困难问题，电力、水务、工商、文化及能源部门解决涉及贫困人口生活质量的其他问题。此外，我国还确定了中央统筹、省负总责、市县抓落实的工作机制，以及东西部协作和党政机关、部队、社会团体、国有企业定点扶贫机制，力求做到分工明确、责任清晰、任务到人、考核到位。

表 1-13 扶贫政策演变情况

年份	重要政策和举措	目标
1986	国务院贫困地区经济开发领导小组（国务院扶贫开发领导小组的前身）成立	提出要从增加收入、提高教育水平、改善卫生条件、增加财政收入等多个角度推进减贫
1994	《国家八七扶贫攻坚计划（1994—2000 年）》	用 7 年时间解决贫困群众的温饱问题，并帮助他们改变教育、文化、卫生及基础设施落后的状况
2001	《中国农村扶贫开发纲要（2001—2010 年）》	提高贫困群众的生活质量和综合素质，逐步改善贫困地区经济、社会、文化落后的状况
2011	《中国农村扶贫开发纲要（2011—2020 年）》	到 2020 年要稳定实现扶贫对象不愁吃穿并保障其义务教育、基本医疗和住房等的目标
2015	习近平同志关于精准扶贫的重要讲话	制定了精准扶贫工作的顶层设计，要求从多角度找准致贫原因，多维度开展脱贫攻坚行动

资料来源：笔者整理而得。

　　为深入贯彻落实《中共中央国务院关于打赢脱贫攻坚战的决定》（中发〔2015〕34 号）、《国民经济和社会发展第十三个五年规划纲要》和《国务院关于印发"十三五"脱贫攻坚规划的通知》（国发〔2016〕64 号）等文件的要求，充分发挥社会工作专业力量在困难帮扶、资金链接、生计发展、能力提升等方面的积极作用。国务院扶贫开发领导小组不断吸收金融机构、社会组织等加入，到2015 年，国务院扶贫开发领导小组成员已经增加到 40 多个。2017年印发的《民政部、财政部、国务院扶贫办关于支持社会工作专业力量参与脱贫攻坚的指导意见》（民发〔2017〕119 号）提出，要以助力脱贫攻坚为目标，以促进社会工作专业力量发挥作用为核心，按照"党政引导、协同推进，以人为本、精准服务，东西协作、广泛参与、群众主体、助人自助"的总体原则，制定一系列支持社会工作专业力量参与脱贫攻坚的政策措施，为社会工作助力脱贫攻坚提供制度指引。这正是多维度扶贫的生动体现，也彰显了社会主义制度能集中力量办大事的优越性。

　　从 1978 年至今的近四十年的时间里，党和国家领导人与时俱进，赋予扶贫政策和方向时代内涵和中国特色，推动了我国扶贫事业的发展。在我国反贫困事业的不断探索中，扶贫的政策和方向主要发生了以下三大转变。

　　从项目导向到系统推进转变。在我国反贫困过程中，存在资金跟着项目走，跑项目、拉资源的现象，因而有可能造成"有项目就有扶贫，没有项目就没有扶贫"的局面。虽然中央政府一直将扶持贫困人口作为首要目标，但是很多情况到地方就会"变味"，变成了大力修建基础设施改善居民生产生活环境。我们既要客观看待在农村大范围贫困和落后的局面下，首先明确改善贫困地区的面貌这一决策的明智性，也要以发展的眼光看待这一政策的时代局限性。随着基础设施的完善，我们必须将一部分扶贫人力、物力投放到贫困户甚至贫困个人上。当然，这是一个系统工程，各地区应因地制宜，按照自身发展情况和反贫困进程，系统确定资源的投放对象，将有限的资源在基础设施等大型项目和贫困个体之间合理分配。

从"输血式"向"造血式"转变。在国家反贫困过程中，曾存在某地因反贫困资源一时间过度集中，短时间内实现脱贫，但很快再次"返贫"的现象，这说明这样的扶贫模式不可持续，难以调动贫困人口自力更生、艰苦奋斗的积极性和内生动力。因此，党和国家根据实际情况对扶贫的方向和方式进行了进一步完善。我们看到，国家和政府提供了充足的扶贫资金，而关键在于资金的用途和使用效率。产业扶贫成为从输血式向造血式转变的一大途径。将产业链条与扶贫攻坚相结合，是以市场效益为主，由市场主导、政府辅助完成的扶贫模式，旨在增加贫困地区的就业岗位、培养贫困人群的专业技能、带动当地经济发展。产业为使自身不断盈利、扩大规模，必然会采取诸多举措使得产业可持续发展。政府必须做好积极引导，通过更多的优惠政策吸引更多有发展前景的企业入驻贫困地区，并制定有效的帮扶制度，让企业在帮助贫困人群的同时，实现自身的发展壮大，形成"政府省力、企业盈利、百姓受益"的多赢局面。同时，政府还应对当地企业，尤其是当地的特色产业加强宣传，促进地方品牌的建立，使特色产业得到认可，以实现更好的"造血式"循环。

从粗放"漫灌"向精确"瞄准"转变。经历多年扶贫，剩余贫困人口大多分布在"老、少、边、山、库"地区，是贫困程度深、发展能力弱的"贫中之贫、困中之困"。大山挡住了出路，消磨了意志，贫困人群穷惯了、苦惯了、熬惯了，容易脱贫的地区和人口的贫困问题已经解决得差不多了，剩下的都是"硬骨头"，越往后脱贫攻坚成本越高、难度越大、见效越慢。有些地区贫苦人口反贫困的积极性不高，因此，必须有外力（政府、社会、市场）介入，打破贫困落后的僵局。我们要以发展和扬弃的眼光看到传统粗放式扶贫在减贫方面的伟大功绩，也要认清其存在方向不明确、内容不清晰、针对性不强的缺陷。由于当时我国扶贫资金有限，加之贫困人口多、分布广、程度深，不能将扶贫工作精确瞄准贫困个体，因户施策。我国的国情和反贫困进程的差异性造就了阶段性反贫困的特征。近年来，我国脱贫攻坚已经到了攻城拔寨的冲刺阶段，必须以更大的决心、更明确的思路、更精准的举措、超常规的力度，实现脱贫攻坚目标。以精准为要义，就是由过去主要依靠政策带动、"大水漫灌"式扶贫，向因村因户因人施策、"精准滴灌"式扶贫转变。习近平总书记强调："脱贫贵在精准、重在精准、成败之举在于精准。"现阶段的扶贫工作，必须根据实际情况因地制宜、因户施策，更好地解决当下贫困人口的各类"疑难杂症"。

总的来说，近五年来，全国农村累计脱贫 5 564 万人，相当于一个中等国家的人口总量。与前几轮扶贫相比，十八大以来的脱贫攻坚不仅减贫规模扩大，而且改变了以往新标准实施后减贫规模逐年大幅缩小的趋势，年均减贫 1 391 万人，这是从未有过的。我国脱贫攻坚的目标，是到 2020 年按照现行标准农村贫困人口全部脱贫，贫困县全部摘帽，消除区域性整体贫困。"这一目标与前几轮扶贫相比有一个明显不同，就是不留锅底。从历史角度看，贫困问题仍会长期存在，贫困人口也仍存在，但是到 2020 年要消除国内的绝对贫困人口，而接下来我国扶贫的重点也将从消除绝对贫困向减缓相对贫困转变。这意味着届时我国绝对贫困问题将得到历史性解决，同时也将提前 10 年实现联合国 2030 年可持续发展议程确定的减贫目标，继续走在全球减贫事业的前列，具有里程碑意义"（侯雪静，2017）。

四、将中国的反贫困事业进行到底

消除贫困、改善民生、逐步实现共同富裕，是全世界人民期盼的美好未来，也是社会主义的本质要求，更是中国共产党的历史使命之一。必须要看到中国与世界其他发展中国家的差异，如中国人口众多、国土辽阔、地形复杂、区域贫富差距大、城乡二元结构明显。这些差异的存在意味着我国在反贫困过程中，面临着迥异于其他国家的特殊难题。然而，我国在反贫困过程中取得的成就世界有目共睹，减贫速度之快绝无仅有。在反贫困过程中，我们看到了我国经济增长速度之快远超其他同类发展中国家，经济发展的良好局面带动了一大批贫困人口走向富裕；我们看到了贫困人口大量减少，贫困人口自力更生，充分激发了内在动力实现脱贫；我们看到了农业的现代化发展，以及粮食产量的"十二连增"，让很多种粮务农的贫困户得到了满意的收入，调动了其农业生产的积极性；我们看到了在扶贫过程中，就医、就学、养老、住房等方面的福利保障让贫困户的生活质量得到提高，防止了"返贫"或继续陷入"贫困的恶性循环"。

我们还要看到反贫困的外部效益。在反贫困过程中，医药卫生领域的建设切实解决了贫困人口无钱就医、就医质量不佳等就医难题，有助于贫困人口个人身心健康发展，促进物质文明和精神文明建设；在反贫困过程中，对农业的政策支持、对农村基础设施的大量投入，改善了贫困乡村的村容村貌，抵制了破坏生态环境的扶贫开发手段，提高了物质文明和生态文明水平；在反贫困过程中，"治贫先治愚"，义务教育和技能培训提高了贫困人口的个人素质，增加了其谋求生存的基本技能，拓宽了其就业选择空间，通过教育提高了其知识水平和政治参与意识，从整体上提高了精神文明和政治文明水平；在反贫困过程中，基础设施和福利保障的进一步完善，让贫困人口享有更好的物质生活，缩小了地区间、城乡间的福利差异，逐渐实现了城乡一体化发展，有助于消除两极分化，实现共同富裕，促进了物质文明和社会文明水平的提高；在反贫困过程中，为防止当地一盘散沙，促进扶贫资金高效利用，国家积极鼓励优秀人才驻村当"第一书记"，强化了基层党组织班子的建设，促进了贫困地区政治文明和社会文明水平的提高。

综上所述，我国的反贫困工作不论较其他国家而言，还是针对我国内部的其他方面而言，都有突出贡献。所以，反贫困不仅仅是对贫困个体或贫困地区的帮扶，还涉及其他人群、其他地区、其他产业。因此，反贫困是各国乃至全世界共同奋斗的目标。我国在反贫困过程中遵循社会主义本质的要求，其基本思想是扶贫开发战略思想的高度凝练。抓好扶贫工作，打赢脱贫攻坚战，解决好贫困人口的生产生活问题，满足贫困人口追求幸福的基本要求，是党和国家不懈追求的目标，也是我国社会主义建设不断努力的目标。

第二章

中国反贫困的阶段演进与历史使命

　　"弱鸟可望先飞，至贫可能先富。"①中国是世界上人口最多的发展中国家，人口多，资源少，发展不平衡现象突出，部分地区长期处于贫困状态。新中国成立以来，国家出台了一系列提高国民收入、解决贫困人口温饱问题的措施。1978年改革开放前夕，中国有近2.5亿贫困人口，分布在全国各地。改革开放之后，随着农村土地制度、市场制度和就业制度的一系列改革，生产力得到了极大解放和发展，农民收入迅速增长，农村贫困人口数量大幅下降。

　　1986年，中国政府启动了一系列有计划、有组织、大规模的农村扶贫开发，成立了国务院贫困地区经济开发领导小组（1993年改名为国务院扶贫开发领导小组）专门协调中国的扶贫工作，确定中国贫困瞄准机制为县级瞄准，并且在政府层面形

---

　　① 习近平．摆脱贫困［M］福建：福建人民出版社，2014：2-3.

成了中国特色的开发式扶贫战略。1992 年，邓小平同志发表南方讲话后，经济体制市场化改革大势已定，经济进入高速增长阶段。当时，一部分地区经济快速增长，一部分地区经济增长较为缓慢，地区间经济发展的不平衡状况愈加凸显。尤其是西部地区，经济发展缓慢，农村经济增速回调。贫困进一步向西部和农村人口集中。1994 年 4 月，《国家八七扶贫攻坚计划（1994—2000 年）》实施，提出了在经济不发达地区优先解决贫困人口温饱问题的发展战略①，计划用 7 年时间基本解决农村 8 000 万人口的温饱问题，重新调整了贫困县的标准，贫困县个数增加到 592 个。到 2000 年年底，中国的绝对贫困人口已经降低到了 3 200 万人，但是由于贫困县并没有覆盖中国所有的贫困人口，因此还有相当数量的非国家重点扶持贫困县的贫困人口得不到国家扶贫资源的倾斜。

　　21 世纪伊始，《中国农村扶贫开发纲要（2001—2010 年）》②出台，放宽了扶贫资金的使用限制，允许资金投向非国家重点扶持贫困县的贫困人口，扶贫瞄准方法从县级向村级调整。贫困问题得到了较大程度的缓解，与此同时，区域性整体贫困问题逐步显现，在 21 世纪的第一个十年里，西部地区的贫困人口占农村贫困人口的比重从 2000 年的 60.8％上升到了 2010 年的 65.1％。2011 年，国家出台了《中国农村扶贫开发纲要（2011—2020 年）》，全国确定了 11 个连片特困地区以及西藏、四省（四川、云南、甘肃、青海）藏区、新疆南疆三地州作为扶贫攻坚主战场，以解决存在已久的区域发展差异问题，坚持开发式扶贫的方针。

　　2013 年，习近平总书记在湘西调研时首提"精准扶贫"的重要思想，到 2015 年年底，中共中央、国务院印发了《关于打赢脱贫攻坚战的决定》，明确了到 2020 年农村贫困人口全部脱贫、贫困县全部摘帽的目标任务，决定全面实施精准扶贫、精准脱贫方略。

---

　　①　国务院．国务院关于印发国家八七扶贫攻坚计划的通知［Z］．1994－04－15.
　　②　国务院．国务院关于印发中国农村扶贫开发纲要（2001—2010 年）的通知［Z］．2001－06－13.

国家明确指出："到 2020 年，稳定实现农村贫困人口不愁吃、不愁穿、义务教育、基本医疗和住房安全有保障。"① 这"两个不愁，三个保障"也被写入了《国民经济与社会发展第十三个五年规划纲要》。习近平总书记进一步指示："在扶贫的路上，不能落下一个贫困家庭，丢下一个贫困群众"。②

本章将改革开放以来中国的反贫困政策演进分为四个阶段：1978—1985 年，体制改革推动扶贫阶段；1986—2000 年，大规模开发式扶贫阶段；2001—2012 年，村级扶贫推进阶段；2013 年至今，精准扶贫阶段。本章将分阶段对中国反贫困的阶段演进和历史使命进行梳理。

第一节　1978 年至 1985 年：体制改革推动扶贫阶段

新中国成立初期，社会经济发展落后，贫困问题突出。为了扭转落后局面，中国确立了以计划经济体制为基础，优先发展重工业的发展战略。当时，农村剩余大量流向工业，虽然农户的基本生存需求得到了满足，但是由于计划经济体制对城市的倾斜、对农村的汲取，"赶超战略"对工业的优先支持、对农业生产剩余的攫取，数亿农民温饱问题无法解决。到改革开放前夕，按照国家统计局的贫困标准计算，农村居民家庭恩格尔系数超过 67%，有 2.5 亿农民生活在绝对贫困线以下，占农村总人口的三成以上。③ 1978 年，党的十一届三中全会召开，确定了以家庭承包经营制改革为核心的制度创新。农村经济体制改革解放和发展了生产力，使得农村经济快速发展，农民收入快速增长。1978—1985 年期间，中国农村居

① 第十二届全国人民代表大会第四次会议．中华人民共和国国民经济和社会发展第十三个五年规划纲要 [Z]．2016 - 03 - 16．
② 习近平总书记在江西省井冈山市茅坪乡神山村的讲话。
③ 数据来源于国家统计局。

民人均收入从 133.6 元增加到 397.6 元，农民收入的快速增长带来了贫困人口的迅速下降，按照每人每天 2 100 大卡计算的绝对贫困线测算，贫困人口由 2.5 亿人降低到 1.25 亿人，平均每年减少 1 786 万人（张磊，2007）。

一、1978—1985 年中国在摆脱贫困进程中的探索与实践

改革开放前，由于长期实行计划经济体制以及重工业优先发展战略，大量农业剩余用来支持城市和工业发展，农民在国民收入分配方面处于弱势地位，生活普遍贫困。1978 年年底，中国共产党的十一届三中全会对前期经济社会发展的经验教训进行了总结和反思，随后，中国实施了一系列经济改革措施促进经济增长。经济增长的"涓滴机制"带来了贫困人口的明显减少。此阶段的扶贫表现出明显的体制改革推动减贫的特点。

据阿玛蒂亚·森分析饥饿和饥荒时使用的"权利方法"，农户之所以贫困是因为其没有支配足够食物的能力，支配足够食物的能力可以看做通过自己的资源禀赋交换所需商品组合的权利。根据阿玛蒂亚·森的理论，农户交换权利的恶化可能是由一般食物供给减少之外的原因造成的。他将交换权利的恶化分为两个维度：一是通过自己的资源禀赋获得的可供自己消费的粮食减少，即直接权利恶化；二是可以通过贸易获得的粮食减少了，即贸易权利恶化（阿玛蒂亚·森，2001）。根据改革开放后中国的实际情况，在保障和增强中国农户的交换权利的方面，中国政府采取了两大举措：一是通过确立家庭承包经营制提高农户的生产积极性，并出台专项扶贫政策直接提高农户收入，保障农户获取食物的直接权利；二是通过提高农产品收购价格、取消统派购和鼓励农业劳动力流动等措施，在农业的生产要素方面，保障农户通过交换获取食物的贸易权利。

阿玛蒂亚·森在研究贫困和饥荒时，强调饥饿一定意味着贫困，而且无论贫困的概念如何改变，"饥饿都表现出一无所有的特征，完全可以定义为贫困"，并且他按照广义的看法将饥饿理解为人们没有充足的食物，所以在利用权利方法分析饥饿和饥荒的过程中，重视的是"每个人控制包括食物在内的商品组合的权利"。但是在中国的实际情况当中，食物这一概念无法代表贫困人口所需要的所有资源，为了将该理论更好地用于描述中国反贫困的历史演进，笔者用"摆脱贫困的资源"替代"食物"这一概念。因此，笔者将上文中的保障农户获取食物的直接权利和通过交换获取食物的贸易权利，修改为保障贫困人口获取摆脱贫困的资源的直接权利和通过交换获取摆脱贫困的资源的贸易权利。

（一）保障贫困人口获取摆脱贫困的资源的直接权利

家庭承包经营制的确立始于 1978 年党的十一届三中全会。1978 年以前，中国实行的是以人民公社为主的集体化生产制度，农户无法完全占有农业生产的剩余。党的十一届三中全会原则通过了《中共中央关于加快农业发展若干问题的决定（草案）》（以下简称《决定》），明确了"社员的自留地、家庭副业和农村集市贸易是社会主义经济的正当补充，按劳分配、多劳多得是社会主义的分配原则"。但是《决定》同样规定了"不许包产到户、不许分田单干"。1980 年 9 月 29 日，中共中央下发《关于进一步加强和完善农业生产责任制的几个问题》，肯定了"在集体经济内部实行的包产到户是依存于社会主义而不会脱离社会主义轨道"，虽然没有确定包产到户本身的性质，但是打破了包产到户是资本主义复辟的观点。之后的一段时间，包产到户开始大面积推广。中共中央在 1982 年 1 月 1 日发布了《全国农村工作会议纪要》，即新中国第一个针对农业和农村的一号文件，特别强调了"包产到户"和"包干到户"，这使得 1956 年就已经出现的包产到户取得了合法地位。1984 年，"大包干"正式命名为"家庭联产承包责任制"，在全国普及推行，赋予了农户获得农业生产剩余的权利，从而增强了农户获得食物的直接权利。

通过专项扶贫政策，直接针对贫困地区的农户，同样保障了农户获得食物的直接权利。扶贫政策以救济式扶贫为主，大致可分为如下几种：以工代赈计划、"三西"农业建设以及确定 18 个连片贫困地区。

利用以工代赈计划进行扶贫的主要方式是利用贫困地区的剩余劳动力进行基础设施建设，一是可以改善贫困地区的基础设施条件，从而创造一种有利于脱贫的硬件支撑；二是救济对象可以通过劳动获酬，提高非农就业收入；三是激发救济对象通过劳动换取报酬的意识，体现贫困人口的劳动价值，增强贫困地区劳动力通过自身努力摆脱贫困的信心。以工代赈计划始于 20 世纪 80 年代，以修建道路、水利工程、农田基本设施等为主。扶贫物资的来源，一是国家无偿调拨的实物和资金；二是地方上以一定比例提供的配套资金，用于支付工程材料和其他开支；三是农户提供的一部分无酬劳动。第一批以工代赈计划开始于 1984 年，改革开放后，中国连续几年农业获得丰收，粮食储备较为充足，国务院决定从 1984 年至 1987 年，利用库存粮食 50 亿公斤、棉花 1 亿公斤和棉布 5 亿米（粮棉布折价 27 亿元），对全国 18 个集中连片的贫困地区实施以工代赈计划。第二批中低档工业品以工代赈计划和第三批工业品以工代赈计划分别于 1989 年和 1990 年开始。到了"八五"计划期间，国家又分别开展了粮食、江河治理和国营贫困农牧场的以工代赈计划。

"三西"农业建设是指国务院针对甘肃中部以定西为代表的干旱地区、甘肃河西地区和宁夏西海固地区实施的农业建设计划。由于受到自然生态环境的限制，上述地区长期处于干旱、缺水状态，是历史上著名的"苦瘠甲天下"的地区。1982 年 12 月中央财经领导小组召开会议专题研究"三西"地区农业建设发展问题，12 月 10 日，国务院决定实施"三西"农业建设计划：在 10 年时间里，每年划拨专项资金 2 亿元，对"三西"地区进行扶贫攻坚。通过兴修水利工程、改善农业基础设施、开展科技服务等改善农业生产条件，对于自然环境极其恶劣的特殊干旱地区，实施大规模的自愿移民搬迁，"三西"农业建设开启了中国区域性扶贫的先河。这一建设计划在第一个 10 年结束后得到延长。1993 年，国务院确定"三西"农业建设专项资金不变，继续维持每年两个亿的专项建设资金投入。2009 年，国务院再次延长"三西"农业专项建设补助资金使用期限，并将资金数量增加到每年 3 亿元。

18 个连片贫困地区的确定始于 20 世纪 80 年代中期，分别是东部的沂蒙山区和闽西南、闽东北地区，中部的努鲁儿虎山区、太行山区、吕梁山区、秦岭大巴山区、武陵山区、大别山区、井冈山和赣南地区，西部的定西干旱区、西海固地区、陕北地区、西藏地区、滇东南地区、横断山区、九万大山地区、乌蒙山区以及桂西北地区。这些地区有相当一部分是革命老区、少数民族地区和边远地区，因此也被称为"老、少、边、穷"地区。这些连片贫困地区生态环境恶劣，地理位置偏远，基础设施落后，缺乏基本的教育和医疗等社会服务。1984 年 9 月，国务院发布了《关于帮助贫困地区尽快改变面貌的通知》，制定了对贫困地区在税收、统购统派、商品流通等方面的优惠措施。1986 年公布的《国民经济和社会发展第七个五年计划》将"老、少、边、穷"地区的经济发展作为重要的一部分，明确提出了对于贫困地区的发展目标和政策支持方式。上述两份文件也在今后很长一段时间里成为中国扶贫开发工作的主要指导文件。

（二）保障农户通过交换获取摆脱贫困的资源的贸易权利

1978 年之前，中国实行重工业优先发展战略，为了使农业剩余向工业流动，农产品统派购制度下农产品收购价格被人为压低，农户无法通过市场交易获得足够的收入，农户交换权利恶化。1979—1985 年期间，政府提高了农产品收购价格，允许农村劳动力流动，最终取消了农产品统派购任务，农户通过交换获取摆脱贫困的资源的贸易权利得到了明显改善。

农产品收购价格的提高始于 1979 年，《中共中央关于加快农业发展若干问题的决定》规定：粮食统购价格从 1979 年夏粮上市起提高 20％，超购部分在这个基础上提高 50％，并且要求控制农产品的销售价格，将收购价格提高的好处转移给农户。同年3月，国家开始陆续提高统购计划内粮食、棉花、油料等18种主要农产品的收购价格，并且恢复了粮食、油料等产品国营商业公司的议价收购，对超购的粮食、油料加价50%收购，对棉花加价30%收购。1979年，全国6种主要粮食的统购价格由每吨212.8元上调到每吨253.6元，超购加价幅度按照新统购价格上调了50%。这次粮食提价是12年来国家粮食收购价格的首次上涨。到1984年，中国粮食价格较1978年总体上涨了98.1%（宋洪远，2008）。1985年1月发布的《关于进一步活跃农村经济的十项政策》规定，粮棉等少数重要产品采取国家计划合同定购的政策，合同定购价按照"倒三七的比例"确定，即70%按照原超购价，30%按照原统购价进行收购，定购以外的粮食可以自由上市。上述合同订购价格实际上相当于国家下调了粮食的收购价格，对于农民来说，新增产的粮食卖给国家的价格不仅低于原来的超购价，而且低于新出台的合同定购价。1985年，由于中国粮食产量减少，市场价格比上年同期上涨了10%，市场价格与国家收购价格拉开差距，出现了农民不愿意将粮食卖给国家的情况。1986年，国家陆续上调了粮食合同订购价。1989年，国家将粮食合同订购价格平均提高了18%，以期缩小与市场价格之间的差距。

在调整农产品收购价格的同时，农产品统派购政策也有所调整。水产品是农副产品中最早减少统派购任务的品种，在《中共中央关于加快农业发展若干问题的决定》出台之前，就已经将派购任务从全部派购减少到派购60%。1979年9月，《中共中央关于加快农业发展若干问题的决定》出台，规定：粮食征购指标"一定五年"，自1979年起，减少粮食征购五十亿斤；水稻和杂粮地区口粮分别在四百斤和三百斤以下的一律免购。1983年1月，《当前农村经济政策的若干问题》出台，农产品统购派购政策继续改革，规定"对重要农副产品实行统购统派是完全必要的，但是品种不宜太多"，并且明确指出，"农民完成统购派购任务后的产品（不包含棉花）和非统派购产品允许多渠道经营"。同年 10 月，商业部主管的一二类农产品从 46 种减少到 21 种，1984 年 4 月，进一步降低到 12 种。受国家农产品统派购政策调整的影响，1979 年后，全国各地集贸市场逐步恢复。1980 年，全国各地基本恢复了早晚集、庙会等交易活动。集市贸易恢复后，全国集市粮食成交量从 1978 年的 50 亿斤上升到了 1984 年的 167 亿斤。

伴随着改革开放，农村劳动力逐渐开始向城市和非农产业流动。改革初期，农村劳动力外出数量较少，为 200 万人左右，流动范围也局限于农村内部。1980 年，《关于进一步做好城镇劳动就业工作的意见》规定对于农村剩余劳动力采取社队企业和城乡联办的方法吸收，但是仍然规定"要控制农业人口盲目流入大中城市"，"确需从农村中招工的，要从严批准，须经省（市、自治区）人民政府批准"，虽然允许农村劳动力向城市流动，但是限制仍然颇多。1981 年，《关于广开门路，搞活经济，解决城镇就业的若干规定》强调"要严格控制使用农村劳动力，继续清理来自农村的计划外用工"。农村劳动力流动的限制未能松动。20 世纪 80 年代初期，工业快速发展，对农村劳动力的需求持续增加，对劳动力流动的限制政策亟须放开。1984 年，《国务院关于农民进入集镇落户问题的通知》出台，国家对劳动力流动的态度由限制转向了积极支持："农民进入集镇务工、经商、办服务业，对促进集镇的发展，繁荣城乡经济，具有重要作用，对此应积极支持"。这标志着实行了 30 多年的限制城乡人口流动的就业管理制度开始松动。

二、体制改革推动反贫困阶段的制度绩效

体制改革解放和发展了生产力，使得全社会财富迅速增加，这极大地惠及了广大农村贫困人口，中国的贫困状况也因之迅速改善。改革开放前夕，按照当年国家统计局的贫困线标准，中国的贫困人口为 2.5 亿人，农村贫困发生率为 30.7%。贫困现象在全国普遍发生。改革开放和农村的经济发展，在中国创造了大规模减贫

的宏观环境，随着农民收入的普遍上涨，贫困人口数量迅速降低。到 1985 年年底，中国的贫困人口仅为 1.25 亿人，贫困发生率降低到 14.8%，平均每年减少贫困人口近两千万人。按照现行国家农村贫困标准（2010 年价格水平，每人每年 2 300 元）测算，1978—1985 年，中国贫困人口数量从 7.7 亿人下降到 6.6 亿人[①]。贫困人数的迅速降低，带来了中国居民恩格尔系数的下降，1978—1985年间，中国农村和城镇居民家庭恩格尔系数的变化如表 2-1 所示。

表 2-1　　　　　**农村和城镇居民家庭恩格尔系数**　　　　　（%）

年份	农村居民家庭恩格尔系数	城镇居民家庭恩格尔系数
1978	67.71	57.5
1979	63.96	57.2
1980	61.77	56.9
1981	59.86	56.7
1982	60.67	58.65
1983	59.41	59.2
1984	59.17	57.96
1985	57.79	53.31

资料来源：国家统计局。

在这一时期，借助经济体制改革，经济总量大幅提升，经济社会发展取得了显著成效，粮棉油等主要农产品的供给能力得到了明显提高。1978—1985 年间，国内生产总值从 1978 年的 3 678.7 亿元上涨到 9 098.9 亿元[②]，涨幅达到 147.3%，人均国内生产总值从 385 元上涨到 866 元，涨幅达到 124.9%。农村居民家庭人均纯收入和国内生产总值变化情况如表 2-2 所示。

①　数据来源于国家统计局。
②　数据来源于国家统计局。

表2-2   农村居民家庭人均纯收入和国内生产总值变化情况

年份	农村居民家庭人均纯收入（元）	国内生产总值（亿元）
1978	133.57	3 678.7
1979	160.17	4 100.5
1980	191.33	4 587.6
1981	223.44	4 935.8
1982	270.11	5 373.4
1983	309.77	6 020.9
1984	355.33	7 278.5
1985	397.6	9 098.9

资料来源：国家统计局。

商品和服务供给能力增强。家庭承包经营制提高了农户的生产积极性，加之农副产品收购价格的提高以及统购统派的品种的减少，粮油棉等主要农产品的产量大幅增加，商品和服务的供给能力显著增强。粮油棉产量变化情况如表2-3所示。

表2-3   粮棉油产量变化情况   （单位：万吨）

年份	粮食产量	油料产量	棉花产量
1978	30 476.5	521.8	216.7
1979	33 211.5	643.5	220.7
1980	32 055.5	769.1	270.7
1981	32 502.0	1 020.5	296.8
1982	35 450.0	1 181.7	359.8
1983	38 727.5	1 055.0	463.7
1984	40 730.5	1 191.0	625.8
1985	37 910.8	1 578.4	414.7

资料来源：国家统计局。

案例 2－1　　　安徽凤阳小岗村的案例

农村经济体制改革最早始于安徽省凤阳县小溪河镇小岗村，由于小岗村对家庭承包经营制的推动作用，它也被誉为"中国改革第一村"。

1978 年，小岗村处于极度贫困状态，生产队属于"吃粮靠返销，生产靠贷款，生活靠救济"，当年夏收，每个劳动力仅分到 3.5 公斤麦子。全队 18 户农民，只有 2 户没出去乞讨。没有出去乞讨的两户家庭，一户是教师，一户在银行工作。"穷极思变"，1978 年秋天，时任队长的严俊昌偷偷将生产队的田地分给各家各户，实行"包产到户"。但是在当时的社会环境下，"包产到户"是一个敏感的政治话题，被认为是对人民公社"三级所有、队为基础"集体化道路的背叛，可谓是"冒天下之大不韪"。

1979 年秋天，小岗村农业获得大丰收，粮食总产量从 1978 年的 1.75 万公斤增加到 6.62 万公斤，人均收入从 22 元增加到 350 元。仅仅依靠"大包干"就使小岗村人迅速摆脱了贫困，解决了温饱问题。实行"包产到户"获得了较好成果，但是由于"包产到户"在姓"资"还是姓"社"问题上的争论，很多生产队在是否采取"大包干"的问题上仍然很谨慎。

三、体制改革推动反贫困的未尽之处及进一步改革的动力

从十一届三中全会国家第一次明确提到较大规模贫困人口的存在，到 1984 年《关于帮助贫困地区尽快改变面貌的通知》的印发，近代中国的反贫困进程逐渐展开。这一阶段的反贫困，大多还是以经济增长带来的农村贫困人口的"涓滴效应"为主。虽然理论上，这一阶段的农村改革可以发挥普惠作用，但是实际上，部分地区的农户受到资源禀赋、地理区位等因素的影响，无法完全享受经济增

长带来的普惠效应，收入并未得到明显提高，仍然处于贫困状态。地区发展不平衡问题逐渐显现，1978—1985 年间，农村基尼系数上升了 17.37%（张磊，2007），部分地区甚至出现了区域性的整体贫困。

区域性的整体贫困问题逐渐显现，其主要原因是区域发展不平衡。而在一个阶段内，出现区域发展失衡问题是经济发展的客观规律，因此，区域性贫困问题的出现是无法避免的。相关区域内的贫困人口，受地区发展失衡问题的影响，无法直接依靠经济增长来摆脱贫困。如果要解决这部分人的贫困问题，则必须采取专门的扶贫政策。1978—1985 年，国家针对这类地区的扶贫政策大多还是以物资救济为主。虽然对缓解贫困有一定作用，但是无法帮助贫困地区形成自身的可持续发展能力。对现有的占全国农村人口 14.8% 的贫困人口而言，采取简单以物质救济为主的扶贫政策，通过"输血式"扶贫帮助其摆脱贫困显然是不可行的。因此，开发式的扶贫战略逐步走上了历史舞台。

以经济开发为主要内容的扶贫开发方式，在解决贫困地区经济落后问题方面有着明显的作用。开发式扶贫通过动员群众广泛参与，利用贫困地区的自然资源进行建设，发展商品经济，增强贫困地区和贫困农户自我积累和自我发展的能力，从而帮助贫困地区形成可持续发展的能力。中国的开发式扶贫是在政府主导下进行的，有专门的组织体系、投资计划等一系列政策安排。1986 年，国务院贫困地区经济开发领导小组成立，标志着中国政府开始进行有计划、有组织、大规模的扶贫开发活动。

第二节　1986 年至 2000 年：大规模开发式扶贫阶段

1986—2000 年，随着乡镇企业的兴起和城市工业的发展，东部地区经济快速增长。但是，受到自身资源禀赋限制，中国中西部的大部分地区，经济发展较为缓慢。1986 年，西部地区的贵州、陕西和甘肃的人均地区生产总值分别为 467 元、688 元和 684 元，与此同时，中国东部地区的江苏和浙江的人均地区生产总值已经达到了 1 193 元和 1 237 元。到 2000 年，西部地区的贵州、陕西和甘肃的人均地区生产总值为 2 759 元、4 968 元和 4 129 元，而此时，东部地区的江苏和浙江的人均地区生产总值已经达到了 11 765 元和 13 416 元，地区发展差异不断扩大。

地区经济发展的差异，导致西部地区贫困人口的减少速度远小于国家的平均水平。随着经济增长，中国大部分地区逐步摆脱贫困，贫困人口主要集中在西部地区。以往以经济增长为主、以适当扶贫救济为辅的反贫困方式，已经不再能满足实际情况的需要。基于此，1986 年，国务院贫困地区经济开发领导小组成立，扶贫工作逐步走上规范化、机构化、专业化的道路。扶贫开发战略也从前期以扶贫救济为主转向以利用贫困地区的自身资源禀赋进行开发建设为主。1994 年，为了加快贫困人口脱贫的步伐，《国家八七扶贫攻坚计划（1994—2000 年）》颁布实施，提出到 20 世纪末要基本解决当时全国农村 8 000 万贫困人口的温饱问题。这也是中华人民共和国成立以来，中国第一次提出具有明确目标、对象、措施和期限的扶贫开发行动纲领。

一、1986—2000 年中国在摆脱贫困进程中的探索与实践

阿玛蒂亚·森关于经济发展不平等的论述中提到"建设性地利用经济增长创造的公共资源来提升人类可行能力，不仅能够提高生活质量，而且有助于生产率的提高和进一步的经济增长"（阿玛蒂亚·森、让·德雷兹，2015）。开发式扶贫战略不仅能提高贫困人口的收入水平，而且能通过改善生产条件、普及义务教育等措施，提高贫困人口的生产力，从而创造有利于脱贫的外部条件。这个阶段的反贫困政策可以划分为政策保障和资金投入两个层面。

(一) 政策保障

这一阶段扶贫政策保障的主要内容包括国务院扶贫开发领导小组的组织保障，以贫困县为扶贫目标群体的瞄准机制，乡镇企业发展和农村劳动力流动的外部环境改善，等等。

1986 年 5 月 16 日，国务院贫困地区经济开发领导小组成立，并于 1993 年更名为国务院扶贫开发领导小组。国务院扶贫开发领导小组下设国务院扶贫开发领导小组办公室，负责领导小组的日常工作。国务院扶贫开发领导小组的成立标志着中国的扶贫开发向制度化转变，也表明政府将扶贫工作从一般的社会救济工作中分离出来。1994 年，《国家八七扶贫攻坚计划（1994—2000 年）》① 出台，落实了扶贫开发的"省长（自治区主席、市长）负责制"，并且把计划地实施和解决群众温饱的成效作为衡量贫困县领导干部政绩和提拔重用的主要标准，从制度层面加强了地方政府对贫困的重视。1996 年 10 月，为了保障八七扶贫攻坚计划的顺利实施，中共中央、国务院出台《关于尽快解决农村贫困人口温饱问题的决定》，要求"资金到省（自治区），权力到省（自治区），任务到省（自治区），责任到省（自治区）"，进一步强调了在扶贫开发过程当中省级负责的制度安排。

中国的贫困具有明显的区域性特征。因此，国家扶贫工作的重点是确定国家级贫困县，采用县级聚焦的扶贫方式，集中力量，重点突破。1986 年，中国第一次制定了国家重点扶持贫困县（也称国定贫困县）的确定标准，随后，我国陆续确定了 331 个国家重点扶持贫困县。② 到 1994 年制定《国家八七扶贫攻坚计划（1994—2000 年）》时，对国定贫困县标准进行了调整。按照新的贫困县标准，国家重点扶持贫困县调整为 592 个，涵盖了全国 72％以上的农村贫困人口。贫困县的分布也出现了明显的地域特征，中西部

---

① 国务院. 国务院关于印发国家八七扶贫攻坚计划的通知 [Z]. 1994 - 04 - 15.
② 国家扶贫开发工作重点县和连片特困地区县的认定 [EB/OL]. http://www.cpad. gov. cn/art/2013/3/1/art _ 50 _ 23734. html.

地区的贫困县占比达到 82%。县级聚焦的瞄准方式能够在一定程度上做到集中资源解决贫困问题，但是，中国仍有相当一部分的贫困人口没有包含在贫困县当中。直到 21 世纪，扶贫瞄准聚焦在村级单位以及允许扶贫资金投放给非贫困县的贫困人口，这种情况才得到缓解。

乡镇企业的迅速发展是 20 世纪最后十年中国经济的突出亮点之一。乡镇企业推动了农村工业化进程，吸纳了大量的农村劳动力，增加了农村人口的非农就业收入。十一届三中全会召开后，国务院颁布实施了一系列关于社队企业发展和改革的政策。例如，1979 年公布的《关于发展社队企业若干问题的规定（试行草案）》，明确指出"社队企业要有一个大发展"；1981 年公布的《国务院关于社队企业贯彻国民经济调整方针的若干规定》提到"社队企业已成为农村经济的重要组成部分，符合农村经济综合发展的方向"，等等。这些政策均肯定了社队企业在农村经济发展中的重要性。1984 年，社队企业正式更名为乡镇企业，肯定了乡镇企业的作用："乡镇企业已成为国民经济的一支重要力量，是国营企业的重要补充"①。将乡镇企业从农村经济的重要组成部分上升到国民经济的重要组成部分的高度，并且明确提出要对乡镇企业"给予必要的扶持"，将乡镇企业从"社办、队办"改成了"乡办、村办、联户办、户办"同时发展，允许农户个体或联合办企业。对乡镇企业发展的限制进一步放松。1984 年，全国乡镇企业达到606.52 万个，在 1983 年基础上整整翻了两番还多，乡镇企业总收入达到 1 537.08 亿元，比 1983 年增长了 65.5%。邓小平同志曾经用"异军突起"来形容乡镇企业的发展。1985 年和 1986 年的中央两个一号文件都指出要鼓励农户和集体兴办乡镇企业，并在税收、信贷等方面给予支持。在 1984—1988 年的五年时间内，乡镇企业

---

① 中共中央、国务院. 中共中央 国务院转发农牧渔业部和部党组关于开创社队企业新局面的报告的通知 [Z]. 1984 - 03 - 01.

吸纳从业人员数量从 3 235 万人增加到 9 545 万人，乡镇企业的发展吸纳了大量农村劳动力，增加农户的非农收入，带动一批村庄走上了脱贫致富的道路。中国苏南地区华阴市华西村就是在这一阶段"异军突起"的典型。1988 年，华西村就已经成为华阴市的第一个亿元村。从之前借债过活的村落脱胎换骨，带动村民脱贫致富。2016 年，由华西村村委会控制的华西集团营收 267 亿元，仅向中心村村民支付的分红金额就已经达到 1.18 亿元（李春平、徐伟，2017）。

乡镇企业的发展，内生性地要求打破对农村劳动力转移的限制。从 1984 年开始，国家"允许务工、经商、办服务业的农民自理口粮到集镇落户"[①]，中国劳动力转移政策从控制流动逐步向允许流动转变。1986—2000 年这一阶段，政府出台了一系列措施，允许和鼓励农村劳动力流动。通过外出务工、经商等手段，贫困地区的农户开始有机会获取非农收入。《国家八七扶贫攻坚计划（1994—2000 年）》实施期间，国家出台了一系列政策鼓励劳动力流动，中国农村劳动力转移进入了高速发展的阶段。1993 年 11 月，十四届三中全会通过了《关于建立社会主义市场经济体制若干问题的决定》，明确指出要"鼓励和引导农村剩余劳动力逐步向非农产业转移和地区间的有序流动"。同年 12 月，劳动部颁布《关于建设社会主义市场经济体制时期劳动体制改革总体设想》，明确提出要"建立农村就业服务网络，合理调节城乡劳动力流动，逐步实现城乡劳动力流动的有序化"，并且提出"要在'九五'期间基本取消统包统配"。在此基础上，1994 年 8 月，劳动部连续发文，强调要在"短时间内建立起完善的就业服务体系"[②]，并出台了"建立劳动关系必须订立劳动合同"[③] 等一系列政策来规范劳动力市

---

① 中共中央. 中共中央关于一九八四年农村工作的通知 [Z]. 1984 - 01 - 01.

② 劳动部. 促进劳动力市场发展，完善就业服务体系建设的实施计划 [Z]. 1994 - 08 - 08.

③ 劳动部. 劳动部关于全面实行劳动合同制的通知 [Z]. 1994 - 08 - 24.

场。同年 11 月，劳动部就流动就业证卡管理制度进行规范①，劳动就业证自此成为了农村劳动力进城务工的有效证件，标志着农村劳动力流动逐步走向规范化管理。《国家八七扶贫攻坚计划（1994—2000 年）》实施期间，由于中国的整体经济还在转轨阶段，为了保障国内市场稳定，国家也出台了一些不利于农村劳动力流动的政策，例如春运期间的用工限制、外来人口暂住政策等。2000 年，《关于进一步开展农村劳动力开发就业试点工作的通知》出台，提出要"按照城乡统筹就业的原则，逐步建立统一、开放、竞争、有序、城乡一体化的劳动力市场"②，中国农村劳动力流动进入了一个新的阶段。

（二）资金投入

在资金投入有限的前提下，扶贫资金的合理使用是我国开发式扶贫方针顺利实施的关键。这一阶段，中国扶贫资金投入的主要政策变动可以划分为三个层面，分别是财税优惠政策、中央财政转移支付政策以及扶贫贴息贷款。

财税优惠政策旨在减少贫困地区政府的财税负担，主要政策的出台时间集中在《国家八七扶贫攻坚计划（1994—2000 年）》实施阶段。财税优惠政策主要体现为《国家八七扶贫攻坚计划（1994—2000 年）》中的"对国家确定的'老、少、边、穷'地区新办的企业，其所得税可在 3 年内予以征后返还或部分返还"，并且提到"可使用地方粮食风险基金对吃返销粮的贫困户予以适当补贴"，这都是在税收政策上对贫困地区的倾斜。1994 年，中国分税制度改革实施，中央财政将资源大省、财政穷省征收的资源税全部留给地方，中央不再参与分成，并且保留原有体制中对贫困地区的

① 劳动部. 劳动部关于颁布《农村劳动力跨省流动就业管理暂行规定》的通知 [Z]. 1994 - 11 - 17.
② 劳动和社会保障部、国家发展计划委员会、农业部、科技部、建设部、水利部、国务院发展研究中心. 关于进一步开展农村劳动力开发就业试点工作的通知 [Z]. 2000 - 07 - 20.

69

定额补助和专项补助。除此之外，国家在农业税收等方面，对贫困地区都有相应的减免和补助措施。

国家对贫困地区的转移支付主要体现在利用财政专项扶贫资金进行援助上。20世纪80年代初，国家就开始对贫困地区提供资金援助。1986—2000年这一阶段的转移支付，实际是对前期以工代赈资金、"三西"农业建设专项补助资金以及贫困地区发展资金的延续、调整和补充。以工代赈资金在1996年之前以实物形式为主。1996年后，以工代赈资金转变为以现金工资形式发放为主，并且由财政资金直接注入，资金规模也出现了一定幅度的扩大。"三西"农业建设专项补助资金开始于1982年，并在1993年得到延续。以工代赈资金和"三西"农业建设专项补助资金都旨在改善贫困地区的生产条件，解决人畜饮水问题，区别在于，前者更多地用于贫困地区的基础设施建设，如县乡道路、水利设施等，后者还可用于扶持乡镇企业和农业科技投入等增加群众收入的项目。此外，国家专项安排了"新增财政扶贫资金"，并且在该项资金中特别划分一块作为"少数民族发展基金"，并逐年扩大规模。财政扶贫资金（后归并为财政发展资金）、少数民族发展基金、"三西"农业建设专项补助资金和以工代赈资金构成了中央对贫困地区转移支付的主要组成部分。

扶贫贴息贷款旨在对贫困地区和贫困户的经济发展和生产活动提供直接的信贷支持。1986年，在《关于帮助贫困地区尽快改变面貌的通知》发布后，中国人民银行为了配合政策的实施，连续5年安排10亿元的专项贴息贷款资金，由中国农业银行设立专项扶贫贴息贷款，自此开始了中国金融系统大规模的信贷扶贫工作。最初，扶贫贷款是发放给企业的，1996年后，扶贫贴息贷款就可以直接瞄准贫困农户，并且重点放在农户的种植业和养殖业上。2001年，《扶贫贴息贷款管理实施办法》[1]颁布，确定扶贫贴息贷款由

---

[1] 中国人民银行，财政部，国务院扶贫开发领导小组办公室，中国农业银行. 扶贫贴息贷款管理实施办法 [Z]. 2001-06-11.

农业银行发放和管理。政府扶贫部门负责提供扶贫贷款项目，农业银行在扶贫部门提供的扶贫项目范围内选择贷款项目。2008 年之后，扶贫贷款的管理权限和贴息资金下放到省，扶贫贷款由任何"愿意参与扶贫工作的银行业金融机构承贷"①。

二、开发式扶贫阶段的制度绩效

中国的开发式扶贫的主要方式是利用贫困地区的自然资源，通过开发式的建设，帮助贫困农户形成自我积累和发展的能力，使农户最终依靠自身力量摆脱贫困，从根本上"授之以渔"。这一阶段的扶贫开发使得中国在当年标准下的贫困人口迅速减少。据统计，贫困人口从 1985 年的 1.25 亿人降低到了 2000 年的 3 200 万人。开发式扶贫基本方针的一个显著的特点，就是通过瞄准贫困县来实现对贫困人口的扶助，并且通过扶贫开发，帮助贫困县摆脱贫困。国家重点扶持贫困县山东省苍山县（2014 年改名为兰陵县）摆脱贫困的过程就是这一战略的现实体现。

案例 2 - 2　　山东苍山县蔬菜产业脱贫案例

苍山县位于山东省南部，与江苏省邳州市相邻，总面积 1 724 平方公里，耕地面积 161.7 万亩，山区和平原各占一半。下辖 16 个乡镇、1 个街道、1 个省级经济开发区，共 213 个社区、600 个行政村。苍山县曾经是中国重点扶持贫困县，1984 年全县农民人均纯收入仅 382 元。

20 世纪 80 年代末期，政府开展大规模开发式扶贫，通过几年的努力，水、电、道路等基本生活条件有了较大的改善，温饱问题得到了基本解决。20 世纪 90 年代初期开始，苍山县提出通过发展

---

① 国务院扶贫开发领导小组办公室，财政部，中国人民银行，银监会.关于全面改革扶贫贴息贷款管理体制的通知 [Z]. 2008 - 04 - 23.

区域特色（蔬菜）产业来推动扶贫的发展，先后投资 3.5 亿元，建起了 15 处蔬菜批发市场。后又投资 2 000 余万元，对鲁南蔬菜开发市场进行扩建改造，建成了容量为 3 000 吨的冷风降温库。

21 世纪初期，苍山县已经形成了完善的市场流动体系和稳定的营运队伍。全县有 16 万农民脱离土地经营蔬菜运销，仅在上海经营蔬菜的苍山人就达近 8 万人，形成了"十六万人下江南，八万农民占上海，三万台车跑运输"的壮观景象。政府通过贴息贷款扶持种植户的蔬菜产业，每亩深冬大棚提供贴息贷款 2 000 元，每亩牛蒡提供贴息贷款 1 500 元，截至 2005 年，已经对 5.6 万户蔬菜生产、运销、加工户发放各类扶持资金 11.8 亿元。

2015 年，全县常年蔬菜种植面积达到 110 万亩，总产量为 400 万吨，产值达 80 亿元。全县已发展各类农民专业合作社 1 790 家、家庭农场 168 家，其中蔬菜产销专业合作社 500 多家。苍山大蒜、苍山牛蒡、苍山辣椒获得了中国农产品地理标志产品认证。拥有遍布在全县各个乡镇村的 48 个蔬菜批发市场和一支 30 万人的庞大运销队伍。

苍山县是中国开发式扶贫战略的实践，展示了中国开发式扶贫战略在实际工作中所取得的巨大成绩，证明了开发式扶贫战略的正确性。

资料来源：张磊. 中国扶贫开发案例选编（第一辑）［M］. 北京：中国财政经济出版社，2007：122－134.

三、开发式扶贫的未尽之处及进一步改革的动力

大规模开发式扶贫在改善生产生活条件的同时，也给了贫困农户一份稳定的工作。生产生活条件的改善增强了贫困地区农户自身的"造血"能力，一份稳定的工作通过决定性的方式改变了人们的生活观念（阿比吉特·班纳吉，2013）。贫困地区农户因此有了通过自身奋斗改变生活现状的信心，提高了通过劳动提高收入的积极

性。这一阶段的扶贫工作虽然取得了巨大成就，但是在项目、资金的使用和贫困人口的瞄准方面仍然存在一定问题。

进入开发式扶贫阶段后，中国的扶贫工作大多通过项目展开。一个县到底能够占有多少扶贫资源，基本上取决于有多少扶贫项目。在这个过程中，扶贫县"跑项目"的情况时有发生。从地方上的实际情况来看，部分地方政府将扶贫工作简单理解为"修路、通电、改善人畜饮水条件"等，甚至出现了全县地方财政收入仅3 000 余万元的国家级贫困县竟酝酿举债 60 亿元来建造新城的情况。地方政府对扶贫工作的简单理解，导致了部分扶贫资金没能花在"刀刃"上。

扶贫资金中占比最大的信贷资金，在使用过程中也存在"瞄准"机制"失焦"的问题。1986 年开始实施后第一年的信贷资金重点支持的是农户种养业。根据调查，这一年的贷款有 92% 是贷给了农户，但是到了 1989 年，贷款的发放转向鼓励实体经济发展，以期通过经济发展的涓滴作用惠及农户。但是，贫困地区的农户受自身资源禀赋的制约，享受到的经济增长的红利较少，扶贫贷款没能发挥它应有的作用。1996 年，国家虽然将扶贫贴息贷款的对象重新确定为农户，但是贷款由农业银行负责发放，农业银行属于商业银行，贫困农户贷款风险较高，导致农业银行不愿意将扶贫贴息贷款发放给农户，从而真正赤贫的农户在获得贷款方面还是存在困难。

扶贫政策聚焦于国家级贫困县，虽然有利于集中有限的扶贫资源，但是仍有相当一部分贫困农户不在国家级贫困县内。据统计，2000 年全国 3 200 万绝对贫困人口中，有超过四成的贫困农户处于非贫困县内，中央的扶贫资金只能在国定贫困县内使用，导致国定贫困县覆盖范围之外的贫困人口无法享受到扶贫资源的倾斜。另外，国定贫困县内还存在一部分非贫困农户，他们由于处于国定贫困县的县域范围之内，因此享受到了贫困县的扶贫政策，从而导致了扶贫资源的浪费。

20 世纪初，随着贫困政策的不断细化以及群众监督权力的加强，上述这些问题得到了一定的缓解。与此同时，随着中国经济的快速增长，城乡差距不断加大，甚至农村内部已经出现了贫富分化，这种收入差距格局的出现，构成了中国新世纪扶贫开发工作新的挑战。

第三节　2001 年至 2012 年：村级扶贫推进阶段

进入 21 世纪，中国的经济和社会发展较前期有了较大变化。随着《国家八七扶贫攻坚计划（1994—2000 年）》的完成，2000 年年底，国家已经基本解决了贫困人口的温饱问题。2001 年，我国国内生产总值已经达到了 11.1 万亿，人均 GDP 达到了 8 717 元，居民人均消费支出达到了 3 987 元，农村居民人均消费水平达到了 2 032 元，城镇居民恩格尔系数为 38.2％，农村居民恩格尔系数为 47.71％，国民经济发展取得了明显进步。尽管中国已经基本解决了贫困人口的温饱问题，但是低收入人群仍面临着生存和发展的挑战。按照 2000 年制定的 865 元的低收入人群标准，中国仍有 6 213 万的低收入人口。在中国城乡二元体制的背景下，工业快速发展并不能直接带来农业现代化水平的提升，城镇化比例的提高也并不必然会带来农村的繁荣。2001 年，全国农村居民人均纯收入仅为 2 366 元，而城镇居民人均可支配收入已经达到 6 860 元，农村居民人均收入仅为城镇居民的 34.5％。城乡居民可支配收入差距较大，农村贫困人口无法充分享受到经济增长的成果。

一、2001—2012 年中国在摆脱贫困进程中的探索与实践

进入 21 世纪后，政府继续实施有组织的扶贫开发活动，其中纲领性的文件是 2001 年 6 月国务院印发的《中国农村扶贫开发纲

要（2001—2010 年）》①，其提出，21 世纪的第一个十年期间的奋斗目标为尽快解决少数贫困人口的温饱问题，进一步改善贫困地区的基本生产生活条件，巩固温饱成果，提高贫困人口的生活质量和综合素质，加强贫困乡村的基础设施建设，改善生态环境，逐步改变贫困地区经济、社会、文化的落后状况，为达到小康水平创造条件。为了实现上述目标，中国政府从扶贫对象聚焦、扶贫方式优化、扶贫资金增效和扶贫主体多元四个方面改进了农村扶贫的方式和策略。

专栏 2 - 1　　　　　贫困县的确立

1986 年，中国开始设立贫困县，将贫困县作为中国扶贫开发专项计划的基本瞄准单位，首次确定的国家重点扶持贫困县（也称国定贫困县）的主要标准是 1985 年人均纯收入低于 150 元，但革命老区和少数民族自治县的标准放松到 200 元，对中国革命作出重要贡献的老革命根据地和内蒙古、新疆和青海的一部分有特殊困难的少数民族自治县的标准放松到 300 元。

1987 年，又有 13 个革命老区县和 2 个其他县被列为国家级贫困县。1988 年，27 个牧区和半牧区县被定为国家级贫困县。加上国家财政援助的"三西"地区的贫困县，国定贫困县的总数在1988 年达到了 328 个。1989 年，海南从广东独立出来建省，国家又在海南确定了 3 个国家级贫困县。此后直到 1993 年，国定贫困县一直维持着 331 个的规模。

1993 年制定和实施八七扶贫攻坚计划时，国务院扶贫领导小组对国定贫困县进行了一次大的调整。国务院扶贫领导小组将1990 年农民人均纯收入 300 元作为确定新贫困县的标准，符合这

---

① 国务院.国务院关于印发中国农村扶贫开发纲要（2001—2010 年）的通知[Z].2001 - 06 - 13

一标准的贫困县只有 326 个，但是由于贫困县可以享受到各种补贴和优惠政策，若将以往的贫困县从名单中剔除则必然会遭到强烈的反对，结果虽然达到标准的贫困县数量减少，但 1993 年最后确定的国定贫困县却从 331 个增加到 592 个。

2001 年，按《中国农村扶贫开发纲要（2001—2010 年）》的要求，中国政府对贫困县名单进行了第二次大的调整，并且将沿用多年的"国家重点扶持贫困县"改称为"国家扶贫开发工作重点县"（以下简称重点县），根据"631 指数法"确定。最后，在中国中西部的 21 个省份确定了 592 个重点县，虽然贫困县的总个数和 1993 年贫困县的个数一致，但是贫困县的具体名单出现了一定调整。调整的主要内容是将东部的 33 个重点县全部调整到了中西部，并将西藏自治区整体作为特殊扶持区域，不占用重点县指标。本次贫困县调整后，中国重点县全部分布在中国中西部的 21 个省份。

资料来源：建立扶贫工作重点县进退机制［EB/OL］. http://nys. mof. gov. cn/zhengfuxinxi/bgtDiaoCheYanJiu_1_1_1_1_2/200807/t20080717_57786. html

（一）扶贫对象聚焦

进入 21 世纪以来，从前被纳入国家重点扶持贫困县的部分地区经过系统的扶贫开发工作逐步摆脱了贫困。为了更加准确地开展扶贫工作，中国政府在 2001 年重新调整了国家重点扶持贫困县名单，并将其改称为国家扶贫开发工作重点县。这次调整是中国对国定贫困县标准的第二次大的调整，此次调整完成后，中国共有贫困县 592 个。

2000 年年底，按照温饱标准 625 元计算，中国还未解决温饱的贫困人口已经降低到 3 200 万人。其中，国定贫困县的剩余贫困人口有 1 737 万人，占中国贫困人口的 54.3%①，有超过四成的贫

---

① 数据来源于《中国农村贫困监测报告（2001）》。

困人口不在国定贫困县的县域范围之内。因此，要解决我国的贫困问题，必须将非贫困县的贫困人口也纳入扶贫政策的覆盖范围之内。《中国农村扶贫开发纲要（2001—2010 年）》中，首次提到要"以贫困乡村为基础"，将扶贫开发的具体措施落实到贫困乡村一级。随后，中国确立了 14.8 万个贫困村，覆盖了中国约 76％的贫困人口。在确立了以贫困村为基础的扶贫开发工作思路后，为了保障已经脱贫的人员不再返贫，国家将低收入人群也作为扶贫开发的对象之一，这部分低收入人群，虽然成功脱贫，但是发展能力和抵御风险的能力较差，极易重新落入贫困线以下。《中国农村扶贫开发纲要（2001—2010 年）》要求"继续帮助初步解决温饱问题的贫困人口增加收入"。2000 年，中国正式公布了农村低收入贫困标准：在确定农户最低营养需求的基础上，测算出食物贫困线，然后再根据食物消费占生活消费支出（即恩格尔系数）的 60％进行计算。2000 年，中国农村低收入标准为 865 元，低收入贫困人口数量为 6 213 万人。

专栏 2 - 2　　　　中国扶贫标准的变化

2008 年前，中国有两个扶贫标准。第一个是 1986 年制定的 206 元的绝对贫困标准，以每人每天 2 100 大卡热量的最低营养需求为基准，结合最低收入人群的消费结构进行测定，并且绝对贫困标准会随着物价的变化每年进行调整。2007 年，国家绝对贫困标准已经达到了 785 元。第二个是 2000 年制定的 865 元的低收入标准，标准制定之初，低收入人口约有 6 213 万人，到 2007 年年底，该标准调整为 1 067 元，虽然标准提高了，但是低收入人口数量减少到了 2 841 万人。

2008 年，绝对贫困标准和低收入标准合二为一，贫困标准统一确定为 1 067 元。随着物价等相关因素的变化，2009 年和 2010 年标准分别上调到 1 196 元和 1 274 元。2011 年，中国将农民人均纯收入 2 300 元（2010 年价格）作为新的国家扶贫标准。2014 年、2015 年，国家贫困线分别提高到 2 800 元和 2 855 元。2016 年，在当时物价水平下，国家贫困线约为 3 000 元。

资料来源：刘少华，赵佳琪，史哲. 中国扶贫线 30 年涨 10 倍［N］. 人民日报海外版，2015 - 10 - 16（07）.

（二）扶贫方式优化

从 1986 年首提开发式扶贫的发展战略开始，中国一直坚持着以开发式扶贫为主的扶贫方式。扶贫瞄准方式从县到村，扶贫开发基本单位不断细分，开发式扶贫方式也不断优化。21 世纪开发式扶贫政策的最大亮点在于整村推进的扶贫开发方式，除此之外，还将自愿移民搬迁政策升级为扶贫的主要手段之一，加之劳动力转移和产业化扶贫政策的延续，扶贫方式进一步优化。

整村推进政策是 21 世纪扶贫开发工作最重要的变化。整村推进政策是指，以贫困村为基础，制定扶贫规划，以增加贫困人口收入为工作核心，以完善基础设施和改善农户生产生活条件为工作重点，整合各类扶贫资金，"有利于提高贫困人口综合素质和贫困村可持续发展能力"[1]。整村推进政策能够整合各方面的资金和力量，体现了社区发展理论的基本精神。整村推进政策通过参与式的方法听取农户的声音，重点突出贫困农户的主体性和参与性，"穷人本身能够创造一个没有贫困的世界，我们必须去做的只是解开我们加在他们身上的枷锁（穆罕默德·尤努斯，2015）"，有效发挥群众的力量和人民的智慧，有利于提高贫困村自我发展的能力。

整村推进政策要求，在 2010 年之前，全面落实全国 14.8 万个贫困村的扶贫规划。整村推进的项目围绕关系农户生产生活各方面

---

[1]　国务院扶贫办. 关于《共同做好整村推进扶贫开发构建和谐文明新村工作的意见行政许可若干规定》的通知［Z］. 2005 - 08 - 04.

的基础设施建设开展，并且在建设过程中，将整村推进与建设中国社会主义新农村相结合。整村推进政策的具体内容包括人畜饮水项目、新建和改扩建公路、基本农田、种植业和养殖业项目等。资金来源包括以工代赈资金、财政发展资金、各相关行业发展资金以及少量的专项扶贫贷款等（张磊，2007）。

国家首次提出整村推进的概念是在2000年，在总结试点经验的基础上，甘肃省提出了整村推进扶贫开发的概念和模式。整村推进模式的基本做法是：吸收村民参与制定发展规划，运用参与式的理念和方法，组织群众参与实施和管理等。由于整村推进扶贫开发模式效果明显，2001年之后，国家在全国范围推广甘肃的做法和经验。2003年，国务院扶贫开发领导小组加强了政策指导，陆续出台了《关于加强贫困地区农村基层组织建设推动扶贫开发整村推进工作的意见》《关于共同做好整村推进扶贫开发构建和谐文明新村工作的意见》等配套政策，整村推进工作进入了全面发展阶段。到2005年年底，已有4.5万个村按规划完成了建设任务。从2000年到2005年的整村推进扶贫开发期间，新增基本农田640万亩，新增改扩建乡村道路66.6万公里，新增及改良人工草场1 906.6万亩，新增教育卫生用房638.4万平方米，解决了1 937.9万人、2 512.2万头大牲畜的饮水困难。[①] 2008年，国家明确指出，整村推进是新阶段扶贫开发工作的重要举措"[②]。2010年年底，全国共有12.6万个贫困村实施了整村推进，占贫困村总数的84%，共投入中央和地方财政扶贫资金789亿元，村均投入财政扶贫资金约63万元。据统计，在同一县域内，实施整村推进的贫困村农民人均纯收入比没有实施整村推进的贫困村农民人均纯收入的增幅高出

[①] 积极实施整村推进扶贫开发［EB/OL］. http：//www.gov.cn/ztzl/fupin/content＿396653.htm.

[②] 国务院扶贫开发领导小组办公室等. 关于共同促进整村推进扶贫开发工作的意见［Z］. 2008－05－13.

20％以上。① 整村推进工作取得了阶段性进展，2012 年公布的《扶贫开发整村推进"十二五"规划》提出，在"十二五"期间规划完成 21 个省份的 30 000 个贫困村的整村推进工作和西藏 200 个贫困乡镇的整乡推进工作，建设内容主要包括特色优势产业培育、基础设施建设、生态建设和环境保护、公共服务和社会事业建设等方面。

将自愿移民搬迁政策升级为扶贫的主要手段之一。《中国农村扶贫开发纲要（2001—2010 年）》提出要"稳步推进自愿移民搬迁"。移民搬迁工作开始于 1983 年，自愿移民搬迁一方面可使移民的生产和生活条件得到改善，另一方面也能缓解原居住地的环境和生态压力，在实际的扶贫工作中取得了较好成果。2000 年之前，中国实施移民开发的主要做法有三种：一是插户移民，即贫困户自行投靠亲友，政府给予一定补助；二是由政府建立移民开发基地进行统一安置；三是吊庄移民，即搬迁初期两头有家，等到迁入地建设完毕后再完全搬迁。通过这些做法国家总共安置了 260 万贫困人口，其中已经稳定在迁入地居住的达到 240 万人②。2001 年，国家计委《关于易地扶贫搬迁试点工程的实施意见》（计投资〔2001〕1834 号）提出利用国债资金在西部地区开展易地扶贫搬迁试点工程。③ 2007 年，国家发改委印发了《易地扶贫搬迁"十一五"规划》，"十一五"期间，国家累计搬迁 162.7 万人。2001 年到 2010 年期间，国家搬迁贫困群众 286 万余人（安蓓、赵超，2015）。2011 年，党中央、国务院印发的《中国农村扶贫开发纲要（2011—2020 年)》将易地扶贫搬迁作为了专项扶贫的首要手段。到 2011 年年底，

---

① 国务院扶贫开发领导小组办公室等. 扶贫开发整村推进"十二五"规划［Z］. 2012－08.

② 扶贫开发的主要内容和途径［EB/OL］. http：//www.people.com.cn/GB/shizheng/16/20011015/581706.html.

③ 国家安排的资金从国债资金中解决，地方资金由地方机动财力等渠道解决。其他方面的资金如退耕还林还草、天然林保护、生态环境建设以及以工代赈资金等可以与之相结合。

国家已经累计搬迁农村贫困人口 848 万人。

　　劳动力政策由被动就业政策向主动就业政策转变。21 世纪中国劳动力市场发生了显著变化，由于中国制造业的快速发展，东部发达地区对劳动力尤其是技术工人的需求旺盛，技能型人才短缺情况严重。中西部地区的劳动力大省，普遍存在的是知识水平较低、没有专业技术的剩余劳动力，劳动力转移就业较为困难，"用工荒"和"就业难"问题同时存在。为了加快劳动力转移步伐，中国开展了劳动力转移培训工作，培训以职业技能培训为主，先后下发了《中共中央、国务院关于促进农民增加收入若干政策的意见》（中发〔2004〕1 号）、《国务院办公厅关于进一步做好改善农民进城就业环境工作的通知》（国办发〔2004〕92 号）、《国务院关于进一步加强就业再就业工作的通知》（国发〔2005〕36 号）、《国务院关于解决农民工问题的若干意见》（国发〔2006〕5 号）等一系列文件，从政策方面加强了劳动力转移培训工作。2004 年，国家启动实施了"农村劳动力转移培训阳光工程"（简称"阳光工程"）①，并开展了建立贫困地区劳动力转移培训示范基地工作。据统计，接受过"阳光工程"培训的学员转移输出后，月收入比未接受培训的转移人员普遍高出约 200 元，月收入平均达到 800 元以上。② 针对贫困地区青壮年劳动力，2007 年，国务院扶贫开发领导小组办公室公布了"雨露计划"的相关政策③，重点选择"中、高考落榜生中的贫困家庭学生和 30 岁以下有一定文化基础的青年劳动力"接受职业技能培训。2014 年，在上述文件的基础上，国家确定了"到

---

　　① 农业部，财政部，劳动和社会保障部，教育部，科技部，建设部．农业部、财政部、劳动和社会保障部、教育部、科技部、建设部关于组织实施农村劳动力转移培训阳光工程的通知［Z］. 2004 - 03 - 22.

　　② 组织实施农村劳动力转移培训"阳光工程"［EB/OL］. http：//www. gov. cn/ztzl/2006 - 08/27/content _ 370784. htm.

　　③ 国务院扶贫开发领导小组办公室．关于印发《关于在贫困地区实施"雨露计划"的意见》和《贫困青壮年劳动力转移培训工作实施指导意见》的通知［Z］. 2007 - 03 - 22.

2020 年，转移农业劳动力总量继续增加，每年开展农民工职业技能培训 2 000 万人次[1]"的工作目标。

产业化扶贫政策主要是继续在贫困地区发展种养业，但是对前期政策进行了调整，提出要利用龙头企业的带动作用，"引导和鼓励具有市场开拓能力的大中型农产品加工企业，在贫困地区建立原料生产基地"[2]。为了利用龙头企业的带动作用来促进贫困地区开展区域化布局、规模化生产、集约化经营，帮助贫困地区农户有序进入市场，2004 年，国务院扶贫开发领导小组办公室启动在全国范围内认定国家扶贫龙头企业的工作。2005 年、2007 年国务院扶贫办先后认定两批共 625 家国家扶贫龙头企业，带动了 1 300 万农户增收，其中贫困农户 450 多万户。[3] 2005 年完成认定第一批 261 家[4]，2008 年完成认定第二批 364 家[5]，在两批共 625 家扶贫企业中，西部地区有 293 家。各省（自治区、直辖市）扶贫部门也认定了各省的省级扶贫龙头企业，各级扶贫部门对扶贫龙头企业在扶贫贴息贷款、贫困劳动力就业培训等方面给予专项支持。

（三）扶贫资金增效

扶贫资金增效是在有限的扶贫资金支持下，加快脱贫致富的关键。21 世纪扶贫开发资金的利用较前期的主要变化在于扶贫资金可以向非贫困县投放。根据 1997 年出台的《国家扶贫资金管理办法》中的要求，"国家各项扶贫资金必须全部用于国家重点扶持的贫困县"，对于非贫困县的扶贫资金则"由有关地方各级政府自行筹措安排资金进行扶持"。但是，2000 年年底，国定贫困县的贫困

---

① 国务院. 国务院关于进一步做好为农民工服务工作的意见［Z］. 2014 - 09 - 30.

② 国务院. 国务院关于印发中国农村扶贫开发纲要（2001—2010 年）的通知［Z］. 2001 - 06 - 13.

③ 国务院扶贫开发领导小组办公室. 关于申报国家扶贫龙头企业的通知［Z］. 2004 - 11 - 29.

④ 过去五年"两行"扶贫金融项目投资达 126.5 亿元［EB/OL］. http://news. 163.com/11/0226/12/6TQOLR7N00014JB5.html.

⑤ 国务院扶贫开发领导小组办公室. 关于申报第二批国家扶贫龙头企业的通知［Z］. 2007 - 12 - 04.

人口为 1 737 万人，占全国贫困人口的比重仅为 54.3%，也就是说有近一半的贫困人口并不在贫困县的范围之内，由于国家的政策限定，这些地区的贫困人口无法获得国家的扶贫资金支持。

为了保障扶贫资金的使用效率，也为了防止扶贫资金"跑冒滴漏"，国家一直限制扶贫资金用于国定贫困县之外。但是，非国定贫困县的贫困人口占中国贫困人口的相当大一部分。2000 年，非国定贫困县贫困人口占国家贫困人口总数的 46.9%。国家将非国定贫困县的扶贫资金全数划归地方政府自筹，对于地方政府存在一定的压力并且也不利于解决中国的贫困问题。2000 年公布的《财政扶贫资金管理办法（试行）》中规定，"以工代赈资金和新增财政扶贫资金全部用于国定贫困县。发展资金，重点用于国定贫困县，也可根据实际情况安排一定比例用于非国定贫困县"[①]，虽然仍然是以国定贫困县作为资金的主要使用对象，但是对于资金使用的管制已经出现了松动的迹象，扶贫资金的使用限制得到首次放开。2001 年，《中国农村扶贫开发纲要（2001—2010 年）》中去掉了以工代赈资金和新增财政扶贫资金只能用于国定贫困县的限制，对中央财政扶贫资金的使用要求进一步放开，规定"中央财政扶贫资金主要用于扶贫开发工作重点县，适当支持其他贫困地区"。2011 年，国家已经确定了 14.8 万个贫困村、14 个连片特困地区，在当年公布的《财政专项扶贫资金管理办法》中，中央财政专项扶贫资金的使用范围扩大，规定"中央财政专项扶贫资金主要投向国家确定的连片特困地区和扶贫开发工作重点县、贫困村，其中新增部分主要用于连片特困地区"。纳入了连片特困地区和贫困村后，扶贫资金投向范围较仅投向国定贫困县时期有了明显扩大，资金的使用更加灵活。

---

① 财政部，国务院扶贫开发领导小组，国家发展计划委员会. 财政部、国务院扶贫开发领导小组、国家发展计划委员会关于印发《财政扶贫资金管理办法》（试行）和《财政扶贫项目管理费管理办法》（试行）的通知［Z］. 2000 - 05 - 30.

（四）扶贫主体多元

21 世纪初，国家进一步强化东西部扶贫协作、中央定点扶贫计划等政策，探索扶贫开发的国际合作，引导多元主体参与到扶贫开发工作中。

东西部扶贫协作工作始于 1996 年，旨在以中国东部发达地区对口帮扶西部欠发达省份的方式，帮助西部地区尽早脱贫。起初，共确立了东部 13 个经济发达地区援助西部 10 个经济欠发达地区的协作扶贫结对。① 东西部协作扶贫的具体方式主要包含以下几种：一是无偿捐赠资金或物资，用于教育、卫生等基础设施建设以及保障贫困地区农户的日常生产生活需要。二是经济技术协作，利用发达地区的资金、技术、管理、项目与贫困地区的资源禀赋进行合作生产和经营。三是人员互相流动，东部经济发达地区的领导干部、技术人才、经商能人到欠发达地区提供服务，欠发达地区的领导干部、技术骨干等到发达地区接受培训和锻炼，并且由欠发达地区向东部发达地区输送劳动力。2000 年年底，参与东西部扶贫协作的省市政府和社会各界累计捐款、捐物折款近 21.4 亿元，实现投资 40 多亿元，西部欠发达地区累计向东部发达地区输出劳动力 51.7 万人。鉴于东西部扶贫协作所取得的良好成果，2001 年公布的《中国农村扶贫开发纲要（2001—2010 年）》中就提到，要"继续做好沿海发达地区对口帮扶西部贫困地区的东西扶贫协作工作"。2006 年，在《关于西部大开发若干政策措施实施意见的通知》中，国家针对东部发达地区在西部投资建设出台了一系列优惠政策，强调要"比照外商投资的有关优惠政策，采取有效措施"吸引东部地

---

① 国务院办公厅. 国务院办公厅转发国务院扶贫开发领导小组关于组织经济较发达地区与经济欠发达地区开展扶贫协作报告的通知［Z］. 1996 - 07 - 06. 确定北京市与内蒙古自治区，天津市与甘肃省，上海市与云南省，广东省与广西壮族自治区，江苏省与陕西省，浙江省与四川省，山东省与新疆维吾尔自治区，辽宁省与青海省，福建省与宁夏回族自治区，大连、青岛、深圳、宁波市与贵州省，开展协作扶贫结对。2011 年，新增上海、苏州、杭州、广州 4 个城市对口帮扶贵州，对口帮扶贵州的城市由 4 个增加到 8 个.

区企业到西部地区投资设厂，合作开发。①截至 2012 年，仅福建及其对口县（区）已经在宁夏援建公路 350 公里；解决了 30 万人、10 万余头大牲畜的饮水困难；支持发展特色产业 80 万亩；派出技术人员培训菌草种植 5 万多人次；帮助新建和扩建学校 214 所，救助贫困学生 7.8 万人；在宁夏的闽商已经超过 3 万人，总投资额超过 600 亿元；有 4 万多名宁夏劳动力在福建各地从事劳动活动，每年获得劳务收入超过 10 亿元。

定点帮扶计划是指中央各国家机关、企事业单位、民主党派以及人民团体等参与到扶贫工作中，利用各扶贫主体自身的资源优势开展扶贫工作。2000 年年底，参与定点帮扶计划的部门和单位等已经达到了 138 个，共派出 3 000 多名干部到贫困县挂职扶贫。新时期的定点扶贫工作较前期有了新的进展，各部门分别出台了关于定点扶贫的具体政策文件。例如，在教育方面，2000 年，教育部推动了东西部地区学校对口支援工作，启动实施了"东部地区学校对口支援西部贫困地区学校工程"和"西部大中城市学校对口支援本省（自治区、直辖市）贫困地区学校工程"（简称"两个工程"），由中西部地区选派教师和管理人员到贫困地区任教、任职，帮助提高西部地区学校教育质量和管理水平，并且由中东部地区学校无偿提供教学用具、图书资料等帮助西部地区改善办学条件。②在农业方面，2002 年，农业部组织专家帮助定点扶贫地区建立优势特色农业，制定了《农业部定点扶贫地区优势特色农业开发规划》，利用贫困地区的比较优势和当地特色，帮助每个扶贫县重点选择 1～2 个有市场前景、有资源优势、能够带动当地脱贫致富的产业，并且按照规划安排项目投资。2006 年，农业部将在"十一五"期间，在定点负责的湖南湘西和湖北恩施两个自治州的八个国

---

① 国务院办公厅. 国务院办公厅转发国务院西部开发办关于西部大开发若干政策措施实施意见的通知［Z］. 1996－07－06.
② 中共中央办公厅，国务院办公厅. 中共中央办公厅 国务院办公厅关于推动东西部地区学校对口支援工作的通知［Z］. 2000－04－06.

家级贫困县中，重点扶持柑橘、茶叶、魔芋、肉用山羊四大优势特色产业。2010年，国家提出在国家机关、事业单位等以外"积极鼓励各类大型民营企业、社会组织承担定点扶贫任务"①，扶贫主体进一步扩大。2012年，参与定点扶贫的中央、国家机关和有关单位共320个，帮扶全国592个国家扶贫开发工作重点县②，这是中国首次实现对592个重点县定点扶贫的全覆盖。2012年，中央定点扶贫直接投入帮扶资金（含物资折款）达到19亿元，帮助贫困地区引进资金达到90亿元。

伴随着中国改革开放的深入，国际组织（如世界银行、联合国开发计划署、联合国粮农组织等），以及非政府组织（例如美国的福特基金会等）都陆续参与到中国的反贫困工作中来，开展扶贫开发的国际合作。国际组织对中国的援助主要有资金援助、实物援助、技术援助以及综合性项目援助等。资金援助主要是指中国在国际组织中无偿或者优惠获得的援助资金，中国利用国际资金援助最主要的两种形式为官方发展援助（尤其是双边援助），以及主要来自世界银行等的多边援助。官方发展援助一般是中长期贷款，利率低，也有一定的宽限期。多边贷款则为联合国开发计划署、联合国儿童基金会等在中国开展的小额贷款项目。实物援助主要是粮食援助，其中最主要的是联合国世界粮食计划署对中国的无偿粮食援助。从改革开放到2005年期间，联合国世界粮食计划署向中国提供无偿粮食援助达10亿美元，受益人口达3 000多万人。由于中国在反贫困方面取得的巨大成就，自2006年1月1日起，联合国世界粮食计划署停止了对华无偿粮食援助，中国开始由受援国转变为援助国。技术援助一般是来自官方的无偿援助，中国主要接受的

① 中共中央办公厅，国务院办公厅. 中共中央办公厅、国务院办公厅关于进一步做好定点扶贫工作的通知 [Z]. 2010 - 05 - 06.
② 国务院扶贫开发领导小组办公室，中共中央组织部，中共中央统战部，中央直属机关工委，中央国家机关工委，解放军总政治部，教育部，中国人民银行，国务院国有资产监督管理委员会. 关于进一步完善定点扶贫工作的通知 [Z]. 2015 - 08 - 21.

是亚洲开发银行对中国的技术援助，主要集中在基础设施部门。截至 2001 年年底，中国共获得亚洲开发银行贷款 113 亿美元，技术赠款 1.96 亿美元。综合性项目援助始于《国家八七扶贫攻坚计划（1994—2000 年）》实施期间，中国通过与国际机构合作，获得了国际组织解决贫困问题的新理念和新方法，1995 年，世界银行在中国西南、秦巴山区开展扶贫项目，项目于 2004 年年底完成所有建设任务，累计投资人民币 72.18 亿元。项目覆盖 61 个国定贫困县，基本解决了 580 万贫困人口的温饱问题。2005 年 5 月，中国与联合国开发计划署联合建立了中国国际扶贫中心，旨在以此为平台，将中国的扶贫经验推广到全球。

二、村级扶贫阶段的制度绩效

村级扶贫推进是中国对扶贫开发政策新的调整。21 世纪伊始，国家扶贫瞄准对象发生了转变，将县级瞄准精确到村级瞄准。国家还首次提出了低收入群体的贫困概念，2000 年年底，中国没有解决温饱的贫困人口有约 3 200 万人，低收入贫困人口接近 6 000 万人，这些贫困人口是中国新阶段扶贫开发帮扶的主要对象，扶贫对象范围的扩大，代表了中国解决贫困问题的决心。2000 年，中国确立了 14.8 万个贫困村，在此基础上，推行了整村推进政策。以村为单位改善基础设施建设，有效解决了前期以县为单位所造成的扶贫资金分散问题，结合东西部协作扶贫等多种开发式扶贫方式逐渐帮助贫困人群摆脱贫困，是国家这一阶段反贫困工作的主要方式。宁夏整村推进脱贫就是这一时期扶贫开发工作的真实写照。

案例 2-3　　　宁夏整村推进脱贫案例

宁夏是中国自古以来的贫困地区，"苦瘠甲天下"，其中，宁夏西海固地区与甘肃定西、河西并称"三西"，是中国最贫困的三个地区之一，包括 8 个国家重点扶持县，贫困发生率均在 10% 以上。

改革开放以来，在国家的政策帮扶下，宁夏地区贫困农户的生活条件获得了一定改善，但是仍然保留着传统靠天吃饭的生产方式，一旦遇见自然灾害，很容易出现返贫现象，"输血式"扶贫并不能完全解决当地的贫困问题。20世纪90年代末期，政府开始推行以整村推进、东西部协作对口帮扶和产业脱贫等为主的脱贫方式。

2001年，根据重点贫困村的确定标准，宁夏确定了1 026个重点贫困村，计划在10年内分三期实施"千村扶贫计划"。2001年开始启动第一期411个村的"千村扶贫计划"，2004年年底，已经完成了313个村的扶贫攻坚工作，但是由于资金使用过于分散，脱贫效果不是十分理想。2004年，宁夏西海固地区贫困发生率仍有14.06%。随后，政府对贫困策略进行了一定调整，决定对剩下的713个重点贫困村实施整村推进工作。整村推进工作主要项目包括道路、饮水、移民搬迁以及产业开发等。713个重点贫困村将分三批实施整村推进工作，每批计划在两年之内完成。

2005—2006年期间，第一批203个村的整村推进工作开始实施，预计每个村每年投入50万元，两年100万元，按照"五通、一平、四有、六个一"的目标（"五通"即水通、路通、电通、广播电视通、电话通；"一平"即水平梯田；"四有"即有学校、有文化活动中心、有医疗服务中心、有畜牧兽医服务点；"六个一"即每户改善一处人居环境、建设一个养殖棚圈、搞好一项养殖业、开展一项特色种植、掌握一门实用技术、输出一个剩余劳力）进行扶贫开发工作。第一批整村推进工作结束后，新修高标准农田6 953公顷，新建乡村道路363千米，完成危房改造1 355户，惠及群众14.7万人，全区8个国家扶贫开发工作重点县的农民人均纯收入达1 900多元，高标准完成了预定任务。整村推进和前期的扶贫政策相比，更注重贫困人口增收和后续发展选择项目。在产业发展方面，整合"10万贫困户养殖工程""中部干旱带草畜产业工程""宁南山区生态养牛工程"等项目，建立"宁南山区草畜产业建设工程"，以期推进宁南特色优势产业发展。2006年年底，在宁夏南部山区西海固，已经初步形成了以种草养畜、马铃薯等为主的产业群和以菌草、中药材、小杂粮、蔬果为主的特色产业带。

2007 年起，第二批"整村推进"在 270 个贫困村进行，2008 年 8 月宁夏扶贫扬黄灌溉一期工程水利骨干工程竣工，首先解决了中卫、吴忠、固原 3 市的 9 个县（区）的水资源使用问题，结合自治区 3 个"一百万亩"和扶贫移民计划，扩大了马铃薯、中药材、红枣等特色种植业的规模，同时还开展了闽宁协作发展菌草产业扶贫等，增加了帮助农户脱贫的长期项目的数量。

2009 年起，第三批 240 村开展了"整村推进"工作，"整村推进"工作开展期间，依据发展优势，宁南山区确定了"马铃薯、劳务输出、种草养畜"三大优势产业。2010 年年底，宁夏 8 个国家扶贫工作重点县农民人均年纯收入已经达到 3 415 元，较 2005 年的 1 687 元翻了一番还多，也超过了全国扶贫开发工作重点县的农民人均纯收入 3 273 元。宁夏的整村推进工作取得了明显成效。

资料来源：笔者根据文献资料整理。

三、村级扶贫的未尽之处及进一步改革的动力

村级扶贫推进政策是中国 21 世纪减贫的伟大尝试，它以贫困村为主要的工作载体，集中人力、物力、财力等资源，重点改善影响农民生产生活的基础设施、教育、医疗、卫生等方面的条件，培育优势产业，加快产业发展，显著提高贫困地区的人口素质。通过移民搬迁、劳动力培训和转移、东西部扶贫协作、定点扶贫支援等多项政策，村级扶贫推进工作显著提高了贫困村和贫困人口整体的综合生产能力、抵御风险的能力和自我发展的能力。从 2000 年开始推进的村级扶贫标志着中国扶贫瞄准方式由县级聚焦到了村级，它改变了前期"大水漫灌"式扶贫导致的扶贫资源分散，并且在"整村扶贫"规划制定的过程当中，充分考虑到了广大人民群众的

意见，引导农民自我监督、自我管理，极大地调动了农户的生产积极性。通过一段时间的集中帮扶，"整村推进"工作能够给贫困村留下较为完善的基础设施条件，培育一个可持续发展的优势产业，从而给贫困农户造就一个收入可持续增长的大环境。

村级扶贫推进期间，中国贫困情况得到了显著缓解，按照2010年每人每年2 300元的标准，在2000年至2012年期间，我国贫困人口数量从4.6亿人下降到9 899万人①。仅2010年至2012年期间，全国农村贫困人口减少了近7 000万人，农村贫困发生率从2010年的17.2％下降到2012年的10.2％，重点县农民人均纯收入从2010年的3 273元增加到2012年的4 602元，增幅超过全国平均水平。贫困人口的生产和生活条件也得到了极大改善。贫困地区基础设施不断完善。重点县自然村通路比例从2010年的88.1％上升到2012年的92.8％，通电比例从2010年的98.0％上升到2012年的98.8％，通电话的比例从2010年的92.9％上升到2012年的93.2％。农村劳动力素质也得到了显著提高。青壮年文盲、半文盲率从2010年的10.3％下降到2012年的8.9％。

在取得这些成果的同时，中国贫困人口分布也发生了变化。2012年，在国家确定的贫困县当中，收入低于国家扶贫标准的人口仅占总人口的24.4％②，在国家确定的14.8万个贫困村当中，绝对贫困和低收入人口数量仅占总人口数量的三成左右。随着反贫困斗争的不断深化，贫困人口的分散以及致贫原因的日趋复杂导致以贫困村为基本单元，以村级经济、社会、文化协调发展为目标的村级扶贫推进方式不再适合中国反贫困斗争的实际情况。2013年，在党的十八大召开不久，习近平总书记到湖南湘西考察时首次做出了"实事求是、因地制宜、分类指导、精准扶贫"的重要指示，中国的扶贫开发工作开始从村级扶贫向瞄准扶贫对象的精准扶贫方向

---

① 数据来源于国家统计局。

② 韩俊．当前中国的扶贫投入仍显不足［EB/OL］．http://finance.sina.com.cn/zl/china/2016－09－18/zl-ifxvyqvy6609394.shtml？fromsinago＝1.

转变。

第四节 2013年至今：精准扶贫阶段

2012年11月，中国共产党第十八次全国代表大会报告提出了"全面建成小康社会"这一奋斗目标，要达到这一目标，就必须解决我国现有的贫困人口的贫困问题。但是，经过多轮的扶贫攻坚工作，"入之愈深，其进愈难"，剩下的大多是贫中之贫、困中之困，都是难啃的"硬骨头"。[①] 有些地方的扶贫政策不少，获得的扶贫资金也不少，但实际效果不佳。究其原因，在于扶贫对象的精准性、因贫施策的科学性不够。2013年，习近平总书记提出了"精准扶贫"的概念，通过建档立卡，摸清贫困人口的底数，做实做细，实现动态调整。精准扶贫的核心在于"因地制宜、因人因户因村施策"，从而能够有效解决贫困农户分散、致贫原因不一的问题。

2015年10月，党的十八届五中全会从实现全面建成小康社会奋斗目标出发，把"扶贫攻坚"改成"脱贫攻坚"，提出要"实施脱贫攻坚工程，实施精准扶贫、精准脱贫"，2020年之前，"中国现行标准下农村贫困人口实现脱贫，贫困县全部摘帽，解决区域性整体贫困"。同年11月，习近平总书记提出"打赢脱贫攻坚战是实现全面建成小康社会目标的重大任务"。"脱贫攻坚战"的提出标志着中国将摆脱贫困作为了2020年之前必须完成的任务，表明了摆脱贫困的决心。随后中共中央、国务院印发《关于打赢脱贫攻坚战的决定》，全面部署了"十三五"期间中国的脱贫攻坚工作。实现精准扶贫和精准脱贫的基本要求与主要途径是：六个精准和五个一批。六个精准是：扶贫对象精准、项目安排精准、资金使用精准、

[①] 参见2017年全国两会期间习近平总书记在参加人大代表团审议时就打赢脱贫攻坚战发表的重要讲话。

措施到户精准、因村派人精准、脱贫成效精准。五个一批是：发展生产脱贫一批、易地扶贫搬迁脱贫一批、生态补偿脱贫一批、发展教育脱贫一批、社会保障兜底一批。随后国家出台了一系列政策来保障脱贫攻坚目标的稳步实现。

组织领导方面，确认了脱贫攻坚责任制。政策依旧延续了前期省负总责的制度安排，明确了省级领导干部在脱贫攻坚当中的责任，并且将扶贫开发工作成效考核结果作为"对省级党委、政府主要负责人和领导班子综合考核评价的重要依据"[1]。确定了市县落实的治理模式，要求县级党委和政府"把脱贫攻坚政策措施落实到村到户到人"，并且"对扶贫资金管理监督负首要责任"[2]。

对象瞄准方面，确定了贫困户、贫困村和贫困县建档立卡的标准[3]，将贫困户、贫困村和贫困县纳入全国扶贫信息网络统一管理。首次建立了贫困退出机制，明确了贫困人口、贫困村、贫困县退出的标准和程序。这是中国自 1986 年确定贫困县以来，正式公布贫困县的退出机制。[4]

扶贫开发方面，公布了易地扶贫搬迁规划，确定"十三五"期间，通过"挪穷窝""换穷业""拔穷根"解决 1 000 万建档立卡贫困人口的稳定脱贫问题[5]；加强东西部扶贫协作工作，调整了东西部扶贫协作结对关系，实现了对民族自治州和西部贫困程度深的市州全覆盖[6]；促进劳动力就业，通过鼓励劳动力就地就近就业，加强经济发达地区与欠发达地区的劳务协作，加强贫困劳动力的职业

① 中共中央办公厅，国务院办公厅. 中共中央办公厅、国务院办公厅关于印发《省级党委和政府扶贫开发工作成效考核办法》的通知［Z］. 2016－02－16

② 中共中央办公厅，国务院办公厅. 脱贫攻坚责任制实施办法［Z］. 2016－10－17.

③ 国务院扶贫开发领导小组办公室. 国务院扶贫办关于印发《扶贫开发建档立卡工作方案》的通知［Z］. 2014－04－02.

④ 中共中央办公厅，国务院办公厅. 中共中央办公厅、国务院办公厅关于印发《关于建立贫困退出机制的意见》的通知［Z］. 2016－04－23.

⑤ 国家发改委. 全国"十三五"易地扶贫搬迁规划［Z］. 2016－09－20.

⑥ 中共中央办公厅，国务院办公厅. 中共中央办公厅、国务院办公厅关于印发《关于进一步加强东西部扶贫协作工作的指导意见》的通知［Z］. 2016－12－07.

技能培训，促进已就业劳动力稳定就业①等一系列措施，带动现有贫困人口脱贫。

扶贫资金使用方面，中央财政在年度预算中安排专项扶贫资金，地方财政每年预算安排一定规模的财政专项扶贫资金，将省级资金投入情况纳入中央财政专项扶贫资金绩效评价范围。② 明确了财政支持产业发展等方面的涉农投入所形成的资产可用于资产收益扶贫。③ 首次明确了财政支出产业发展形成收益的分配方法和原则。

这一系列政策构成中国自党的十八大以来，在实现精准扶贫、精准脱贫工作上的主要努力，取得了可喜的成就。全国农村贫困人口数量由 2012 年的 9 899 万人减少至 2016 年的 4 335 万人，累计减少 5 564 万人，平均每年减少 1 391 万人；全国农村贫困发生率由 2012 年的 10.2％下降至 2016 年的 4.5％。"民惟邦本，本固邦宁"，精准扶贫、精准脱贫，打赢脱贫攻坚战是中国如期全面建成小康社会的关键。

---

① 人力资源社会保障部，财政部，国务院扶贫办.关于切实做好就业扶贫工作的指导意见［Z］.2016 - 12 - 02.

② 财政部，国务院扶贫办，国家发改委，国家民委，农业部，林业局.中央财政专项扶贫资金管理办法［Z］.2017 - 03 - 13.

③ 财政部，农业部，国务院扶贫办.财政部 农业部 国务院扶贫办关于做好财政支农资金支持资产收益扶贫工作的通知［Z］.2017 - 05 - 31.

第三章

中国反贫困：十八大以来的探索

　　改革开放四十年以来，中国人民积极探索、顽强奋斗，走出了一条有中国特色的减贫道路。① 在摆脱贫困的斗争中，中国始终把减少贫困人口作为国家战略，在不同的历史时期注重总结实践经验，形成了宝贵的中国特色扶贫开发理论。党的十八大以来，国际形势发生了深刻变化，国内改革也进入了"啃硬骨头"的阶段，以习近平同志为核心的党中央高瞻远瞩，加快调整经济结构，深入推进改革开放，在扶贫开发工作中形成了一系列创新性的理论与政策体系。

　　"吏不治则乱，农事缓则贫。"长期以来，我国贫困人口主要集中在农村地区，其中的原因除了资源环境约束、基础设施落后等之外，还有农村地区产业发展滞后等。党的十八大以来，党中央高度重视农民增收，以强农、惠农、富农为主线，强调发

---

① 参见习近平主席在 2015 减贫与发展高层论坛上的主旨演讲。

展农业生产力，促进一二三产业融合，推进农业供给侧结构性改革，为保障全面建成小康社会提供基础支撑。习近平总书记多次强调："中国要强，农业必须强；中国要美，农村必须美；中国要富，农民必须富。"农业的发展与农民的增收和致富、农村的美丽和进步密切相关。从这个意义上讲，以农业促发展和摆脱农村贫困具有相同的现实意义：一是提升农业生产力将丰富农民的增收手段、提高农民的增收能力；二是完善农业生产条件与改善农村人居环境高度统一；三是农业现代化水平的提高会带来农民素质及能力的提升。因此，发展现代农业是农村社会摆脱贫困的重点领域与关键环节。

城镇化进程中产生了"新贫困人群"，如何识别城市中的贫困人群并使之摆脱贫困成为新时期扶贫开发工作的重要内容。受体制因素和社会发展阶段的共同影响，中国面临着城乡二元结构、城乡一体化程度低等结构性问题，由此导致的城乡发展不均衡是全面建成小康社会、加快推进社会主义现代化必须解决的重大问题。[①] 在加速推进城乡一体化的背景下，开展扶贫开发工作不同于以往时期：首先，复杂的城市环境降低了贫困人口的识别效率；其次，新贫困人群贫困脆弱性高，成为城镇化进程中扶贫开发工作的难点；最后，劳动力市场的城乡二元结构成为阻碍流动人口脱贫的制度障碍，完善扶贫制度迫在眉睫。

"京津冀协同发展""长江经济带""一带一路"等区域发展战略是未来中国经济增长的"新引擎"，是经济新常态下保证经济稳步增长的新增长极。值得注意的是，区域经济圈内存在的局部不均衡问题，是实现区域协同发展、全面建成小康社会的主要障碍。党的十八大以来，党中央在培育、打造区域经济增长点的同时，着力解决发展不均衡的问题，尤其是区域经济圈内部的贫困问题。环京津贫困带和长江经济带中上游区域是贫困问题的"重灾区"，面临着巨大的脱贫压力。在以精准扶贫为基本方略的扶贫开发理论的指

---

① 参见习近平同志在十八届三中全会上的讲话。

导下，环京津贫困带和长江经济带贫困地区秉持因地制宜、分类施策的科学扶贫思想，立足本地的比较优势，探索出了一系列能够实现可持续发展的脱贫策略，丰富和完善了扶贫开发理论。

第一节　农业发展在反贫困中的作用

一、农业基础地位的再定位

百业农为本，农兴百业兴。农业自古以来就直接关系国计民生，所以有"食为人天，农为正本"的说法。中华人民共和国成立初期，农业为国家工业的起步作出了重要贡献：国家要实现现代化，建立完整的工业体系，农业几乎成为工业起步所需资本的唯一来源。农业对国家工业化起步的贡献主要体现在两个方面：一是原材料贡献，即农业产品作为工业生产的原材料；二是资金贡献，即通过出口农业产品获取外汇，然后进口工业生产所需的设备、技术等。随着工业、服务业的快速发展，农业生产总值占全行业生产总值的比重不断降低，我国也进入工业反哺农业的历史新阶段，但这并不意味着农业在国民经济中的地位下降了。相反，农业集经济、政治和国家安全于一体，直接关乎国家稳定、人民幸福，仍是国之根本。现阶段，我国已进入全面建成小康社会的决胜阶段，同时也面临着一系列深层次的矛盾和问题，中国经济、社会、文化、科技、政治等正处于多方面、多层次、多角度的剧烈转型时期。其中，农业与农村发展作为全面建设小康社会的重要环节，尤其引人关注。

（一）习近平总书记系列讲话中有关农业发展的论述

党的十八大以来，习近平总书记多次强调解决"三农"问题的重要意义，坚持将"三农"事业摆在全党工作的重要位置。面对经济社会转型加速和农业适应变革迟缓的矛盾，在以习近平同志为核心的党中央的领导下，中国农业取得了傲人的成绩：粮食"十二连增"，农业综合生产能力提高；农村基础设施和公共服务明显改善；农民增收，城乡居民收入差距缩小。① 在 2013 年中央农村工作会议上，习近平总书记提出了"中国要强，农业必须强；中国要美，农村必须美；中国要富，农民必须富"的"三个必须"，将"农业基础稳固，农村和谐稳定，农民安居乐业"作为新时期农业和农村工作的总体目标和要求。为了实现这一目标和要求，习近平总书记进一步提出了"三个坚定不移"，即"要坚定不移深化农村改革，坚定不移加快农村发展，坚定不移维护农村和谐稳定"②。2014 年习近平总书记在福建考察时对农村发展提出了"五新"要求："要努力在提高粮食生产能力上挖掘新潜力，在优化农业结构上开辟新途径，在转变农业发展方式上寻求新突破，在促进农民增收上获得新成效，在建设新农村上迈出新步伐。"习近平总书记多次考察调研农业与农村发展状况，对在新时期进一步做好农业与农村发展工作提出了一系列重要的战略指示和思想指引，全面地指导了党的十八大以来的农业和农村发展工作实践。

（二）新时期农业的基础性地位

自古以来，农业一直是充实国家财政、维护社会稳定的重要因素。中华人民共和国成立初期，农业接受社会主义改造后为实现社会主义工业化提供了重要支持。改革开放以后，中国农业实现了快速发展，为中国经济的腾飞夯实了基础。因此，党和政府始终把农业和农村问题作为治国理政的"重中之重"。改革之初，连续五年（1982—1986 年）的中央一号文件均以农业改革为主题；进入 21 世纪以来，中央一号文件又连续十四年（2004—2017 年）聚焦"三农"，均体现出农业与农村发展问题的重要地位。

然而，随着产业结构变迁，特别是科技发展带动非农产业更快发展，我国农业在经济中的比重持续下降。从增加值占比来看，

---

① 参见《关于落实发展新理念加快农业现代化实现全面小康目标的若干意见》。
② 2016 年 4 月 25 日习近平在于安徽凤阳县小岗村召开的农村改革座谈会上的讲话。

1982年第一产业增加值占GDP的比重为32.79%[1]，此后持续下降，2016年这一比重仅为8.6%，中国已经稳步进入农业占比在10%以下的新阶段。从就业人数来看，1978年第一产业就业人数占总就业人数的70.5%，第二产业就业人数占总就业人数的17.3%，第三产业就业人数占总就业人数的12.2%；1988年第一产业就业人数占总就业人数的59.4%，1998年其就业人数占总就业人数的49.8%，2008年这一占比下降至39.6%；而到2015年第一产业就业人数占总就业人数的比重继续降至28.3%，第二产业就业人数占总就业人数的比重增至29.3%，第三产业就业人数占总就业人数的比重增至42.4%。[2] 这一变迁，本是中国产业结构升级以及农业现代化、农村城镇化、农民职业化的必然结果，但却引起了不少人对于农业与农村发展的消极观望。有人认为，农业作为经济再生产与自然再生产的矛盾与统一，较其他产业而言呈现出经济效益低、回报周期长、经营风险大的劣势，农业将随产业结构升级持续萎靡；农村受限于城乡二元结构，阻碍了城市资源向农村的输送以及农村资产要素的市场化变现，导致农村落后于城市，农村将随着城镇化发展逐渐消失；农民文化水平、技能水准相对较低，在劳动力市场竞争中处于弱势，但受经济利益驱使，农村劳动力大量放弃农民身份向二三产业转移，甚至有农业现代化激进主义者认为小农就是应该被消灭的对象。上述观点也可归纳为：农业与农村应该为社会现代化发展让步，农产品刚需可完全依靠国际市场供应，农民尤其是小农可有可无。

对此必须明确，否定农业的基础性地位、忽视农村发展的重要

---

[1] 数据来源于国家统计局。三次产业分类依据国家统计局2012年制定的《三次产业划分规定》。第一产业是指农、林、牧、渔业（不含农、林、牧、渔服务业）；第二产业是指采矿业（不含开采辅助活动），制造业（不含金属制品、机械和设备修理业），电力、热力、燃气及水的生产和供应业，建筑业；第三产业即服务业，是指除第一产业、第二产业以外的其他行业。按照我国GDP数据修订制度和国际通行的做法，在实施研发支出核算方法改革后，对以前年度的GDP历史数据进行了系统修订。

[2] 数据来源于国家统计局。

性的看法，既不符合经济发展的实际，也不符合党和国家的政策。习近平总书记明确强调："任何时候都不能忽视农业、忘记农民、淡漠农村。"他同时还指出："必须始终坚持强农惠农富农政策不减弱、推进农村全面小康不松劲，在认识的高度、重视的程度、投入的力度上保持好势头。"① 这是在新的历史时期，对农业的基础性地位和农村工作的重要性的再一次重申。

重视农业的基础性地位，保障粮食安全，需要我们充分认识粮食安全的内涵，建立起"大食物观"。我国对于粮食安全一词普遍存在认知偏差。粮食安全中的"粮食"不仅包括口粮，而且包括饲料用粮，换言之，重视粮食安全就是从"全食物链"角度重视粮食本身的食用价值及其可转化为肉、蛋、奶、部分水产和油脂以及生物质能源等物质的功能价值。以"大食物观"为出发点，粮食安全事实上包含三个层次：第一层次，注重防止国内饥馑，如"十三五"规划强调，"坚持最严格的耕地保护制度，坚守耕地红线，实施藏粮于地、藏粮于技战略，提高粮食产能，确保谷物基本自给、口粮绝对安全"；第二层次，随着社会经济发展，粮食生产多年连增，国民生活水平提高，要逐渐由注重数量向数量与质量并重转变，"使农产品供给数量充足、品种和质量契合消费者需要"②；第三层次，随着经济进一步发展，粮食安全的重心将转向食物安全，以提供符合消费者健康理念和满足消费升级需求的全种类可供食用的农产品。因此，粮食安全引申出的食物安全更加符合食物消费日益多样化的趋势，也彰显了农业的基础性和重要性。

二、农业创新发展为摆脱贫困提供基础支撑

扶贫开发是一项系统工程，农业创新发展为扶贫开发提供基础支撑。党的十八大以来，中国农业发展进入崭新的历史时期：一是

---

① 2015 年 7 月 16 日至 18 日习近平在吉林调研时的讲话。
② 2015 年 12 月 24 日至 25 日中央农村工作会议。

坚持和完善农村基本经营制度，创新实践"三权分置"，促进土地要素有效流转；二是推进农业供给侧结构性改革，加速推进实现农业现代化；三是坚持绿色兴农，把绿水青山变成群众致富的金山银山；四是促进农民就业创业、增收致富，推进精准扶贫、精准脱贫。党的十八大以来农业的创新发展，分别从制度、经济、文化、理念等层面探索出了一条崭新的农业可持续发展道路，成为保障农民增收、农业增产的动力源泉，成为我国进一步开展扶贫开发工作的重要前提。

（一）在坚持和完善农村基本经营制度的前提下，探索农村土地所有权、承包权、经营权"三权分置"

坚持和完善农村基本经营制度是保障农民收入的稳定器、保护伞，是贫困农村地区的社会保障、经济保障。习近平总书记在于安徽凤阳县小岗村召开的农村改革座谈会上强调："新形势下深化农村改革，主线仍然是处理好农民和土地的关系。最大的政策，就是必须坚持和完善农村基本经营制度，坚持农村土地集体所有，坚持家庭经营基础性地位，坚持稳定土地承包关系。要抓紧落实土地承包经营权登记制度，真正让农民吃上'定心丸'。"① 十八届三中全会明确提出，要推进家庭经营、集体经营、合作经营、企业经营等共同发展的农业经营方式创新。针对生产经营中的土地权利，党的十八届三中全会中指出："在坚持和完善最严格的耕地保护制度的前提下，赋予农民对承包地占有、使用、收益、流转及承包经营权抵押、担保等权能，允许农民以承包权入股发展农业产业化经营。"十八届五中全会进一步提出了完善所有权、承包权、经营权"三权分置"的办法与内容，着力推动土地经营权规范有序流转、发展多种形式的农业经营主体、健全社会化服务体系。

坚持农村基本经营制度，一方面要坚持集体经济下以家庭承包经营为基础、统分结合的双层经营体制；另一方面要创新实践"三

---

① 2016年4月25日习近平在于安徽凤阳县小岗村召开的农村改革座谈会上的讲话。

权分置"，促进土地要素有效流转，实现经营形式多元化。

习近平总书记曾说："不管怎么改，都不能把农村土地集体所有制改垮了，不能把耕地改少了，不能把粮食生产能力改弱了，不能把农民利益损害了。"①随着我国农业和农村的发展，小农和小规模经营的生产经营方式逐渐显示出其效率上的局限，必须进一步探索有效的农业经营方式。"三权分置"是继家庭承包经营责任制后对农村基本经营制度的进一步完善和创新，是盘活农村土地要素、提高农民积极性的重要举措，也是实现农业现代化的制度保障。2013年中央一号文件指出，改革农村集体产权制度，有效保障农民财产权利，建立归属清晰、权能完整、流转顺畅、保护严格的农村集体产权制度，是激发农业农村发展活力的内在要求。必须健全农村集体经济组织资金资源管理制度，依法保障农民的土地承包经营权、宅基地使用权、集体收益权。2014年中央一号文件强调在落实农村土地所有权的基础上，稳定农户承包权、放活土地经营权、允许利用承包土地的经营权向金融机构抵押融资。在此基础上，2015年中央一号文件强调完善"三权分置"办法，依法推进土地经营权有序流转，鼓励和引导农户自愿互换承包地块实现连片耕种。除此之外，党的十八届三中全会指出，国家鼓励承包经营权在公开市场上向专业大户、家庭农场、农民合作社、农业企业流转，发展多种形式的规模经营，为农村土地流转指明了方向。总而言之，"三权分置"制度在坚持社会主义土地集体所有的前提下，有利于细化土地权利束、促进土地流转、盘活农村土地资源、培育多种形式的经营主体，极大地丰富了农村基本经营制度的内涵。

（二）推进农业供给侧结构性改革，全面建设农业现代化

发展现代农业是农村摆脱贫困的重要途径。习近平总书记指出："中国现阶段不是要不要农业的问题，而是在新形势下怎样迎难克艰、继续抓好的问题。新型工业化、信息化、城镇化、农业现

---

① 2016年4月25日习近平在于安徽凤阳县小岗村召开的农村改革座谈会上的讲话。

代化中，农业现代化不能拖后腿。我们必须始终保持战略清醒。"①
在新的历史条件下，面对当前经济社会发展和农业发展的新趋势、
新机遇、新矛盾、新挑战，以习近平同志为核心的党中央提出了以
"农业供给侧结构性改革"为核心的一系列新思想、新举措，为引
导和推进农业现代化发展提供了指南。

推进农业供给侧结构性改革是农业农村发展新动能的"源头活
水"。习近平总书记指出："要坚持新发展理念，把推进农业供给侧
结构性改革作为农业农村工作的主线，培育农业农村发展新动能，
提高农业综合效益和竞争力。"② 2015 年中央农村工作会议探讨了
以粮食为代表的农产品库存问题，并提出要通过农业供给侧结构性
改革引领农业新走向；2016 年中央一号文件首次提出"用新的发
展理念破解三农新难题"，推进农业供给侧结构性改革；同年 5 月，
习近平总书记在黑龙江考察时指出："价格一头连着老百姓，要做
好农业的精准补贴工作，把去库存、补短板有机结合起来。"2017
年中共中央、国务院在《关于深入推进农业供给侧结构性改革加快
培育农业农村发展新动能的若干意见》中指出："推进农业供给侧
结构性改革，要在确保国家粮食安全的基础上，紧紧围绕市场需求
变化，以增加农民收入、保障有效供给为主要目标，以提高农业供
给质量为主攻方向，以体制改革和机制创新为根本途径，优化农业
产业体系、生产体系、经营体系，提高土地出产率、资源利用率、
劳动生产率，促进农业农村发展由过度依赖资源消耗、主要满足量
的需求，向追求绿色生态可持续、更加注重满足质的需求转变。"
农业供给侧结构性改革是提高农业供给体系质量和效率的重要手
段，其目标指向最终将落实到发展农业、造福农业、富裕农民上，
落实到按时全面建成小康社会上。

---

① 2015 年 3 月 9 日习近平参加十二届全国人大三次会议吉林代表团审议时的讲话。
② 2016 年 12 月 19 至 20 日习近平在北京召开中央农村工作会议时的讲话。

（三）坚持绿色发展，把绿水青山变成群众脱贫致富的金山银山

建设生态文明、保护生态环境是保护国家利益、保障人民幸福、实现民族发展的根本，扶贫开发首先要明确生态环境问题与贫困的内在联系。习近平总书记曾多次用朴实、生动的语言强调了绿色发展观的深刻内涵，并明确指出了践行绿色发展观的基本方向，如"我们既要绿水青山，也要金山银山。宁要绿水青山，不要金山银山，而且绿水青山就是金山银山"①，"在生态环境保护建设上，一定要树立大局观、长远观、整体观，坚持保护优先，坚持节约资源和保护环境的基本国策，像保护眼睛一样保护生态环境，像对待生命一样对待生态环境，推动形成绿色发展方式和生活方式"②。建设生态文明，重在加强保护，不能走"先污染、后治理"的老路。在农业方面，要加强农业面源污染治理，深入开展测土配方施肥工作，大力推广生物有机肥、低毒低残留农药，开展秸秆、禽粪便资源利用和农田残膜回收区域性示范。同时，应大力实施生态修复工程，增强生态产品生产能力，推进荒漠化、石漠化、水土流失综合治理，扩大森林、湖泊、湿地面积，保护生物多样性。

坚持绿色发展是实现贫困地区可持续发展的重要路径。贫困与生态环境存在密切联系：一般来说，二者互为因果，即贫困地区生态保护和经济发展之间矛盾十分突出，易陷入经济越落后环境越恶劣、环境越恶劣经济越落后的发展困境。生态环境与贫困的内在联系可从以下两方面说明：一是贫困地区面临着生态环境日益恶化的困境。土地资源减少和退化、水土流失、耕地石漠化沙化严重、森林面积减少、生物多样性破坏、土壤板结、水体富营养化等是农村贫困地区面临的主要生态环境问题，环境制约农业生产力进一步发展从而导致贫困。二是部分地区恶劣的生态环境是致贫的主要因素。我国 14 个主要连片特困地区大部分是自然条件恶劣、无法从

---

① 2013 年 9 月 7 日习近平在哈萨克斯坦纳扎尔巴耶夫大学发表演讲并回答学生问题时的讲话。
② 2016 年 3 月 10 日习近平在参加十二届全国人大四次会议青海代表团审议时的讲话。

事农业生产或自然资源相对缺乏的地区，因此，恶劣的生态环境是这些地区的主要致贫因素。坚持绿色发展，就是要在能够从事农业生产的地区实现可持续发展，通过生态环境建设保障贫困地区环境、经济和社会共同发展。

（四）促进农民增收致富，推进落实精准扶贫

促进农民增收与落实精准扶贫是摆脱贫困的"体之两翼"。21世纪以来，农民收入连续9年增长，生活水平不断提高，但完成全面建成小康社会的任务仍极为艰巨。"要大力促进农民增加收入，不要平均数掩盖了大多数，要看大多数农民收入水平是否得到提高。"[①] 2017年6月，习近平总书记在山西太原主持召开深度贫困地区脱贫攻坚座谈会时强调："脱贫攻坚本来就是一场硬仗，深度贫困地区脱贫攻坚更是这场硬仗中的硬仗。"并对此提出了"四个坚持"和"八个要求"。"四个坚持"即坚持精准扶贫精准脱贫基本方略，坚持中央统筹、省负总责、市县抓落实的管理体制，坚持党政一把手负总责的工作责任制，坚持专项扶贫、行业扶贫、社会扶贫等多方力量、多种举措有机结合和互为支撑的"三位一体"大扶贫格局。"八个要求"即合理确定脱贫目标，加大投入支持力度，集中优势兵力打攻坚战，区域发展必须围绕精准扶贫发力，加大各方帮扶力度，加大内生动力培育力度，加大组织领导力度，加强检查督查。这充分体现了习近平总书记对于扶贫工作的深刻解读和正确引领。千方百计促进农民增收，一方面要调动农民的生产生活积极性，促进农业劳动力投入水平提高，从而带来更大的生产动力；另一方面要提高农民的消费能力，打开农村市场，有效化解和消除当前相对过剩的生产能力，促进农村生活质量提高。因此，促进农民增收，既是中国经济实现持续中高速增长的重要支撑，也是加快社会主义新农村建设、实现全面小康社会的重要基础。贫困人口主要来源于农村，所以农村是实现"全面小康"的改革重点，农民是

---

① 2013年11月28日习近平总书记在山东农科院召开座谈会时的讲话。

"精准扶贫"的主要对象。致贫原因复杂多样，诸多因素的叠加使扶贫工作更加困难，因此，实施精准扶贫、精准脱贫要从以下几方面着手：对有劳动能力的贫困人口支持发展特色产业和转移就业；对"一方水土养不起一方人"的贫困地区实施扶贫搬迁；对生态特别重要和脆弱的贫困地区实行生态保护扶贫；对丧失劳动能力者实施兜底性保障政策；对因病致贫者提供医疗救助保障。总体而言，精准扶贫要因户施策，从实际出发解决农户贫困问题，这也是实现"全面小康"的重要举措。

三、发展农业是摆脱贫困的重要途径

中国的贫困问题具有明显的阶段特征。可大致划分为两个阶段。第一阶段是改革开放以后至21世纪初，这一阶段的主要特点是：中国经济依赖第二、三产业快速增长，非农产业的发展吸收了大量农村剩余劳动力，农民收入的增加主要来自非农收入的增加。第二阶段是21世纪初期至今，这一阶段的主要特点是：经济长期快速增长带来了区域失衡的问题，农村贫困人口从改革和经济增长中获得的利益小于农村非贫困人口，非农产业发展对农村的减贫作用逐渐降低。不同阶段的特征对应着不同的减贫策略：前一个阶段我国主要以大规模开发式扶贫为主，实现方式是以经济增长提升农户的非农收入从而缓解贫困问题；后一个阶段我国主要以农村扶贫、精准扶贫为主，通过提高农村贫困农户的农业收入、工资性收入来解决贫困问题。

我国扶贫开发工作成果显著，尤其是农村贫困人口大幅减少（见表3-1）。2015年我国农村贫困人口为3 490万人，相比2014年下降了827万人，农村贫困人口减少了19.2%。各贫困地区农村贫困人口的平均降幅达到了19%，其中内蒙古农村贫困人口降幅达到了30.5%，脱贫效果显著。各贫困地区贫困发生率进一步降低，较2014年平均降低了约3.3个百分点，但西藏、云南、甘肃、新疆、贵州的贫困发生率依然很高，均在15%以上，脱贫压

力较大。

表 3 - 1 　　　　　2015 年中国贫困地区农村贫困人口变化情况

地区	贫困人口			贫困发生率	
	总数（万人）	下降人数（万人）	降幅（%）	值（%）	降幅（百分点）
总计	3 490	827	19.2	13.3	3.3
河北	197	68	25.7	14.2	4.8
山西	83	24	22.4	14.6	4.3
内蒙古	66	29	30.5	9.3	4.1
吉林	12	2	14.3	10.8	2.1
黑龙江	68	14	17.1	12.7	2.7
安徽	209	43	17.1	10.7	2.2
江西	141	35	19.9	11.6	3.3
河南	287	41	12.5	9.5	1.7
湖北	148	32	17.8	12.2	2.7
湖南	279	64	18.7	14.0	4.3
广西	135	29	17.7	13.1	2.6
海南	11	1	8.3	14.4	1.5
重庆	68	15	18.1	7.9	1.7
四川	203	70	25.6	12.1	4.1
贵州	444	101	18.5	15.3	3.6
云南	448	88	16.4	17.4	2.9
西藏	48	13	21.8	18.6	5.1
陕西	180	47	20.7	13.6	3.6
甘肃	296	85	22.3	18.3	5.1
青海	42	10	19.4	10.9	2.5
宁夏	23	7	23.3	11.1	3.3
新疆	101	10	9.0	15.8	2.9

资料来源：国家统计局农村贫困监测调查。

（一）农业增长对农村脱贫至关重要

农业增长是否是农村脱贫的关键因素？关于这一点学术界存在

争议。世界银行的研究结果认为，相比于中国其他产业的增长（工业、服务业等），农业增长对农村贫困的减少作用更加显著。支持这一观点的学者认为，农业收入在贫困人口的收入中占主要部分，因此，农业发展的不平衡直接影响了贫困发生率。农业增长缓慢的地区，贫困人口农业收入增速慢，贫困人口减少和贫困发生率降低的速度也就慢；当农业得到快速发展时，贫困人口的收入因农业收入的增加而增加，贫困人口减少和贫困发生率降低的速度就相应加快（World Bank，2001）。支持该观点的学者（Ravallion，2008）将中国改革开放以来的脱贫经验总结为以下两点：一是政府有效的政策供给以及日益开放的市场经济环境提高了小农户的生产率；二是有力的政府和有效的管理体系保障了制度的良好运行。因此这部分学者认为，中国在贫困问题上取得的成就主要依赖于良好的农业激励政策，他们将贫困人口的减少归功于农业增长。针对这一结论，有研究提出了不同的观点：中国减少农村贫困的经验在于，中国先采取不平衡的经济发展战略推动了工业化，实现了经济的腾飞，非农部门的壮大使得贫困农户有机会进入非农部门就业或从事非农业生产，农户非农收入的增加是减少贫困的主要因素。该理论还认为，在人多地少的情况下，优先发展附加值和净利润较低的农业来推动经济发展和减少农村贫困不一定是个良好的发展策略。

上述两种观点对农业增长与减少贫困之间的关系有着不尽相同的看法。前者认为农业增长是农村贫困人口脱贫的主要动力；而后者则认为，农村减贫的动力主要来自非农产业的发展。实际上这两种观点并不是真正相悖，产生这两种观点的根本原因在于致贫因素的阶段性特征。在第一阶段，我国面临着经济总量低、工业发展水平低、经济结构单一等问题，此时经济落后是贫困问题的主要原因。随着经济快速发展，工业、服务业成为国民经济的主要增长点，吸收了大量的农村劳动力，这一阶段至少从两个方面缓解了我国的贫困问题：一是工业和服务业的发展增加了农民的非农收入，改变了农民的收入结构，丰富了农民的增收手段；二是改革红利、人口红利带来了经济的快速发展，相对充裕的政府财政能够更高水平地通过转移支付的方式向贫困地区输送资金。在第二阶段，长期快速的经济增长加剧了区域不均衡状况，贫困农户从经济增长中获得的利益少于非贫困农户，经济增长带来的减贫效应被逐渐抵消，经济增长的减贫作用日益降低。此时，我国贫困问题出现了新的特征：一是贫困人口高度集中在农村地区；二是贫困农户以纯农户为主。[①] 其中，贫困农户农业收入低下是造成贫困的主要原因之一。资料显示[②]，2015 年贫困地区农户农业收入占其总收入的比重为42.9%，高于全国农村平均水平 3.5 个百分点，且农业收入较全国农村平均水平低 1 222 元。从这个角度看，缩小贫困地区农业收入与全国平均水平的差距，将使农村地区的贫困问题得到有效缓解。因此，在区域经济存在失衡的情况下，发展贫困地区的农业，提高贫困地区农户的农业收入，是切实有效的扶贫措施。

由此可见，农业增长是现阶段农村脱贫的重要措施和必要前提。

（二）发展农业与摆脱贫困的内在联系

《墨子·非儒》在公元前 400 年就对发展农业和贫困的内在联系做了阐述："吏不治则乱，农事缓则贫，贫且乱，政之本。"官吏不治理就会混乱，农事一慢就会贫困。农耕文明时期农业技术进步缓慢，这一时期"农事缓"主要是警诫人们要做到不违农时。在新时期，发展农业不仅要不违农时，更要及时更新农业技术、改善农业生产条件和提高生产效率，否则就是"农事缓"，贫困问题也就随之而来。

发展农业和摆脱贫困的内在联系概括为以下几点：一是现代农业技术的发展提高了农村生产力，提升了农产品的价值；二是农业生产条件的改善高度等同于农村人居环境的改善；三是农业发展提升了农民素质，丰富了农民的增收手段，提升了农民的增收能力；

---

① 由农业部农村固定观察点体系统计数据整理得出。
② 资料来源：《中国农村贫困监测报告》，国家统计局全国住户收支与生活状况调查。

四是农业发展改善了市场环境，促进了农业与其他部门之间的要素流动。在生产能力方面，农业发展首先革新了农业生产技术，如大型农机具、生物育种技术、设施农业、灌溉技术等新技术的应用，从不同程度上改变了农业生产方式，在提高农村生产力的同时，由于技术要素的加入，使得农产品的价值有所提升；在市场支持方面，随着新型农业经营体系的构建，新型农业经营主体逐渐成为沟通农产品市场买方和卖方的桥梁，进一步增强了农业抵御市场风险的能力，为资源从其他部门向农业部门流动提供了新的渠道；在人居环境方面，改善农业生产条件与改善农村人居环境高度统一，如在农业机械化快速发展的同时，农村机耕道建设一方面满足了农业机械的使用要求，另一方面也改善了农村环境，在农村水利、水电方面的投入，在改善农业生产条件的同时也改善了农村人居环境；在创收能力方面，农业发展过程中针对农民的各项培训，如种植养殖培训、农用机械培训以及职业教育培训等，在一定程度上丰富了农户的创收手段，提升了农户的创收能力。

由此可见，农业发展分别从生产能力、创收能力、人居环境以及市场支持四个方面缓解农村贫困问题，既能实现贫困地区农业的可持续发展，又能使农户生活水平得到提升，是摆脱贫困的重要途径（见图3－1）。

（三）农业发展对经济增长的贡献

农业发展对减贫的另一个作用机制是，农业发展直接或间接地推动经济增长，在经济增长过程中进一步缓解贫困问题。

农业发展对经济增长的直接贡献表现为农业是国民经济增长的重要来源（见图3－2），这一点在21世纪90年代以前尤为明显。1978—1990年期间，农业对国民经济的直接贡献率[①]的平均值为18.5%，其中1981年达到峰值40.5%。这一时期，农业成为国民经济增长的重要引擎，农业产出直接推动经济增长。

---

① 农业直接贡献率数据来自《中国统计年鉴2016》。

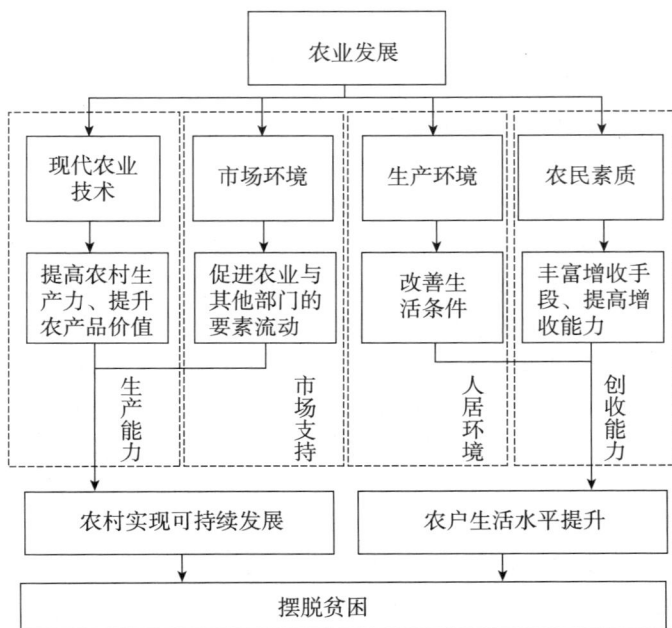

图 3-1　农业发展和摆脱贫困的内在联系

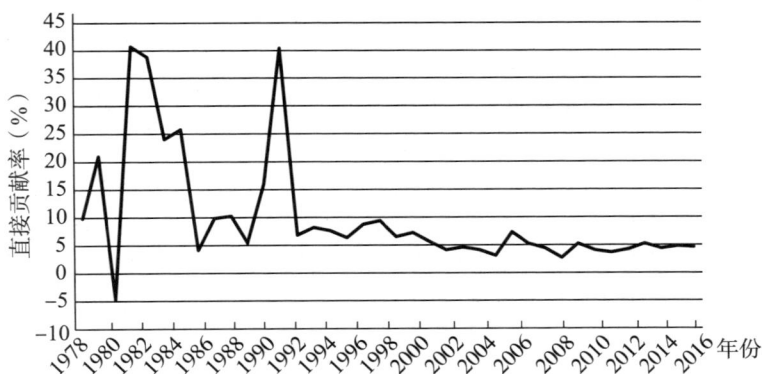

图 3-2　1978—2015 年农业直接贡献率

农业发展对经济增长的间接贡献表现为农业为其他行业发展提供了充足的劳动力资源。随着工业、服务业的飞速发展以及农业机械化速度的加快，从2003年开始，农村劳动力开始大规模向城市转移（见图3-3）：2003—2015年期间，农业劳动力以年平均3.9％的速度由3.62亿人下降至2.19亿人，下降了约40％。与此同时，第二、三产业就业人数迅速增加，第二产业就业人数由2003年的1.59亿人增加至2015年的2.27亿人，年平均增幅为2.9％；第三产业就业人数由2003年的2.16亿人增加至2015年的3.28亿人，年平均增幅为3.5％。劳动力作为重要的生产要素，在由农业部门向其他部门流动的过程中，一方面起到了促进农业劳动生产率提高的作用，另一方面有力地推动了第二、三产业的发展，从而间接地推动了经济增长。

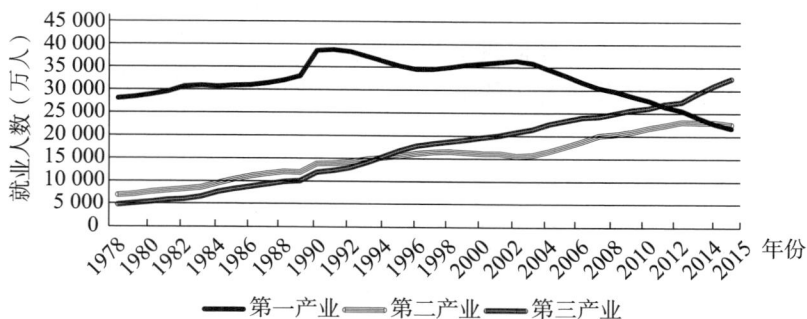

图3-3 1978—2015年按三次产业分就业人数

综上所述，发展农业从两个方面缓解了贫困问题：一是农村社会分享农业发展成果，从生产能力、人居环境、市场支持、创收能力四方面实现了可持续发展并提高了农户的生活水平；二是农业发展是推动经济增长的重要因素，经济增长进一步缓解了贫困问题，从这个角度看，农业发展间接地缓解了贫困问题。因此，发展农业是摆脱贫困的重要途径。

第二节　城镇化进程中的贫困问题

改革开放初期，贫困问题由集中在农村地区向城市、农村并存的局面转变。城乡一体化是党的十八大以来我国社会发展的重要内容，是打赢脱贫攻坚战、实现全面小康的主要阵地。习近平总书记指出，要把工业和农业、城市和乡村作为一个整体统筹谋划，要继续推进新农村建设，使之与新型城镇化协调发展、互惠一体，形成双轮驱动。① 中国的城镇化（城乡一体化）模式是区别于欧美模式、亚非拉模式的第三种城镇化模式，主要特点是我国的城镇化避免了大规模的"贫民窟"的出现，这与中国的经济发展阶段、有特色的制度安排密切相关。随着城镇化进程的加快，在劳动力加速向城镇转移的背景下，如何进一步吸收进城农民并将之转化为市民，以减少城乡一体化进程中的贫困问题是我们面临的重大考验。

一、城镇化与贫困

（一）中国独特的城镇化模式

城镇化，从概念上来讲，是指随着一个国家或地区社会生产力的发展、科学技术的进步以及产业结构的调整，其社会由以农业为主的传统乡村型社会向以工业、服务业等非农产业为主的现代城市型社会逐渐转变的历史过程。不同的学科如社会学、地理学、人口学、经济学等分别从不同的角度对城镇化的内涵做了阐述。若要简单地概括城镇化的内涵，那么可表述如下：农村人口向城市流动并成为城市人口的过程。

城镇化是社会现代化发展的必然结果，受经济发展水平、社会制度的影响，城镇化主要分为两种类型：一是以欧美日为代表的欧

---

① 参见习近平总书记在中共中央政治局第二十二次集体学习时的讲话。

美模式，欧美模式的城镇化的主要特征是城镇化率高、城镇居民拥有良好的社会保障和稳定的收入；二是以巴西、印度等国家为代表的广大亚非拉地区的城镇化，该类型城镇化的主要特征是城市基础设施薄弱，存在大规模的贫民窟，城镇居民就业率不高、缺乏必要的社会保障等。上述两种类型的城镇化的划分依据，基本上等同于发达国家和发展中国家的划分依据。因此，形成两种不同类型的城镇化的主要原因是经济发展水平，而不是社会制度：发达国家是世界体系的中心国家，掌握着现代化产业的关键技术并且阻止技术扩散，长期以来发达国家始终处在价值链的顶端，因此即便发达国家城市内部存在贫困人口，政府财政也有能力保障这部分人口的基本生活水平。相反，发展中国家则主要依靠劳动力资源、自然资源生产低附加值的产品来带动经济增长，国民生产总值低，技术落后，产业集中在价值链低端，在国际市场中缺乏竞争力。

中国的城镇化是区别于以上两种模式的第三种模式。除了经济发展水平以外，制度安排对城镇化的效果也有着深刻的影响，这是中国城镇化区别于欧美模式和亚非拉模式之处。关于中国城镇化的特征有一个形象的比喻，即"城市像欧洲，农村像非洲"，而现阶段这个比喻只有前半句符合现实情况：随着我国农村建设投入力度不断加大，农村生产、生活条件得到了极大改善，农民收入稳步增长，物质文明、精神文明得到极大提高，说其像非洲已不再贴切。中国城镇化与广大亚非拉发展中国家城镇化产生巨大差异的原因如下：一是土地制度。我国农村现行的土地制度是集体所有制，即土地归全部集体成员所有，成员行使占有、使用、收益等权利，集体所有制阻止了"赤贫"阶级的产生，起到了社会保障的作用，尤其是党的十八大以来农村基本经营制度的进一步完善，使得农民收入进一步得到保障。这样的制度安排为农民提供了选择的权利，当在城市创业失败或收入太低时可以选择返乡务农以维持基本的生活水平，农民可以在城市和农村之间自由流动，这是我国城市没有贫民窟的主要原因。二是城乡二元结构。户籍制度设计之初，是为了将农业剩余控制在国家手中以支持工业发展，因此而形成的城乡二元结构是体制性的二元结构。但是随着工业、服务业飞速发展，城镇化进程不断加快，这种城乡二元结构已变成保护性质的二元结构。第一，进城创业的农民依旧保留农村集体户口，同时保留的还有承包地、宅基地、自留地以及住房等，这种"农民身份"能够保证无论进城创业成功与否，家庭内老人、小孩的基本生存问题能够得到基本保障；第二，城乡二元结构限制了农村集体资产的流失，即非集体成员（城镇户口）无渠道获取集体资产，避免了城市资金"冲击"农村的现象，有效保护了农民的基本财产。

（二）城镇化与贫困的联系

城镇化能够有效减少贫困。这一结论是针对大多数国家而言的，少数国家虽然城镇化率比较高，但依然存在着严重的贫困问题。进一步地，城镇化和减贫二者之间的关系有待讨论：二者之间是否存在明显的相关关系？城镇化在减少农村贫困的同时是否会导致新的贫困问题？

多维贫困涉及的因素除了收入以外，还广泛包括基础设施所提供的服务如自来水、道路交通、卫生设施以及社会福利保障等。多维贫困指数（MPI）是对人类贫困指数（HPI）和人类发展指数（HDI）的进一步完善，能够较好地反映多维贫困发生率及强度。多维贫困指数选取三个维度共 10 项指标来测度贫困：（1）健康维度，包括营养状况、儿童死亡率；（2）教育维度，包括儿童入学率、受教育程度；（3）生活水平维度，包括饮用水、电力、日常生活用燃料、室内空间面积、环境卫生以及耐用消费品。多维贫困指数越大，说明贫困问题越显著。通过选取 95 个国家的多维贫困指数和城镇化率数据，我们初步分析了城镇化与贫困之间的关系（见图 3-4）。

图 3-4 展示了城镇化率与多维贫困指数的关系：随着城镇化率的提高，贫困问题有缓解的趋势。值得指出的是，在已有的样本

中，多维贫困指数为 0 的国家①有 38 个，其城镇化率的平均值为
53.1%；多维贫困指数小于 0.2 的国家有 65 个，其城镇化率的平
均值为 54.3%。多维贫困指数大于 0.2 的国家一共有 29 个，其中
城镇化率不足 40% 的有 20 个，占总数的 69%，这 29 个国家的平
均城镇化率仅为 36.4%。据此，我们可以得出一个简单的结论：
多维贫困指数较高的国家具有一个共同特征：城镇化率低。这一结
论不是绝对的，存在着限制条件，如伊拉克的城镇化率为
69.26%，多维贫困指数却高达 94，是 95 个样本中多维贫困指数
最大的国家；再如吉布提（位于非洲东北部，政局不稳且战乱频
仍），虽然城镇化率高达 77.2%，但多维贫困指数为 0.36，意味着
该国家存在着严重的贫困问题。因此，在政治稳定、外交环境相对
和平的前提下，城镇化率与贫困发生率存在着明显的负相关关系。

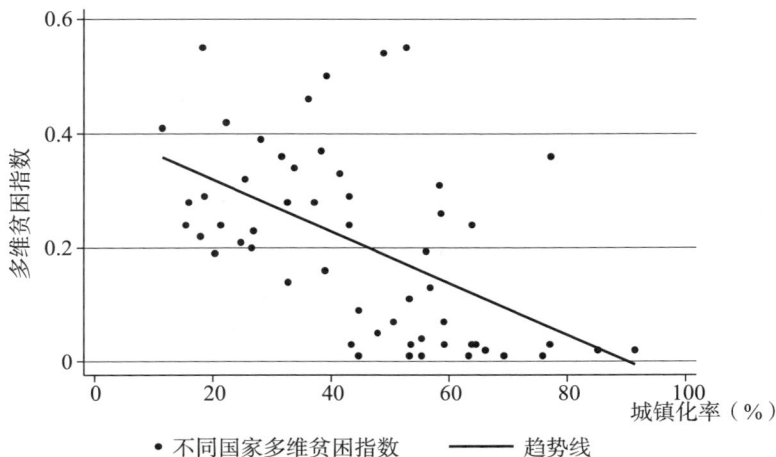

图 3-4 全球部分国家贫困问题与城镇化率的关系

注：城镇化率的计算方法为城市人口与总人口的比。

资料来源：世界银行。

———————

① 多维贫困指数为 0 的国家在图 3-4 中未列出。

（三）城镇化带来新的贫困问题

城镇化在消除贫困的同时导致了新的贫困问题。

首先是部分人群贫困脆弱性有所上升。经济学中的脆弱性指一定条件下家庭应对风险的能力不强，往往关注的是对福利损失的货币测量，贫困脆弱性被定义为在未来给定的时间内，一个人的福利低于预定水平的可能性。城镇化增强了部分人群的贫困脆弱性主要表现在两个方面：一是部分城市劳动力收入受经济波动、就业环境、产业政策等因素影响，收入流趋于不稳定，因此脆弱性上升；二是进城务工劳动力所从事的报酬低风险高的职业，提高了其陷入贫困的可能性。进城务工的农民工长期从事重体力劳动，有限的收入和不完善的医疗保障极易让农民工陷入"因病致贫""因病返贫"的困境，因此脆弱性上升。

其次是贫困人口集中密集分布。目前我国有 14 个集中连片特困地区，592 个国家级贫困县密集分布，出现这一特征的主要原因是劳动力的区域流动。2009 年我国流动人口为 1.8 亿人，至 2016 年流动人口增加至 2.45 亿人，增长了 36%。流动人口主要分布在 15～30 岁这一年龄段，因此贫困地区的生产要素如土地资源、人力资源等极度匮乏，发展陷入停滞并逐渐走向深度贫困。

最后是产生了贫困的代际传递。城镇化发展扩大了城市与乡村在教育、医疗等方面的差距，产生了"寒门再难出贵子"的社会现象。网络热词中的各种"X 二代"描述的就是一种贫困、富裕或者社会地位的代际传递现象，贫困问题也会产生类似的传递效应，出现所谓的"穷二代"。究其原因，主要在于教育资源的差异，因此，阻断贫困代际传递的根本途径是保障贫困人口能够接受良好的教育。

党的十八大以来，党中央提出了精准扶贫、教育扶贫等新思路、新方法，有针对性地解决了新发展阶段下面临的新问题、新困境，是对扶贫开发体系的完善和补充，为解决中国城镇化进程中暴露出的问题提供了创造性的思路。

二、城镇中的新贫困人群

城镇化的飞速发展产生了规模空前的流动人口，流动人口的贫困问题成为扶贫开发工作现阶段面临的巨大挑战。城镇化进程带来的一系列社会经济变化，如农业劳动力向城市转移、农业人口非农化、城镇数量增加及规模扩张等，均是形成大规模流动人口的重要因素。在城镇化快速发展的同时，逐渐产生了新贫困群体[1]，主要原因是：第一，农民工群体未能实现市民化。截至2016年年底，我国农民工数量已达到2.82亿人，其中外出农民工1.69亿人，约占农民工总数的60%。大量农民工在城市中居住，从事高风险低报酬的体力劳动却不能享受相对完善的医疗保障，同时缺乏必要的就业保障以及相对稳定的收入水平，随时可能陷入贫困。第二，留守人口、流动儿童成为新贫困人群。在农村劳动力向外流动的同时，产生了两类人群：一是留守人群，主要包括留守妇女、留守儿童以及留守老人；二是流动儿童，即随父母外出生活在城市中的农民工子女。《中国的儿童贫困：现状与对策》显示，2013年我国仍有16.7%的儿童（约1 080万人）处于相对贫困线以下；全国妇联2013年发布的《我国农村留守儿童、城乡流动儿童状况研究报告》显示，全国有农村留守儿童6 102.55万人，占全国儿童总数的21.88%，全国有城乡流动儿童3 581万人，其中农村流动儿童达2 877万人。大量贫困儿童、留守儿童、流动儿童面临着生活、学习、心理问题，是未来扶贫开发工作的重中之重。第三，城市数量、规模的扩张产生了大量的失地农民。城镇化是社会现代化发展的必经阶段，城市规模扩张、数量增多使大量城镇郊区的绿地、农地转为建设用地，一方面土地征用补偿标准较低，另一方面失地农民缺乏生存技能，存在就业困难，使得失地农民成为城镇化进程中

---

[1] 根据定义，新贫困人群包括下岗失业人群、工作中的低收入者、双重边缘的贫困者、新市民中的脆弱者、女户主单亲家庭、艾滋病毒感染者、老龄化中的老年人群体、受气候变化灾害影响的新型贫困者。

的新贫困人群。

（一）新贫困人群的变化趋势

城镇化从很大程度上改变了扶贫开发工作的趋势和方向：首先，新贫困人群的出现降低了贫困人口的识别效率，提高了贫困人群的救助难度；其次，贫困问题由过去的以农村贫困为主，转变为现在的农村贫困和城市贫困并存。因此，扶贫开发的方法、目标需要随趋势变化做出相应调整。

部分农民工在城镇化进程中可能会成为新贫困群体，是未来扶贫开发工作的主要瞄准对象。农民工群体是流动人口的主要构成部分，且总量逐年增加。2008—2016 年期间，我国农民工总量从约 2.25 亿人增长至约 2.82 亿人（见表 3-2），增加了 25.3％。其中，外出农民工从 2008 年的 1.4 亿人增长至 2016 年的 1.69 亿人，虽然外出农民工人数占农民工总量的比重有所下降，由 62.3％下降至 60.1％，但仍然占据农民工总量的大部分。

表 3-2　　　　　2008—2016 年我国农民工规模变化情况　　　　（单位：万人）

	2008	2009	2010	2011	2012	2013	2014	2015	2016
农民工总量	22 542	22 978	24 223	25 278	26 261	26 894	27 395	27 747	28 171
外出农民工	14 041	14 533	15 335	15 863	16 336	16 610	16 821	16 884	16 934
住户中外出农民工	11 182	11 567	12 264	12 584	12 961	13 085	13 243	—	—
举家外出农民工	2 859	2 966	3 071	3 279	3 375	3 525	3 578	—	—
本地农民工	8 501	8 445	8 888	9 415	9 925	10 284	10 574	10 863	11 237

资料来源：国家统计局。

农民工收入水平低、权益保障不完善、生活条件差，极易陷入贫困。国家统计局统计数据显示，2016 年全国农民工平均月收入为 3 275 元，其中东部地区为 3 454 元，中部地区为 3 132 元，西部地区为 3 117 元，低收入水平很大程度上加大了其陷入贫困的风险。另外，农民工的权益保障不完善、生活条件差是潜在的致贫因素（见图 3-5）。农民工群体中，享受工伤保险的仅占农民工总数的 26.2%，享受医疗保险的仅占农民工群体的 17.6%，大部分农民工因此长期处于低报酬、高风险的工作环境中，一旦出现工伤事故或感染疾病，就会导致"因病致贫""因病返贫"。

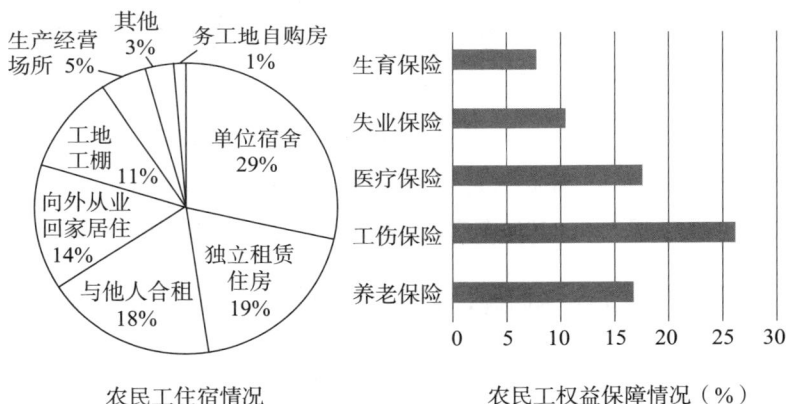

农民工住宿情况　　　　农民工权益保障情况（%）

图 3-5　2016 年农民工生活条件、权益保障情况

注：权益保障情况是指参与某项保险的人数占农民工总量的百分比。

外出农民工对输出地的贫困问题还产生了间接影响，如劳动力资源转移从一定程度上限制了产业发展：第一，劳动力密集型产业向中部、西部转移面临着劳动力供给不足的潜在威胁。2016 年输出农民工数量按地区分的占比情况如图 3-6 所示，经济相对落后的中部、西部地区输出劳动力占总数的 62%，约 1.16 亿人。近年来，随着中西部地区生产设施、道路交通、市场环境等硬件条件不断提升，劳动力密集型产业有向中西部地区迁移的趋势，充足的人力资源是产业发展的基本条件，劳动力向外转移将对产业发展产生重要影响。第二，劳动力转移改变了输出地的人口结构。从年龄分布来看，21～40 岁这一年龄段的青壮劳动力占农民工总数的50.6%，按照这一比例，全国每年大约有 8 550 万青壮劳动力向外转移，由于多数转移劳动力主要向东部地区集中，所以中西部地区的劳动力人口结构面临着"两头大、中间小"的困境。

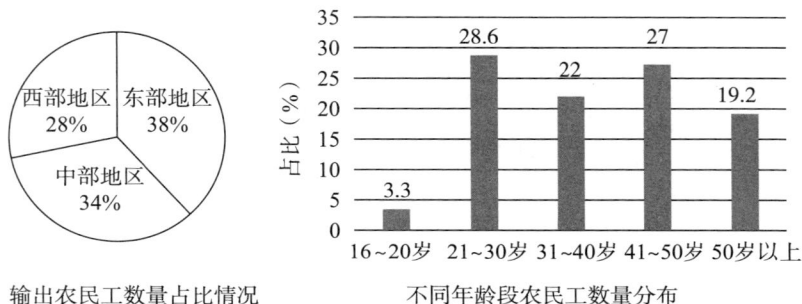

输出农民工数量占比情况　　　不同年龄段农民工数量分布

图 3－6　2016 年农民工输出地区、年龄段分布情况

　　留守人群的贫困问题，尤其是留守儿童、流动儿童面临的健康问题、教育问题是未来扶贫开发工作的难点。城市中大量的流动人口、低收入群体与流动儿童、农村留守儿童是城市贫困问题的"AB 面"，二者表象不同，本质相同。党的十八大以来，我国扶贫开发工作不仅着力解决"看得见"的贫困问题，而且高度重视"看不见"的贫困问题，即留守儿童、城市流动儿童的教育、生活、心理问题。

　　一般而言，流动儿童是指流动人口中的 0～17 岁的儿童，流动人口是指居住地与户口登记地不一致且离开户口登记地半年以上的人口中，扣除市辖区内人户分离的人口之后的人口。留守儿童是指父母双方或一方流动，留在原籍不能与父母共同生活在一起的儿童，户籍地在农村的留守儿童为农村留守儿童。从家庭层面来看，贫困家庭的流动儿童、留守儿童在学习资源、生活条件、家庭教育等方面与一般儿童的差距，是形成贫困代际传递的重要因素。有研究表明，全国 15～17 岁的高中学龄阶段农村留守儿童规模高达809 万人，这些儿童一旦终止学业，受父母外出务工经历的影响，比农村其他儿童更有可能立即加入流动人口的队伍中。一旦外出打工，他们的身份便立刻转换为"新生代流动人口"（吕利丹，2014）。从国家层面来看，儿童是国家人力资源的基础，流动儿童、留守儿童的营养健康状况、受教育情况直接关系到国家未来人力资源的数量和质量，将影响到国家的经济发展和社会进步。

（二）流动儿童、留守儿童的规模与分布情况

联合国《儿童权利公约》定义，儿童是指0～17岁的人口。根据《中国2010年人口普查资料》（第六次全国人口普查），2010年我国0～17岁的儿童约2.72亿人，其中城镇儿童人口约1.25亿人，占全部儿童总数的46%，农村儿童人口约1.47亿，占全部儿童总数的54%（见表3-3）。

表3-3 2010年流动儿童、留守儿童数量情况

	儿童总数		流动儿童		留守儿童	
	城镇	农村	城镇	农村	城镇	农村
人数（万人）	12 500	14 700	700	2 880	870	6 100
占比（%）	46	54	2.6	10.6	3.2	22.4

资料来源：第六次全国人口普查资料、《中国儿童人口状况——事实与数据2013》。

2010年全国1.055亿儿童受流动人口的影响，占儿童总数的38.8%。其中流动儿童3 580万人，留守儿童6 970万人。受流动人口影响的儿童中，农村流动儿童占流动儿童总数的80.4%，农村留守儿童占留守儿童总数的87.5%。因此，解决流动儿童、留守儿童贫困问题的着力点是在广大农村地区。从流动儿童的地区分布上来看，第一，流动儿童在特定区域的集聚效应明显，如劳动力输入大省广东（409万人）、浙江（281万人）、江苏（214万人），以及劳动力输出大省四川（190人）、山东（194万人）。第二，流动儿童主要分布在东部地区。中部、西部劳动力主要向东部转移，受此影响，流动儿童也主要分布在东部省份。

综上所述，解决留守儿童、流动儿童的贫困问题是城镇化进程中扶贫开发工作的难点和重点：首先，现阶段我国存在基数庞大的

流动、留守人群，其中流动儿童和留守儿童的受教育水平是导致贫困代际传递的重要因素，阻断贫困的代际传递要以解决流动儿童、留守儿童的教育问题为抓手。其次，庞大的流动人口给扶贫开发工作增加了难度。大量的流动人口的存在一方面降低了贫困人群的识别效率，另一方面，增加了贫困的维度，如教育维度、心理健康维度、生活设施维度等，这对现有的扶贫制度和措施提出了挑战。最后，解决留守儿童、流动儿童的贫困问题是消除贫困的根本措施。儿童是家庭的未来，是国家的希望，从人力资源的角度来看，以教育为切入点解决贫困问题是消除贫困的"治本"措施。

三、新贫困人群的脱贫策略

城乡一体化发展提出了新的制度需求，主要聚焦于户籍、教育、医疗、养老等方面的城乡对接。党的十八大以来，党中央探索了一系列扶贫开发策略，提出了创新性的扶贫开发思想，总结了新形势下的扶贫开发理论，以及时适应形势变化、满足制度需求，包括社会保险扶贫、城乡教育一体化、城乡公共服务一体化等。

（一）社会保险扶贫

城镇职工和农民工在社会保障方面存在巨大差异（见表3-4）。在医疗保险方面，2014年城镇职工参加医疗保险的比例为74%，而农民工参加医疗保险的比例仅为17.6%，这意味着农民工不仅收入水平低于城镇职工，而且面临着极大的风险，随时可能因病致贫、因病返贫；在养老保险方面，2014年城镇职工的参保率已经达到了87%，而农民工的参保率仅为16.7%。在城乡一体化快速发展的背景下，城乡二元结构下形成的基于户口的社会保障体系使大量进城务工人员面临着进退两难的境地，如在农村参加医疗保险的农民工在城市务工期间无法享受城镇医疗保障。因此，如何将城乡社会保障体系对接，成为了城乡一体化背景下扶贫开发工作的关键所在。

表 3-4 城镇职工和农民工社会保障差异

		2012		2013		2014	
		参保人数（万人）	参保比例（%）	参保人数（万人）	参保比例（%）	参保人数（万人）	参保比例（%）
农民工	医疗	4 438	16.9	4 733	17.6	4 822	17.6
	养老	3 755	14.3	4 222	15.7	4 575	16.7
	失业	2 206	8.4	2 447	9.1	2 876	10.5
	工伤	6 303	24.0	7 665	28.5	7 177	26.2
	生育	1 602	6.1	1 775	6.6	2 137	7.8
城镇职工	医疗	26 486	71	27 443	72	28 893	74
	养老	22 981	62	24 177	63	34 142	87
	失业	13 019	35	13 970	37	14 167	36
	工伤	12 707	34	12 252	32	13 462	34
	生育	13 827	37	14 617	38	14 902	38

资料来源：国家统计局、人力资源和社会保障部。

2017 年 8 月，人力资源和社会保障部、财政部、国务院扶贫开发领导小组办公室颁布《关于切实做好社会保险扶贫工作的意见》（以下简称《意见》），针对农民工、贫困人员、因病致贫者、特大病患者等出台了综合保障措施，概括起来就是：第一，参保缴费大幅降低。贫困人员参加城乡居民基本医疗保险个人缴费部分由财政给予补贴，同时农民工应参加工伤保险，且农民合同制工人本人不缴纳失业保险费。第二，贫困人员医疗费用大幅降低。《意见》指出，对贫困人员降低起付线、提高报销比例，对因病致贫者提高医保受益水平，对特大病患者提供综合保障。第三，农民工收入得到保障。农民工失业后可申领一次性生活补助，贫困劳动力遇到工伤时工伤保险经办机构可先行支付。

（二）城乡教育一体化

扶贫开发工作的重点是教育扶贫，其中城乡教育资源的差异性是教育扶贫工作中的难点。所以，统筹城乡教育一体化发展是扶贫开发工作的重中之重。城乡教育一体化发展的主要矛盾表现在两方面：一是城乡教育资源的失衡；二是流动儿童、留守儿童的基础教育问题。

为了解决城乡教育资源失衡问题，采取的措施是大力推进义务教育均等化发展。义务教育均等化是指教育资金均等化、师资均等化。党的十八大以来，国家不断加大教育投入，农村地区的教育资金投入水平与全国投入水平的差距在逐渐缩小（见表3-5）。现阶段，推进义务教育均等化主要是实现师资均等化，首先是推进优质高中配额到校政策。教育部于2014年颁布《关于进一步做好小学升入初中免试就近入学工作的实施意见》，明确提出要将不低于50%的优质高中招生名额合理分配到区域内初中并完善操作办法。其次是促进师资流动，合理配置教师资源。十八届三中全会提出，实行公办学校标准化和校长教师交流轮岗，不设重点学校重点班，破解择校难题。

表3-5 　　　　　　　农村生均义务教育投入情况

项目	年份	普通小学			普通初中		
		全国（元）	农村（元）	农村/全国（%）	全国（元）	农村（元）	农村/全国（%）
生均教育经费	2014	7 681.02	7 403.91	96	10 359.33	9 711.82	94
	2015	8 838.44	8 576.75	97	12 105.08	11 348.79	94
生均预算内公用经费	2014	2 241.83	2 102.09	94	3 120.81	2 915.31	93
	2015	2 434.26	2 245.30	92	3 361.11	3 093.82	92

为了解决流动儿童、留守儿童的基础教育问题，采取的措施是加快发展学龄前教育，促进贫困地区儿童早期发展。研究表明，对儿童的早期发展与教育的投资会带来高额回报，是打破贫困代际传递最具有效的策略。① 国务院办公厅于2015年1月颁布的《国家贫困地区儿童发展规划（2014—2020）》指出，要坚持政府主导、

① 世界银行，国务院发展研究中心.2030年中国：建设现代、和谐、有创造力的社会.北京：中国财政经济出版社，2013.

社会参与、公办民办并举，多种形式扩大贫困地区普惠性学前教育资源的具体措施，并明确要加大中央财政有关学前教育发展重大项目、农村学前教育推进工程和省级学前教育项目对集中连片特困区的倾斜支持力度。

第三节 区域发展战略与减贫

2014年2月26日，习近平在北京主持召开京津冀协同发展座谈会时指出，北京、天津、河北人口加起来有1亿多，土地面积有21.6万平方公里，京津冀地缘相接、人缘相亲、地域一体、文化一脉，历史渊源深厚、交往半径相宜，完全能够相互融合、协同发展。

一、京津冀协同发展战略

从地理位置上看，京津冀包括北京、天津以及河北省的石家庄、保定、唐山、廊坊、沧州、秦皇岛、张家口、承德、邯郸、邢台、衡水11个地级市。2014年2月26日，习近平总书记在听取京津冀协同发展工作汇报时强调，实现京津冀协同发展是一个重大国家战略。至此，京津冀区域迎来了重大发展机遇。

但是，在推进京津冀一体化战略的同时，还要认清潜在的矛盾和问题。首先，北京、天津的城市发展产生了"虹吸效应"，透支了周边城市的增长潜力。北京、天津位于京津冀区域的中心位置，长期依靠集聚周边城市的生产要素发展，进而带来医疗、教育、基础设施的集聚，周边地区的人才、资金不断涌向中心城市，从而使周边地区的发展陷入停滞。其次，京津冀地区存在着严重的生态问题。生态问题包含两个方面：一是过量人口过度排放废水、废气而产生的环境污染，这一类型的生态问题可以通过综合治理措施加以缓解；二是由地理位置决定的如石化、沙化、盐碱化等自然生态环境恶化，涉及坝上高原、燕山山区、太行山区等生态环境恶劣的地区。人才、资金的流失，加之自然环境恶劣，使得京津冀的外围区域成为了京津冀协同发展的重要隐患。

因此，在京津冀协同发展的背景下，如何解决京津冀外围区域的贫困问题，使外围贫困带跟上城市集群的发展步伐，是亟待解决的重要问题。

（一）环京津贫困带经济发展相对落后

环京津贫困带是指在北京、天津周围呈环形分布的连片贫困区，这一概念是在亚洲开发银行的技术援助项目《河北省发展战略研究》（2004）中被首次提出的。全国 14 个连片特困地区[①]中，燕山—太行山区覆盖了河北、山西和内蒙古三省共 33 个国家贫困县，其中河北省的 22 个贫困县（见表 3-6）位于京津冀区域内，这 22 个县的覆盖范围与环京津贫困带的覆盖范围大致相同。

表 3-6   环京津贫困带

地级市	县级市
承德市	承德县、平泉县、隆化县、丰宁满族自治县、围场满族蒙古族自治县
保定市	宣化县、张北县、康保县、沽源县、尚义县、蔚县、阳原县、怀安县、万全县
张家口市	涞水县、阜平县、唐县、涞源县、望都县、易县、曲阳县、顺平县

注：截至目前，表中部分县已完成贫困县摘帽，还有部分县撤县改区，故环京津贫困带贫困县少于 22 个。

图 3-7 中圆点显示了 22 个贫困县（以下简称 22 县）的地理分布，弧线表示的是环京津贫困带的示意图。环京津贫困带的经济发展水平和京津冀其他区域有着巨大差异：在地区生产总值方面，

① 根据《中国农村扶贫开发纲要（2011—2020 年）》的精神，国家在全国共划分了 11 个集中连片特殊困难地区，加上西藏、四省藏区、新疆南疆三地州，共 14 个片区 680 个县，上述 11 个集中连片特殊困难地区包括六盘山区、秦巴山区、武陵山区、乌蒙山区、滇桂黔石漠化区、滇西边境山区、大兴安岭南麓山区、燕山—太行山区、吕梁山区、大别山区、罗霄山区。

2015 年环京津贫困带内的 22 县地区生产总值的平均值为 74.6 亿元；2015 年京津远郊 5 县（以下简称 5 县）地区生产总值的平均值为 197.1 亿元，是 22 县的 2.6 倍。在人均 GDP 方面，5 县 2015 年人均 GDP 为 51 274.4 元；22 县人均 GDP 为 20 515.6 元，仅为 5 县人均 GDP 的 40%。其中，人均 GDP 最低的曲阳县为 10 903.8 元，仅为 5 县人均 GDP 的 21.3%（见图 3-8）。

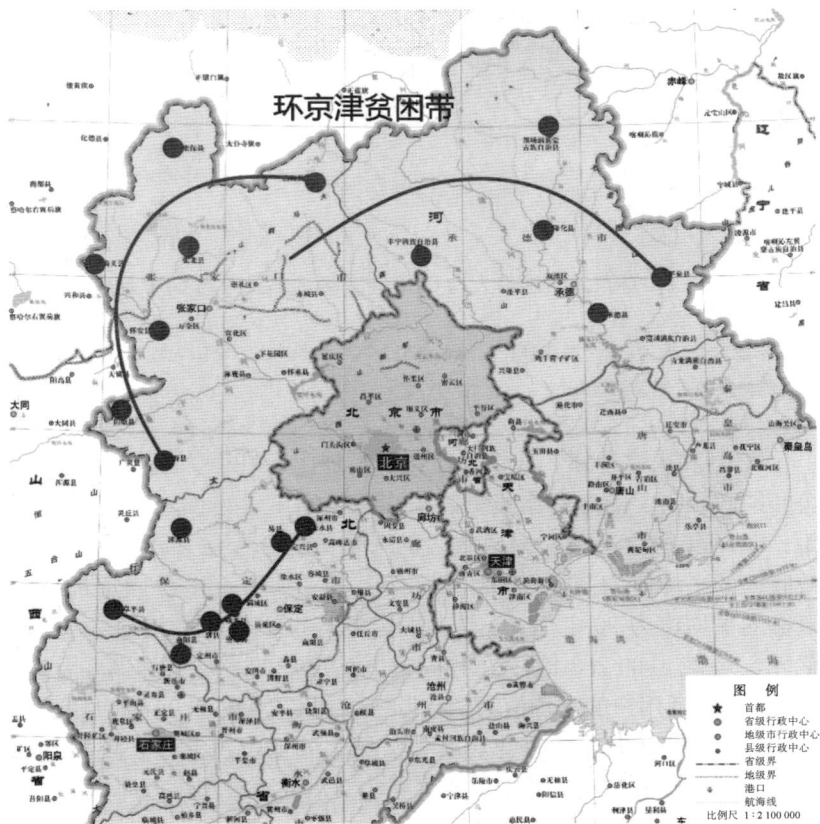

图 3-7 环京津贫困带示意图

资料来源：国家测绘地理信息局标准地图服务中心。

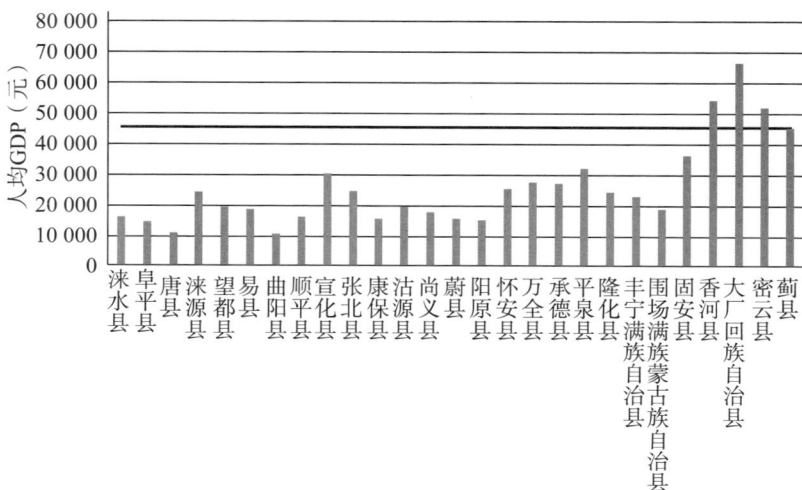

图3-8 环京津贫困带人均GDP与京津远郊县人均GDP比较

注：京津远郊5县包括蓟县、固安县、香河县、大厂回族自治县、密云县（密云县2015年撤县改区，在此之前仍视作京津远郊县）。图中横线表示全国人均GDP。

资料来源：国家统计局。

　　22县和京津远郊5县除了在经济发展上存在巨大差距以外，在公共财政收入、固定资产投资、医疗保障水平等方面也存在明显差距：2015年，22县公共财政收入的平均值为4.4亿元，5县公共财政收入的平均值为39.3亿元，是22县的8.9倍；22县固定资产投资额的平均值为90.1亿元，5县固定资产投资额的平均值为255.3亿元，是22县的2.8倍；22县固定电话用户的平均值为2.5万户，5县固定电话用户的平均值为7.6万户，是22县的3.04倍。环京津贫困带与京津远郊县、京津冀其他区域之间的发展差距，还表现在各项基础设施如生产设施、交通水利、文化教育设施等方面。

　　（二）环京津贫困带的形成原因

　　环京津贫困带是现阶段京津冀地区经济发展的"低洼地带"，是实现京津冀协同发展的"短板"，是打赢脱贫攻坚战的又一难题。形成环京津贫困带的原因有很多，主要集中在两个方面：一是北京、天津产生的回波效应使周边县市人力资源大量流失，周边城市的发展因缺乏必要的生产要素而陷入停滞。二是生态抑制性贫困是产生贫困的主要原因。一方面，环京津地区，尤其是北京北部承担了水源供应、防固风沙等重要的生态涵养功能，部分产业的发展因此受到抑制，因而陷入贫困；另一方面，环境恶劣的地区生产条件差，抵御自然灾害的能力弱，容易陷入长期贫困、反复贫困。

回波效应使得环京津地区的贫困问题不断循环、积累。1974年诺贝尔经济学奖获得者缪尔达尔提出了回波效应以解释落后地区为什么越来越落后：经济活动正在扩张的地区会从其他地区吸引净人口流入、资本流入和贸易活动从而加快自身发展，并使周边地区的发展速度降低。与之相对应的是扩散效应：位于经济扩张中心周围的地区，都会随着经济扩张中心地区基础设施的改善，从中心地区获得资本、人才等，并刺激、促进本地区的发展，逐步赶上中心地区。北京、天津的发展对周边地区产生抑制影响的主要原因是回波效应大于扩散效应。从人口结构上看，2010年北京人口为1 961.2万人，20～39岁年龄段的人口为855.7万人，占全部人口的43.6%[①]；同时，北京常住流动人口总数为704.5万人，20～39岁这一年龄段的常住流动人口为442.2万人，占全部流动人口总数的62.8%。这一数据表明，流动人口为北京提供了相对充足的青壮年劳动力。进一步分析流动人口的来源，可发现超过80%的流动人口来自东北地区、华北地区和中部地区。从省份来看，来自河北的流动人口为155.9万人，占北京全部流动人口的22.1%；来自河南的流动人口为98万人，占北京全部流动人口的13.9%；来自山东的流动人口为59.8万人，占北京全部流动人口的8.5%。根据上述数据估计，仅河北、河南、山东三省就为北京至少贡献了

---

① 数据来源于中国2010年人口普查资料。

约 197 万青壮年劳动力。因此，河北、河南和山东三省是受回波效应影响最大的三个省份，这与现实情况基本相符。这三省临近京津冀城市集群，受北京、天津快速发展的影响，大量的人才、资金从这三省向京津集聚，在很大程度上限制了它们的发展。考虑扩散效应，其影响范围有限，远小于回波效应的影响范围。这一点可以从京津远郊县与环京津贫困带的发展差距得到证明。据估计，京津扩散效应的覆盖范围大约为 50 千米，京津远郊地区如密云区（密云县）、昌平区（昌平县）、顺义区、通州区、房山区、大兴区、香河县等区县，紧跟京津发展步伐，近年来在基础设施建设、医疗卫生保障、教育资源等方面得到了根本性的提升，成为京津快速发展过程中受益最大的周边地区。反观京津发展的回波效应，从河北、河南、山东三省的发展情况来看，回波效应的覆盖范围至少为 300 千米，影响最大的地区基本处于北京半径 150 千米的范围之内，覆盖了环京津贫困带的大部分地区。因此，京津发展的回波效应大于扩散效应是形成环京津贫困带的主要原因。

区位因素导致环京津贫困带主要以生态抑制性贫困为主。生态抑制性贫困的内涵在不断地丰富和发展。最初，生态抑制性贫困来自对环境与贫困问题的研究，世界环境与发展委员会（World Commission on Environment and Development）1987 年发布的报告《我们共同的未来》提出："穷人为了生存被迫过度使用环境资源，而他们对资源的过度开采进一步造成贫穷。"这一时期生态抑制性贫困主要是指，对生态资源的过度开发导致生态环境被破坏，当生产能力被透支以后人们丧失了持续获得收入的机会，因此陷入贫困。接着，在此基础上有研究开始关注生态脆弱性和贫困的耦合关系，认为生态环境脆弱的地区，居民收入较低且严重依赖环境和对自然资源的直接利用（Reardon & Vosti, 1995），环境问题和贫困问题陷入恶性循环，费孝通（1987）的相关研究也证明了这一观点：生态环境相对脆弱的草原地区，居民主要依靠放牧和粗放型种植谋生，这二者均依赖环境并且直接利用自然资源，破坏性的生产活动打破了生态平衡并形成恶性循环，从而引发贫困问题。近年来，有学者（张佰瑞，2007）根据直接影响和间接影响将生态抑制性贫困的内涵拓展为直接性抑制和间接性抑制：直接性抑制指由于生态环境恶化导致区域经济发展条件恶化，最终使经济发展落后；间接性抑制是指一个区域在一个更大的区域经济发展带中处于生态屏障和生态涵养区的地位，从而限制了其资源的开发和利用，导致该区域出现累积性贫困。

环京津贫困带既有生态直接性抑制贫困，又有生态间接性抑制贫困，目前以间接性抑制贫困为主。根据国家发改委于 2017 年 2 月 3 日发布的《国家发展改革委办公厅关于明确新增国家重点生态功能区类型的通知》，河北省新增 22 个县（市、区）为国家重点生态功能区（见表 3-7），其中阜平、涞源、易县、曲阳等 11 个县（市、区）处于环京津贫困带的范围内。被划定为国家重点生态功能区的县（市、区）需要严格按照主体功能区定位谋划社会经济发展，强化生态保护功能，对其经济发展产生了重要影响：如张家口，承担着防固风沙、涵养水源的重要责任，张家口地区的资源开发和农业生产因此而受到很大的限制。为了保护官厅水库、密云水库的水质不受污染，政府关停了上千家污染相对严重的企业，对当地的经济发展产生了巨大影响。再如赤城县，实施生态保护工程以后，赤城县承担着防固风沙的重要责任，各项保护绿地、林地的措施对当地畜牧业产生了重要影响，据不完全估计，牲畜存栏量因此降低了 80% 以上。

表 3-7　　　　　　2017 年河北省新增国家重点生态功能区

类型	县（市、区）
水源涵养	灵寿县、赞皇县、青龙满族自治县、邢台县、阜平县、涞源县、易县、曲阳县、顺平县、蔚县、怀来县、涿鹿县、承德县、兴隆县、滦平县、宽城满族自治县
防风固沙	宣化区、阳原县、怀安县、万全区、赤城县、崇礼区

（三）京津冀协同发展背景下的减贫途径

2015 年 4 月 30 日，中央政治局会议审议并通过了《京津冀协同发展规划纲要》。纲要指出，推动京津冀协同发展是一个重大国家战略，核心是有序疏解北京的非首都功能，调整经济结构和空间结构，走出一条内涵集约发展的新路子，探索出一种人口经济密集地区优化开发的模式，促进区域协调发展，形成新增长极。在规划纲要中，对北京、天津、河北三省市的功能定位进行了说明，明确河北省是全国现代商贸物流重要基地、产业转型升级试验区、新型城镇化与城乡统筹示范区、京津冀生态环境支撑区。

按照《全国主体功能区规划》《京津冀协同发展规划纲要》的设定，环京津贫困带大部分属于生态环境支撑区，是北京、天津城市集群的生态屏障和生态涵养区，承担着京津冀都市圈重要的生态保育功能。在此背景下，环京津冀贫困带的脱贫路径要严格坚持与生态环境保护相结合的原则，以生态文明建设为主，探索出一条"绿水青山变金山银山"的可持续发展扶贫开发之路。

发展与生态环保相适应的特色农业产业是切实可行的扶贫措施。环京津贫困带的脱贫措施既要满足生态环保要求、实现生态涵养功能，又要提升农民收入、保障农户生计，发展特色农业产业是切实可行的脱贫措施。河北省大力发展特色农业，建立了无公害蔬菜、马铃薯、小杂粮、油菜、油葵等特色农业产业基地（见表 3-8）。从特色农业产业基地的分布情况来看，以环京津贫困带内的贫困县为主。通过发展生态农业、特色农业，不仅能够起到生态涵养、修复生态的作用，而且还能够带动当地经济发展，满足京津城市集群对农产品的需求，有效提升贫困县农户的收入水平。另外，建立特色农业产业基地，能够较好地促进农业集约化发展，能够有效沟通农业生产和市场，增强农业吸引资金的能力。

表 3 - 8　　　　　　　　河北省特色农业产业基地

基地类型	县（市、区）
无公害蔬菜	张北、康保、怀安、尚义、崇礼、沽源、围场、丰宁、承德、平泉、隆化、望都、易县、涞水等
马铃薯	张北、沽源、康保、尚义、怀安、围场、丰宁、隆化、平泉等
小杂粮	尚义、宣化、怀安、完全、沽源、蔚县、阳原、承德、围场、丰宁、隆化、平泉、阜平、唐县、望都、曲阳、顺平、涞源、涞水、易县等
油菜、油葵	沽源、张北、康保、尚义、丰宁、围场、曲阳等
果品	蔚县、阳原、宣化、承德县、平泉、隆化、丰宁、围场、涞水、涞源、易县、阜平、唐县、望都、曲阳、顺平等
奶牛	沽源、张北、康保、怀安、完全、宣化、丰宁、承德、围场、隆化、平泉、望都、顺平、曲阳、唐县等
生猪	宣化、万全、怀安、蔚县、阳原、丰宁、平泉、承德、易县、涞源、顺平、唐县等
肉牛	张北、沽源、康保、尚义、怀安、万全、宣化、阳原、丰宁、承德、围场、隆化、平泉、易县、涞水、涞源、曲阳、顺平、唐县等
肉羊	康保、尚义、怀安、阳原、宣化、丰宁、围场、隆化、易县、涞水、涞源、曲阳、唐县等
肉鸡	承德、丰宁、围场、平泉、康保、万全、怀安、蔚县等
食用菌	阳原、沽源、尚义、康保、蔚县、平泉、承德、围场、丰宁、隆化、唐县等
特色养殖	阳原、隆化、曲阳、易县、涞水、涞源、阜平、唐县、顺平等
中药材	蔚县、阳原、沽源、尚义、隆化、围场、平泉、丰宁、承德、涞源、易县等
黄花	沽源、张北、围场等
生态休闲农业	张北、丰宁、宣化、围场、涞水、涞源、承德、易县、顺平等

资料来源：兰传海．环京津贫困带扶贫开发研究［J］．经济研究参考，2015（2）：71-86.

　　建立特色农业基地具有明显的减贫效应。特色农业产业基地促进减贫的具体作用机制是：特色农业产业基地可促进地理标志产品的产生，从而推动当地特色农产品产业化，增强农产品的市场竞争力、提升农产品的价值，进而促进农民增收、减少贫困。地理标志产品不仅代表着高于一般产品的品质和信誉，而且还意味着更高的产品附加值。地理标志产品的产生，一方面需要农产品具有一定的"独特属性"，另一方面还要求农产品广泛包含文化和社会因素。因此，地理标志产品的产生存在一定的难度。但是，这种难度是相对于影响范围而言的，比如要产生一个在全国范围内具有影响力的地理标志产品，除了需要大力宣传、挖掘文化和社会因素以外，消费者还需要一定的时间接受并且认同该地理标志；如果仅是在某一地区（如京津冀地区）内形成某种特色地理标志产品，则具备一定的可操作性，比如"蓟县核桃""燕山板栗""北寨红杏""平谷大桃"等，特色地理标志产品的产生，能够有效推动农业产业转型升级、提升农产品的附加值，进而充分发展生态旅游、生态采摘等新型农业项目。

二、长江经济带的绿色崛起

长江经济带是指长江流域附近的经济圈，包括以成都、重庆为中心的上游成渝经济区，以武汉为中心的中游城市群和以南京、上海为中心的下游长三角地区，覆盖云南、四川、重庆、贵州、湖北、湖南、安徽、江西、江苏、浙江、上海共 11 个省（直辖市），面积约 205 万平方公里，承载了全国 42.8% 的人口并贡献了全国44.7% 的国民生产总值，具有独特的优势和巨大的发展潜力。

2016 年 3 月 25 日，中共中央政治局召开会议审议并通过了《长江经济带发展规划纲要》并于同年 9 月正式印发，确立了长江经济带"一轴、两翼、三极、多点"的发展新格局："一轴"是指以长江黄金水道为依托，发挥上海、武汉、重庆的核心作用，构建沿江绿色发展轴；"两翼"分别指沪瑞和沪蓉南北两大运输通道；"三极"是指长江三角洲、长江中游和成渝三个城市集群，充分发挥城市集群的辐射作用，形成三大增长极；"多点"是指发挥三大城市群以外地级城市的支撑作用，加强与中心城市的经济联系与互动，带动地区经济发展。

（一）长江经济带是我国经济发展的重要支撑

党的十八大以后，我国逐渐进入了经济新常态。为此，习近平总书记指出："我国发展仍处于重要战略机遇期，我们要增强信心，从当前我国经济发展的阶段性特征出发，适应新常态，保持战略上的平常心态。"进入经济新常态以后，我国面临着更加复杂的经济发展环境，亟须转变经济结构、推动行业企业转型升级，促进经济平衡、协调发展，把握经济工作的主动权。在经济新常态下，党中央谋篇布局，打造以"一带一路"、京津冀协同发展、长江经济带为引领的经济轴带，培育区域协同发展的增长极，充分发挥城市集群的辐射带动作用，描绘出了一幅经济可持续稳定增长的发展蓝图。长江经济带是"沿江横向经济轴带"，贯穿全国11个省（直辖市），是协调东部发达板块与中部、西南欠发达板块的区域协调战略经济带，能够有效推动中部地区产业结构转型升级，同时通过打造内河经济带激发西南地区的经济增长潜力。2014年9月12日，国务院发布《关于依托黄金水道推动长江经济带发展的指导意见》，指出，长江通道是我国国土空间开发最重要的东西轴线，在区域发展总体格局中具有重要战略地位，同时还指出了长江经济带的四个战略定位：一是具有全球影响力的内河经济带。构建现代化综合交通运输体系，推动沿江产业结构优化升级，打造世界级产业集群。二是东中西互动合作的协调发展带。统筹人口分布、经济分布与资源环境承载能力，提高要素配置效率，激发内生发展活力。三是沿海沿江沿边全面推进的对内对外开放带。加强与"一带一路"的衔接互动，将长江经济带打造成横贯中西、连接南北的开放合作走廊。四是生态文明建设的先行示范带。统筹江河湖泊生态要素，推进长江经济带生态文明建设，使长江经济带成为水清地绿天蓝的生态廊道。

因此，长江经济带是未来我国经济发展的重要增长极，是国民经济增长的重要支撑，具体来讲：

第一，长三角地区经济总量大、产业结构先进，能够发挥良好的带动作用。2016 年，上海、江苏、浙江三省（直辖市）地区生产总值共 15 万亿元，占全国 GDP 总量的 20.2%；三省（直辖市）人均 GDP 为 9.75 万元，大约是全国人均 GDP 的 1.95 倍，是我国重要的经济增长引擎。同时，长三角地区是我国主要的高新技术产业制造基地，通信设备、计算机及其他电子设备制造业十分发达，昆山、苏州等地已经形成了电子设备产业链和产业集群。在长江经济带协同发展的背景下，立足中、上游地区的比较优势，将高新技术制造业向中、上游扩散、转移，进而推动产业转型升级，形成新的增长极。

第二，长江经济带资源禀赋优势明显。长江经济带大部分地区光、热、水、土条件优越，全国九大商品粮基地中，太湖平原、江淮地区、江汉平原、鄱阳湖平原等六个商品粮基地位于长江经济带中，是我国重要的农业生产区域。同时，长江经济带劳动力资源十分丰富，根据第六次全国人口普查数据，长江经济带 11 个省（直辖市）15～59 岁人口共 3.9 亿人，具有明显的劳动力资源优势。

第三，长江经济带具有相对完备的现代化综合交通运输体系，区域竞争力强。目前，长江经济带已初步形成以黄金水道为依托，水路、铁路、公路、民航、管道等多种运输方式协同发展的现代化综合交通网络。根据《长江经济带综合立体交通走廊规划（2014—2020 年）》，到 2020 年长江经济带要实现 310 亿人客运量、270 亿吨货运量的交通运输量，届时将极大地增强区域经济活力和竞争力。

（二）贫困问题是长江经济带面临的严峻挑战

长江经济带是国民经济发展的重要支撑，但与此同时，也面临着巨大的困难与挑战：

一是沪宁城市集群与中、上游地区存在断崖式的发展差距。长江经济带横贯东西，从山地丘陵到高原平原，地形地貌差异决定了不同的经济发展水平：长江经济带 11 个省（直辖市）的平均城镇化率为 56.7%，基本与全国平均水平（56.1%）持平。长江经济带内部省份之间差异较大。2015 年,上海、江苏、浙江三省(直辖市)的平均城镇化率为 73.3%,云南、贵州、四川三省的平均城镇化率仅为 44.3%;在人均可支配收入方面,2015 年,上海、江苏、浙江三省的平均人均可支配收入为 3.83 万元,云南、贵州、四川三省的平均人均可支配收入为 1.54 万元,仅为苏浙沪三地的 40%。长江经济带上游区域和下游区域在城市建设、经济结构、民生保障等方面存在巨大差距,是长江经济带协调发展的挑战之一。

二是长江经济带面临着严峻的贫困问题。除了内部省份存在发展差异以外,长江经济带中上游区域分布着大量国家贫困县,面临着严峻的贫困问题。据统计,我国 592 个国家贫困县中,有 258 个贫困县分布在长江经济带中,占全部贫困县总数的 43.6%;长江经济带内有贫困人口 2 037 万人,占全国贫困人口 4 335 万人的 47%①。长江经济带覆盖秦巴山区、乌蒙山区、四省藏区、武陵山区、大别山区等 7 个连片特困地区,连片特困地区农村贫困人口达 1 518 万人,占全部连片特困地区农村贫困人口总数(2 182 万人)的 69.6%。因此,长江经济带扶贫开发工作面临着巨大挑战。

(三)发展农业是摆脱贫困的关键措施

习近平总书记在中央财经领导小组第十二次会议上强调:"推动长江经济带发展,理念要先进,坚持生态优先、绿色发展,把生态环境保护摆上优先地位,涉及长江的一切经济活动都要以不破坏生态环境为前提,共抓大保护,不搞大开发。"因此,长江经济带扶贫开发工作要坚持绿色发展理念,以农业开发为主,发展现代化农业,实现绿色崛起。

长江经济带作为我国重要的农业生产区域,农业发展潜力巨大。2005 年以来,长江经济带粮食产出稳中有升,主要作物产量持续增长,农产品种植结构有所变化,是我国重要的农业生产区域(见表 3-9)。长江经济带农业产出在 2005—2015 期间表现出两个

---

① 国家统计局 2017 年统计数据。

特征：一是粮食产量稳中有升。2005 年长江经济带粮食产量约为 2 亿吨，占全国粮食总产量的比重为 41.4%；2015 年长江经济带粮食产量增长至约 2.35 亿吨，较 2005 年增长了 17.5%，占全国粮食总产量的比重下降至 37.8%。其中，稻谷产量由 2005 年的约 1.2 亿吨增长至 2015 年的约 1.4 亿吨，增长了约 16.7%，尽管长江经济带稻谷产量占全国稻谷总产量的比重有所下降，由 2005 年的 68.3% 下降至 2015 年的 65.8%，但是长江经济带仍是我国稻谷主要产区。二是农业结构不断调整，经济作物比重不断上升。长江经济带是我国油料作物的主要种植区域，占全国总产出的 40% 以上，2005—2015 期间长江经济带油料产出从 1 450.9 万吨增长至 1 644.62 万吨，增长了 13.4%，占全国油料总产出的比重略微下降，由 47.2% 下降至 46.4%。蔬菜、烟叶、水果的产量大幅上升。蔬菜产量由 2005 年的约 1.9 亿吨增长至 2015 年的约 2.9 亿吨，增长了 52.6%，占全国总产量的比重由 34.2% 上升至 37.3%；烟叶产量占全国总产量的比重由 67.3% 上升至 70.6%，水果产量占全国总产量的比重由 23.1% 上升至 26.6%。由此可见，长江经济带在粮食作物产量稳步增长的基础上，调整了经济作物在农业产出中的比重，作为我国主要的农业生产区域，农业发展潜力巨大。

表 3 - 9　　　　　　　　　长江经济带农业产出情况

	产量（万吨）			占全国的比重（%）		
	2005	2010	2015	2005	2010	2015
粮食	20 019.3	21 345.0	23 472.7	41.4	39	37.8
稻谷	12 332.8	12 944.9	13 693.0	68.3	66.1	65.8
油料	1 450.9	1 443.5	1 644.62	47.2	44.7	46.4
蔬菜	19 327.0	23 102.8	29 316.5	34.2	35.5	37.3
烟叶	180.7	212.5	199.9	67.3	70.7	70.6
水果	2 038.3	3 307.9	4 642.0	23.1	25.7	26.6

资料来源：国家统计局。

打造地区特色农业产业，挖掘农业增长潜力是实现绿色崛起、摆脱贫困的有效途径。发掘农业的多功能性既能满足经济发展的需要，又能实现生态涵养、文化传承等功能，是实现农民收入可持续增长的有效路径。长江经济带具有良好的农业资源禀赋，通过立足区域的比较优势、重组农业生产要素、优化产业结构、塑造农业产业功能，实现农业绿色可持续发展，探索出一条长江经济带扶贫开发的绿色崛起之路。重庆市丰都县肉牛全产业链诠释了"绿水青山变金山银山"的发展逻辑，是长江经济带实现绿色崛起的一个缩影。丰都县地处三峡库区，承担着重要的生态涵养功能，具有保障国家生态安全的重大责任。因此，加强生态文明建设是丰都县经济社会发展的内在要求，通过全产业链开发，目前丰都县已经形成了集规模种草、饲料生产、良种繁育、生态育肥、粪污利用、精深加工、综合交易于一体的产业发展体系。不仅如此，丰都县以农业发展为主导，结合肉牛产业开发民俗文化旅游，建设三峡库区生态城、国际旅游文化名城。充分挖掘农业的多功能性是丰都实现农业可持续发展的内涵，是实现绿色崛起切实可行的发展路径。

（四）综合立体交通走廊是如期实现脱贫的硬件保障

完善的基础交通设施是经济发展的命脉，是区域经济一体化的前提，是带动贫困群众脱贫致富的先决条件。长江经济带中、上游区域贫困发生率普遍高于下游区域，一个主要原因就是前者的交通条件比后者差。正所谓"想致富，先修路"，要实现长江经济带协同发展，充分激发中部地区、西南地区的增长潜力，建设相对完善的综合立体交通走廊是前提。

国务院于 2014 年 9 月 12 日发布了《长江经济带综合立体交通走廊规划（2014—2020 年）》，指出，依托黄金水道推动长江经济带发展，需要在目前的基础上，建设更高水平的现代化综合交通运输体系（见表 3-10）。具体来讲，就是要以沿江重要港口为节点和枢纽，统筹推进水运、公路、铁路、航空、油气管网运输体系建设，打造网络化、标准化、智能化的综合立体走廊，提高黄金水道的辐射水平，带动腹地发展。综合立体交通走廊的建设，能够放大城市集群的辐射范围：加大对边远地区的交通建设力度，尤其是长江经济带内生态资源丰富的地区，如恩施、张家界、九寨沟、香格里拉等，有利于充分挖掘当地的生态资源，实现"既要绿水青山，又要金山银山"的转变；加大对城市交通枢纽的建设力度，一方面能够打通主要城市之间的联通障碍，实现互惠互利、共同发展，另一方面能够以省会城市为中心，以多个中小型城市为支撑，实现资源的高效配置，进一步释放城市增长潜力。

表 3-10　　　　　　长江经济带综合交通网发展目标

指标	2013 年	2020 年
一、内河航道里程（万公里）	8.9	8.9
高等级航道里程（万公里）	0.67	1.2
二、铁路营业里程（万公里）	2.96	4
高速铁路里程（万公里）	0.4	0.9
复线率（%）	49.8	60.7
电化率（%）	69.7	88.5
三、公路通车里程（万公里）	188.8	200
国家高速公路里程（万公里）	3.2	4.2
乡镇通沥青（水泥）路率（%）	97.9	100
建制村通沥青（水泥）路率（%）	84.7	100
四、输油（气）管道里程（万公里）	4.4	7.0
五、城市轨道交通营业里程（公里）	1 089	3 600
六、民用运输机场数（个）	74	100
七、长江干线过江桥梁（含隧道）数（座）	89	180

　　总而言之，实现长江经济带的绿色崛起，首要任务是解决 2 037 万贫困人口的脱贫问题，其核心是以生态文明建设为内在要求、坚持绿色发展，在建设现代化综合交通运输体系的同时，挖掘农业多功能性，探索农业发展新动能，实现贫困人口收入的可持续增长，确保贫困人口如期脱贫。

第四节 扶贫开发重要的理论创新：精准扶贫

2015年6月18日，习近平在贵州召开部分省区市党委主要负责同志座谈会时指出，消除贫困、改善民生、实现共同富裕，是社会主义的本质要求，是我们党的重要使命。改革开放以来，经过全国范围有计划有组织的大规模开发式扶贫，我国贫困人口大量减少，贫困地区面貌显著变化，但扶贫开发工作依然面临十分艰巨而繁重的任务，已进入啃硬骨头、攻坚拔寨的冲刺期。形势逼人，形势不等人。各级党委和政府必须增强紧迫感和主动性，在扶贫攻坚上进一步理清思路、强化责任，采取力度更大、针对性更强、作用更直接、效果更可持续的措施，特别要在精准扶贫、精准脱贫上下更大功夫。

一、党的十八大以来扶贫开发工作的困难与成就

习近平总书记2015年6月18日在于贵州召开部分省区市党委主要负责同志座谈会期间，听取了对"十三五"时期扶贫开发工作和经济社会发展的意见和建议，对改革开放以来扶贫开发工作的成就及现阶段面临的主要问题做了高度概括，并指示了未来扶贫开发工作的基本方略。党的十八大以来，我国经济社会发展进入转型时期，扶贫开发工作也逐渐进入啃硬骨头的阶段，为了适应转变、确保全面脱贫如期实现，党中央高瞻远瞩，进行了一系列的理论、制度创新，不断完善扶贫开发体系，坚决落实制度保障，探索出了一条以"精准扶贫"为基本方略，以"五个一批"为具体实现路径的扶贫开发路线，我国扶贫开发工作进入了新的历史时期。

（一）农村贫困人口脱贫是实现全面小康最艰巨的任务

"小康不小康，关键看老乡"，打赢脱贫攻坚战是全面建成小康社会的底线目标：到2020年，农村贫困地区要实现"两不愁三保

障"，即农村贫困人口不愁吃、不愁穿，保障义务教育、保障基本医疗、保障住房安全，届时要实现农村贫困人口全部脱贫，贫困县全部摘帽。

（二）回顾党的十八大以来的扶贫开发工作，减贫效果显著

2012 年全国农村贫困人口规模为 9 899 万人，占全国人口总数的 7.3%，我国进入扶贫开发工作"最艰难"的阶段①，减贫工作难度之大前所未有。尽管面临严峻的考验，我国扶贫开发工作还是取得了一系列成就：

一是全国农村贫困人口规模不断缩小。截至 2016 年，全国农村贫困人口规模为 4 335 万人，较 2012 年减少了 5 564 万人，平均每年脱贫人口达到 1 000 万人以上；从各省份的情况来看，贵州省减少的贫困人口最多，从 2012 年 923 万贫困人口下降至 2016 年 402 万贫困人口，减少了 521 万人。2016 年全国农村贫困发生率为 4.5%，较 2012 年的 10.2% 下降了 5.7 个百分点；从各省份的情况来看，除了贵州、云南、西藏、甘肃、新疆以外，其余省份的贫困发生率均降到了 10% 以下。

二是贫困地区②农村居民收入明显提升，生活质量显著改善。2016 年全国贫困地区农村贫困人口总数为 2 654 万人，较 2015 年减少了 836 万人，下降幅度达到 23.9%；从贫困发生率来看，2016 年全国贫困地区农村贫困人口贫困发生率为 10.1%，较 2015 年下降了 3.2 个百分点；在收入增长方面，2016 年全国贫困地区农村居民人均可支配收入为 8 452 元，较上年增长了 10.4%，其中工资性收入较上年增长了 12.7%；2016 年人均转移净收入为 2 021 元，较上年增长了 17.4%；在生活质量改善方面，全国贫困地区农村公共服务水平明显提升，2016 年贫困地区农村通宽带农户的

---

① 国际经验表明，当贫困人口数量占全国人口总数的比重下降到10%以下时，减贫工作将进入最艰难的阶段。

② 贫困地区包括集中连片特困地区、片区外的国家扶贫开发工作重点县，共832个县。

比重较上年提高了 8%，能集中处理垃圾的农户的比重较上年提升了 7.6%，能够便利地上幼儿园的农户的比重较上年提升了 3.6%，贫困地区农村人居环境明显改善。

三是连片特困地区贫困人口大幅减少，扶贫效果突出。连片特困地区是扶贫开发工作的重点区域，2016 年全国 14 个连片特困地区贫困人口数量为 2 182 万人，较 2015 年减少了 693 万人，下降幅度达 24.1%；2016 年全国 14 个连片特困地区贫困发生率为 10.5%，较上年下降 3.4 个百分点。从各片区来看，罗霄山区和西藏脱贫效果最为显著，贫困人口减少幅度分别达到了 28.2%、28.9%；除此之外，秦巴山区、武陵山区、乌蒙山区、大别山区贫困人口的减少幅度都超过了 25%。在收入增长方面，2016 年全国 14 个连片特困地区的人均可支配收入为 8 348 元，较上年增长了 10.9%，高于全国农村居民收入增长率 2.7 个百分点。

（三）尽管取得了辉煌的成绩，但扶贫开发仍然面临巨大挑战

扶贫开发工作已进入攻坚克难的阶段，一些潜在问题也逐渐暴露在实践过程中。

第一，贫困人群收入实现可持续增长是一大难题。《中共中央国务院关于打赢脱贫攻坚战的决定》明确，"十三五"时期要实现贫困地区农民人均可支配收入增长幅度高于全国平均水平。这要求贫困地区农村居民收入实现可持续增长，但从现在的数据来看，贫困地区农村居民可支配收入的增长主要来自转移净收入的增长，如果剔除转移净收入的贡献，仅靠工资性收入和经营性收入的增长难以实现可支配收入持续增长。如果贫困人群的收入无法实现可持续增长，那么其贫困脆弱性将大大提高，未来随时可能再度陷入贫困。因此，如何实现贫困人群收入可持续增长，是未来扶贫开发工作所面临的一大难题。

第二，政府单方面扶贫后继乏力，需要多种社会主体参与、形成合力。政府是扶贫开发的主力军，是贫困地区实现脱贫的外源拉力，但是随着扶贫开发工作的不断推进，政府投入产生的"边际效

益"不断降低，需要刺激贫困地区和贫困人群产生内源推力以消化扶贫资源。市场、社会具备高效配置资源的能力，有助于在贫困主体内部形成内源推力、提升扶贫效率。因此，如何打破政府、市场和社会的扶贫边界，是深化精准扶贫需要探索的重要问题之一。

因此，为了实现贫困地区农村人口脱贫，党中央做好了顶层设计，建立了精准扶贫工作机制，强调"七个强化""五条经验"，严格落实脱贫攻坚报告制度、责任制度、考核制度等保障性制度，坚决完成农村人口脱贫这一最艰巨的任务，保障全面小康如期实现。

二、精准扶贫是打赢脱贫攻坚战的基本方略

2013 年 11 月，习近平总书记在湖南省花垣县排碧乡十八洞村考察时首次做出了"实事求是、因地制宜、分类指导、精准扶贫"的重要指示；2014 年 1 月，中共中央办公厅、国务院办公厅联合印发《关于创新机制扎实推进农村扶贫开发工作的意见》，明确提出要建立精准扶贫工作机制，切实做到扶真贫、真扶贫，确保在规定的时间内达到稳定脱贫的目标；2014 年 3 月，习近平总书记参加两会代表团审议时强调"要实施精准扶贫，瞄准扶贫对象，进行重点施策"，进一步阐释了精准扶贫理念；2015 年 1 月，习近平总书记在云南考察时再一次指出"要以更加明确的目标、更有力的举措、更加有效的行动，深入实施精准扶贫、精准脱贫，项目安排和资金使用都要提高精确度，扶到点上、根上，让贫困群众真正得到实惠"；2015 年 10 月，习近平主席在"2015 年减贫与发展高层论坛"的主旨演讲中指出，"中国在扶贫工作中采取的重要措施，就是实施精准扶贫方略，找到'贫根'，对症下药，靶向治疗"。

精准扶贫是打赢脱贫攻坚战的基本方略，为落实精准扶贫战略，习近平总书记提出了"六个精准"的要求，即扶持对象精准、项目安排精准、资金使用精准、措施到户精准、因村派人精准、脱

贫成效精准。"六个精准"是落实精准扶贫的本质要求，是深入实践精准扶贫方略的核心和关键。

扶持对象精准，要求健全贫困人口识别机制。《关于创新机制扎实推进农村扶贫开发工作的意见》指出，国家制定统一的扶贫对象识别方法，各省（自治区、直辖市）在已有工作的基础上，坚持扶贫开发和农村最低生活保障制度有效衔接，按照县为单位、规模控制、分级负责、精准识别、动态管理的原则，对每个贫困村、贫困户建立档案卡，健全全国扶贫信息网络系统。

项目安排精准，要求实现因人施策、因户施策。明确致贫因素是实现项目安排精准的前提。据数据显示，疾病、缺资金、缺技术、缺劳动力是致贫的主要因素，其中因病致贫的农户的比重为42.1%，因缺资金致贫的农户的比重为35.5%。因此，根据贫困户档案卡的数据资料，分析每一个贫困户的致贫因素，采取具有针对性的帮扶措施，能够大幅提高扶贫资金的使用效率，确保扶贫措施达到效果。

资金使用精准，要求完善扶贫资金使用方式。要做到项目安排精准，做到因人施策、因户施策，就必须建立灵活的资金使用制度，要求基层政府做到：第一，找准贫困对象，将扶贫资金输送到最需要的地方；第二，找准贫困原因，制定具有针对性的帮扶措施，提高脱贫效率；第三，加强对扶贫资金的监管，要以公平、公正、公开的原则分配和使用扶贫资金。

措施到户精准，要求提高扶贫措施的脱贫效率。措施到户精准实际上是解决扶贫效果的问题，即识别了贫困户、提出了扶贫措施以后，如何落实的问题。现在普遍存在一个现象，即扶贫措施确实到户了，但是效果很差。这是因为贫困户在技术、资金、理念、市场信息等方面存在缺陷，扶贫措施没有真正在贫困户内"落地生根"，因此地方政府在保障措施到户精准的过程中，尤其要注意贫困户个人素质的提升，确保扶贫措施产生效果，提高扶贫到户的效率。

因村派人精准，要求发挥干部协调资源的能力。因村派人精准要求基层政府做到：第一，因村精准选派，根据各个贫困村的现实情况选派"对口"干部，如贫困村基础设施建设薄弱，则应该重点选派交通、财政方面的干部；第二，因人精准选派，通盘考虑领导班子结构，组建年龄结构合理、人员专长互补的团队，夯实精准扶贫工作队伍的力量。

脱贫成效精准，要求保障贫困人口"真脱贫"。要在扶贫开发过程中，切实发挥贫困人群的主观能动性，避免采取揠苗助长的方式搞"表面脱贫"，着力提高贫困人群的参与度，推动贫困人群收入实现可持续增长，切实保证脱贫质量，保障贫困人口"真脱贫"。

"六个精准"是落实精准扶贫的内在要求，"五个一批"则是实现精准扶贫的具体措施。

习近平总书记强调，解决好"怎么扶"的问题，要按照贫困地区和贫困人口的具体情况，实施"五个一批"工程，即发展生产脱贫一批、易地搬迁脱贫一批、生态补偿脱贫一批、发展教育脱贫一批、社会保障兜底一批。"五个一批"充分体现了因地制宜、分类施策的科学扶贫思想，具体来讲：

第一，采取易地搬迁脱贫措施的主要是西北偏远地区。这些地区具有一些共同特征，概括起来为"六难"，即种地难、吃水难、上学难、就医难、交通难和娶亲难。想要在这些地区实现消除贫困的目标，只有选取生态环境更加优良的地区实施易地搬迁，从根本上消除贫困。第二，虽然采取扶持生产、就业的脱贫措施能够立竿见影，但需要资金支持。习近平总书记已调研的 16 个贫困地区中，有 8 个地区采取了扶持生产和就业的方式摆脱贫困。如湖南凤凰廖家桥菖蒲塘村，在政府资金的支持下建立了生态水果产业基地，开展葡萄、柚子、猕猴桃等高附加值经济作物种植，极大地拓宽了农民的增收渠道，从根本上解决了农民创收难的问题。第三，采取教育扶贫，扶贫周期长但"功在当下，利在千秋"。习近平总书记高度重视教育扶贫，在多次重要会议上强调教育对于扶贫开发的重要性，他说"发展乡村教育，让每个乡村孩子都能接受公平、有质量的教育，阻止贫困现象代际传递，是功在当下、利在千秋的大事。"但是具体到实践中，教育扶贫存在以下困难。首先是投入资金大，扶贫周期长。教育投入是一项系统工程，涉及面广，完善教育系统需要健全的基础设施建设以及相对充足的人力资源投入，对于多数贫困地区来说心有余力不足。其次是现阶段教育体系建设正处在摸索阶段。乡村教育目前面临着向县级层面整合的趋势，完善乡村教育面临着来自人力、物力、资金等多方面的约束，各地乡村教育发展停滞不前。第四，低保兜底是消除贫困的最后一道防线。对于老弱病残等缺乏谋生手段的贫困群众，低保兜底是保障其基本生活水平的主要手段，是实现全面脱贫的最后一道防线。

第四章

反贫困的中国经验：经济增长与区域均衡

　　经济增长是中国大规模减贫的主要推动力。中国在摆脱贫困的道路上取得了举世瞩目的成就，1978年，中国农村贫困人口为7.7亿人，到2015年，贫困人口减少为5 575万人，根据2010年农民年人均纯收入2 300元的扶贫标准，我国贫困人口减少了92.8％。这不仅仅是中国扶贫工作的卓越成就，更是中国为世界减贫战略作出的杰出贡献。

　　进入21世纪后，中国经济增长对减贫的边际贡献逐步递减。改革开放后，由于各地自然条件如地理结构、气候变化、地缘区位、资源禀赋的差异，造成了中国经济重心向更具有区位优势的东部沿海转移，在国家"鼓励一部分地区、一部分人先富起来"的政策的作用下，沿海地区经济得到了快速发展，经济增长对大规模减少贫困作出了巨大的贡献。随着中国经济总量的增大，也产生了贫困问题上的新挑战。由于收入结构变化滞后于经济增长，劳动要素、资本要素自发性地向第二、三产业流动，向沿海地区流动，造成了城乡间、区域间的不均衡，产生了贫困。但是，区域经济发展失衡，是经济发展的一个客观结果，不以人的意志为转移。世界上任何经济体在追求经济效率的同时一般都会产生贫困，这也符合库兹涅茨所描述的贫困和经济增长的倒 U 形关系。中国改革开放 40 年以来，在经济发展的同时也通过反贫困制度供给（如财政转移支付制度、精准扶贫以及强农惠农富农政策）进行收入再分配，缓解区域间发展的不平衡性。

政策供给一定程度上缓解了区域经济发展的失衡，用"看得见的手"弥补了市场经济的不足。在贫困和低收入地区，政府通过"看得见的手"把经济增长的蛋糕以政府转移支付的方式进行再分配，减贫效应非常显著。政府转移支付可通过民生类的政策和产业型政策来实现。在民生政策上，政府在农村实行了全面低保政策、新型农村合作医疗、新型农村合作保险，在多个社会保障领域取得了长足进步。在产业政策上，农业补贴、农村金融、新型经营主体扶持、美丽乡村建设等政策不断健全和完善，对农民脱贫致富起到了巨大的作用。

党的十八大以来，习近平总书记提出的精准扶贫已经成为新阶段扶贫开发最鲜明、最重要的特征，是带有方向性意义的重大改革。这种更具针对性、更为精确的扶贫方式必然会成为中国最重要的扶贫方式。国家以建档立卡的方式，将贫困户的致贫因素记录在案，再通过动态管理和精确考核调整贫困人口。精准扶贫对未来中国农村的减贫有着重大意义。

第一节　中国经济增长与反贫困成就

中国经济增长主要通过两条路径推动脱贫致富：一是经济增长提高人均收入水平，提供就业机会，从而减少绝对贫困；二是中国经济增长为政府提供税收和财力，政府通过再分配手段保障中低收入群体和弱势群体的生活水平，通过财政转移支付缩小城乡之间、地区之间收入差距。

一、中国经济增长对反贫困的贡献

（一）中国经济腾飞的相关理论回顾

关于中国经济增长奇迹的研究有很多，不同学者从不同方面对中国经济起飞的原因进行了总结。例如林毅夫（Justin Lin，1990、1991）等从中国市场化改革和包产到户着眼，分析了中国经济起飞的制度原因和内在逻辑，目前其又从新结构经济学视角出发，强调了政府产业政策和有为政府的重要意义。许成钢、钱颖一等人强调了财政分权、保护市场的联邦主义（MPF）对中国经济的影响，认为中国的制度和转型具有特殊性，影响了各地经济的发展状况，形成了区域间竞争。薄智跃（Zhiyue Bo，1996），马斯金（Maskin，2000），周黎安、李洪彬（2005），姚洋（2015）等人认为政治晋升的地区经济激励导致地方政府的市场分割和地方保护主义行为，并可能会影响地区间的转移支付。张五常、周黎安强调了中国县域间竞争对中国经济发展的重要意义，认为各地政府争相发展经济是经济起飞的驱动力。中国经济过去 40 年的高增长为中国反贫困事业提供了前提和物质保障，改善了贫困人口的基本生存状况和生活条件。

（二）中国反贫困的主要成就

《中国扶贫开发报告 2016》显示，中国农村贫困人口从 1978 年的 7.7 亿人减少到 2015 年的 5 575 万人，减少了 92.8%。《中国扶贫开发报告 2016》认为中国在"十三五"期间的脱贫攻坚应该以精准扶贫、精准脱贫为核心，提高扶贫对象的能力，提倡授人以渔的扶贫方式，发挥政府、社会以及市场三方的力量，实施全面、协调、可持续的减贫战略。

从表 4-1 中，我们可以看出 2010—2016 年全国贫困人口人数

以及发生率产生了巨大变化，扶贫标准的不断提高也从侧面证明了
我国贫困人口生产和生活条件的改善，中国的贫困人口不断降低，
从 2010 年的 1.656 6 亿人减少到了 2016 年的 1 240 万人。贫困发
生率也从 17.27% 下降到了 4.5%，这充分说明了我国反贫困战略
的巨大成功。

表 4-1　　　　2011—2016 年全国农村贫困人口数据及发生率

年度	标准 （元）	当年贫困人口减少 （万人）	年底贫困人口 （万人）	贫困发生率 （%）
2010	2 300	—	16 566	17.27
2011	2 536	4 328	12 238	12.70
2012	2 673	2 339	9 899	10.20
2013	2 736	1 650	8 249	8.50
2014	2 800	1 232	7 017	7.20
2015	2 855	1 442	5 575	5.70
2016	2 952	1 240	4 332	4.50

资料来源：国家统计局、国务院扶贫办网站。

从图 4-1 中，我们可以看出 1978 年至今，中国经济一直处在
高速增长阶段，1978 年中国 GDP 总量为 3 645 亿元，到 2016 年
GDP 总量达到 676 707 亿元。中国经济的快速增长说明了人民的
生活水平、社会保障水平得到显著提高，为国家减贫事业打下了坚
实的基础。

（三）农村扶贫开发稳步推进

中国农村地区目前已经成为脱贫攻坚的主战场。一是中国农村
贫困人口大幅减少，贫困发生率降低。二是中国农村实现了新农
合、新农保全覆盖。三是中国义务教育不断普及，基础设施建设持
续完善，农村及广大偏远地区陆续通电、通路。四是中国农村人均
收入持续提高，人均可支配收入增速长期快于城市。

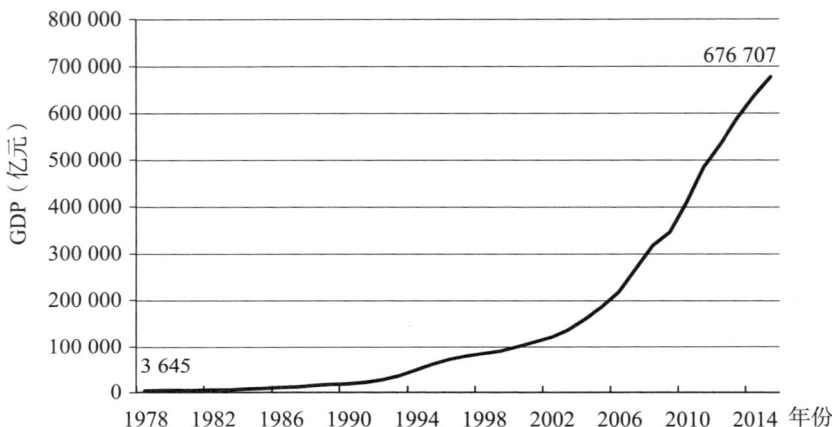

图 4 - 1　1978—2016 年 GDP 总量

　　2016 年，我国国民经济保持了总体平稳、稳中有进、稳中有好的发展态势。据国家统计局初步核算，2016 年全年国内生产总值达 744 127 亿元，比上年增长了 7.4%。农村居民人均可支配收入为 12 363 元，相对于上一年的 11 422 元，增长了 8.2%。2016 年农村贫困人数为 4 335 万人，比 2015 年下降了 1 240 万人，下降幅度为 22.2%，贫困发生率为 4.5%，比上年下降了 1.2 个百分点，农民生活显著改善。

　　改革开放以来，中国农村地区减贫取得了辉煌成就。1978 年以来，中国农村地区贫困发生率从超过 30% 下降到了 5% 以下，基本实现了消除贫困的目标。随后，中国政府毅然提高了贫困人口和贫困发生率的标准，将脱贫工作从消除绝对贫困变为消除相对贫困，给政府工作加担子，为中低收入居民谋福利。在此背景下，新口径下的中国贫困人口超过 7 000 万人，农村地区贫困发生率超过 10%。这是党和政府对人民的庄严承诺，也为中国的减贫工作带来了新的空间。1978—2014 年中国农村地区贫困发生率情况见图 4 - 2。

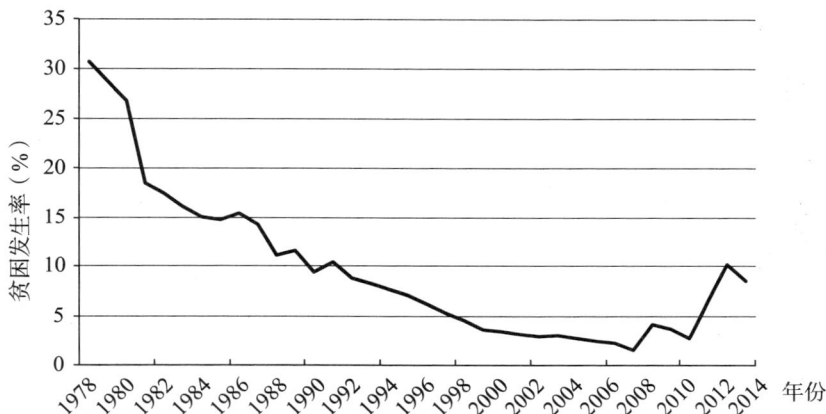

图 4-2　1978—2014 年中国农村地区贫困发生率

资料来源：历年《中国统计年鉴》《中国住户调查年鉴》。

　　从脱贫致富角度看，农村居民家庭人均纯收入常年增速保持在 10％以上，高于中国经济增速和城镇居民家庭人均可支配收入增速，城乡相对差距逐步缩小。

　　如图 4-3 所示，城镇居民家庭人均可支配收入和农村家庭人均纯收入在 1978—2014 年期间呈持续上升趋势，1978 年农村居民家庭人均纯收入约为 134 元，城镇居民家庭人均可支配收入为 343 元，到了 2015 年，城镇居民家庭人均可支配收入达到 31 195 元，农村居民家庭人均纯收入为 11 421 元。在这 37 年中，城镇与农村收入的年平均增长速度基本保持一致。

二、经济增长与反贫困关系的再平衡

　　经济发展会对反贫困工作带来巨大助力，新时代下，如何进一步提升经济发展在精准扶贫工作中的作用值得研究和思考。

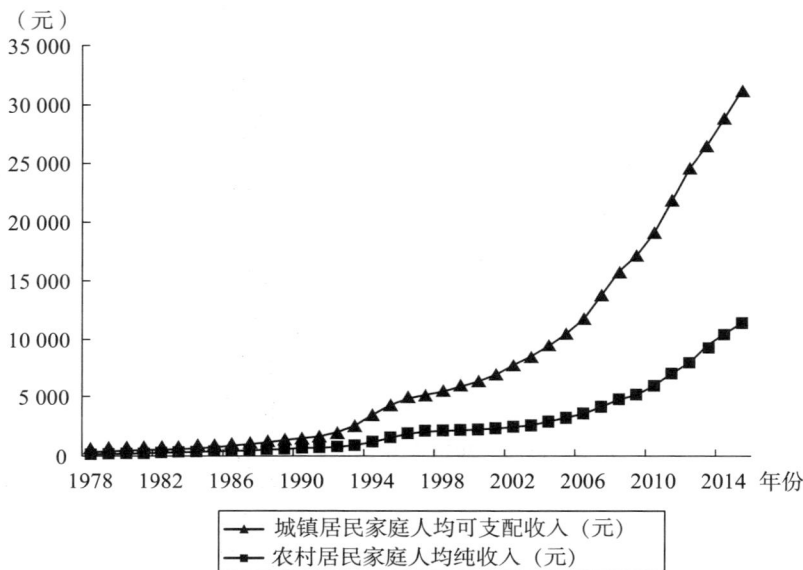

图 4-3　中国城镇与农村家庭人均可支配收入情况

注：2013 年前农村居民收入数据来源于独立开展的农村住户抽样调查。

资料来源：国家统计局。

改革开放以来，在党的带领下，我国经济发展取得了辉煌的成就。但进入 21 世纪后，经济增长对减贫的作用在逐步递减。经济发展过程中，资本、劳动力、技术从第一产业向第二、三产业的转移，工业部门的迅速膨胀，城乡区域差距不断扩大，产生了城乡间的失衡。而资源禀赋等自然地理条件和国家倾向沿海地区的发展策略的共同作用造成了地区间的失衡。不同区域的非均衡发展产生了贫困现象，种种矛盾都在追求经济效率的过程中凸显，但这既是经济发展的客观规律，不以人的意志为转移，也是发展中国家尤其是中国这类地区禀赋差异巨大的国家所面临的巨大挑战。

　　解决区域失衡问题实际上就是解决收入分配不平等带来的贫困问题，反贫困不再仅仅是满足人民日益增长的生产生活需要的问题，还是解决收入增长带来的收入差距不断加大的问题。就此，中国进行了战略上的调整，如西部大开发、振兴东北老工业区、分税制改革后建立起的中央财政转移支付制度以及精准扶贫，都是为了解决区域间发展失衡引起的收入分配不平等问题，也就是贫困问题。

　　中国在面对区域发展失衡问题时进行了多方面、多维度的重大战略调整，在改革开放初期中国实施了西部大开发、振兴东北老工业区等战略，在 1994 年更是建立了纵向的中央转移支付制度、横向的东中部地区对口支援政策，在解决地区间发展失衡问题上取得了辉煌成绩。再者，早期农村以工农业剪刀差的形式向国家纳税，将剩余补贴给城市。随着经济的发展，城乡差距不断扩大，国家为解决对农村的历史欠账问题、增进农民福利，相继出台了许多利农惠农富农的政策。

　　改革开放以来，党中央在保障国民经济中高速增长的同时，也致力于消除地区间的发展失衡及由此带来的贫困问题。为兼顾整体经济增长与消除区域贫困两大目标，国家试图通过不同的机制逐步缓解、消除二者之间的矛盾。

第二节　区域发展失衡是扶贫开发的新课题

　　发展不平衡是中国区域发展中所面临的问题，中国东、中、西部地区之间的差距也是长期存在的，东、中、西部地区地势呈三级阶梯状由西向东逐步下降延伸向海洋，而经济发展水平则由东向西逐步下降，地区间的差异也十分明显，东部地区经济发展水平远高于中西部地区，如长三角、珠三角、环渤海城市群的经济发展水平远高于内陆地区，在 2015 年，江苏省的地区生产总值为 70 000 亿元，而新疆同年的地区生产总值为 9 300 亿元，江苏省的地区生产总值是新疆的七倍有余，并且差距是逐步扩大；当然，沿海地区内部之间、城镇与农村间也存在着失衡，这是众所周知的事实。

一、中国区域发展失衡的主要特征

（一）东、中、西部地区间发展失衡

改革开放最大的经济成就在于构建了中国特色社会主义市场经济体系，改革是通过以市场机制替代以往的计划机制逐步实现资源的最优配置的，改革开放最大的经济特征就是市场化。东、中、西部地区地理环境、气候条件、地缘位置以及资源禀赋的不同是发展失衡的客观原因，在改革开放的大背景下，在非均衡发展战略指导下，国家的发展重心必然向各方面条件更有利于经济发展的沿海地区转移，这也造成了东、中、西部地区间的失衡。2015 年东部地区 GDP 约占全国 GDP 的 58%，而中部地区 GDP 不到东部地区的一半，西部地区 GDP 更低。例如，沿海地区的上海、中部地区的湖南以及西部地区的新疆之间经济发展水平就存在很大的差距，并且差距在逐步扩大。可以江苏、湖南、新疆为例进行说明。

2000 年，江苏的生产总值为 8 553.7 亿元，湖南为 3 551.5 亿元，新疆为 1 363.6 亿元，江苏的生产总值是湖南的 2.4 倍，是新疆的 6.3 倍，并且差距在不断拉大。2015 年，江苏的生产总值为 70 116.4 亿元，湖南为 29 047 亿元，新疆为 9 324.8 亿元。虽然江苏的生产总值仍为湖南的 2.4 倍，但是两省生产总值的差距从 5 002.2 亿元扩大到了 41 069.4 亿元。江苏与新疆相比较，二者生产总值之比更是提高到了 7.5 倍（见图 4-4）。

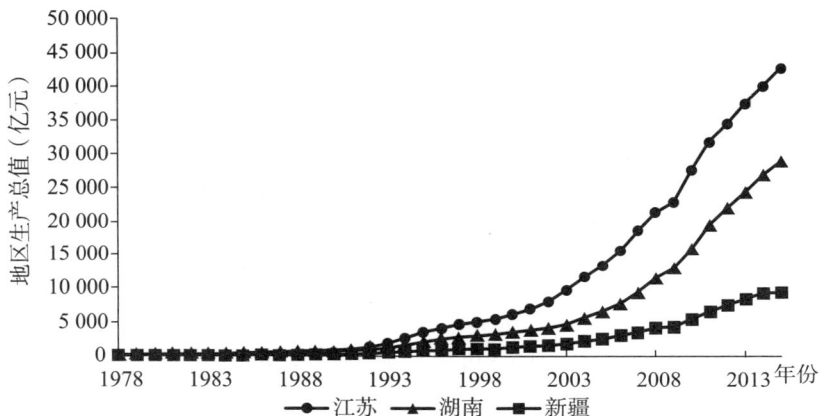

图 4-4 江苏、湖南、新疆的地区生产总值

资料来源：历年《中国统计年鉴》。

如图 4-5 所示，2000 年江苏的人均 GDP 为 11 765 元，超过全国的人均 GDP，湖南为 5 425 元，新疆是 7 372 元，江苏的人均 GDP 远远高于其他两地。不同地区人均 GDP 差距仍然较大。

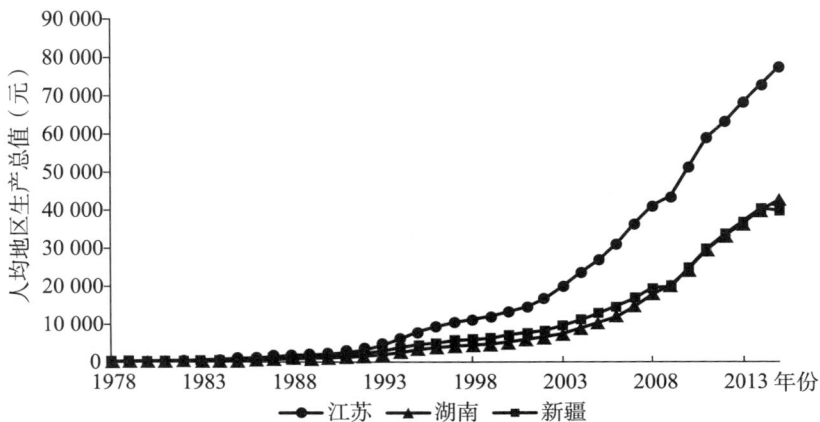

图 4-5 江苏、湖南、新疆的人均地区生产总值

资料来源：历年《中国统计年鉴》。

（二）省内发达地区和欠发达地区

同一个行政区域内仍然存在发达地区与欠发达地区，即使是沿海地区，其内部也存在着差异，并且差异也较为明显。例如江苏省的苏南地区与苏北地区，苏南地区（苏州、无锡、常州、南京、镇江）作为江苏省经济发展的主要推动力，以仅占全省四分之一的土地贡献了全省50%以上的生产总值。

从图4-6中可以看出，2000—2015年苏南、苏北地区生产总值呈上升趋势。2000年苏南地区的生产总值为4 815亿元，苏北地区为1 878亿元，苏南地区的生产总值仅为苏北地区的39%，两地生产总值的差距为2 937亿元，并且差距在逐年扩大，在2015年，两个地区间生产总值的差距已经扩大到24 954亿元。

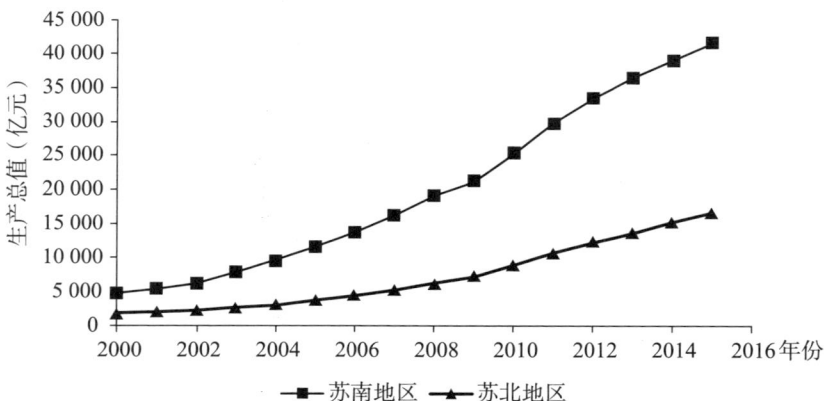

图4-6 苏南/苏北地区生产总值

资料来源：历年《中国区域经济统计年鉴》《江苏统计年鉴》。

从图4-7中可以看出，2000—2015年，苏南、苏北地区人均生产总值呈上升趋势。2000年，苏南地区人均GDP为23 185元，苏北地区为6 166元，2015年，苏南地区的人均GDP达到了12.58万元，整整比苏北地区高出了7万元。两地区之间存在巨大的差距，并且随着时间的推移，这一差距有进一步扩大的趋势。

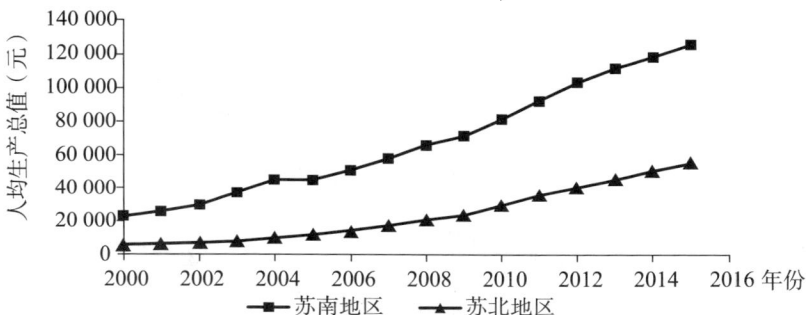

图 4 - 7　苏南/苏北地区人均生产总值

资料来源：历年《江苏统计年鉴》。

（三）城镇和农村地区间的发展失衡

中国城镇与农村地区间的经济失衡是普遍存在的。改革开放前，工农业剪刀差使农村剩余向城市部门、工业部门转移，城乡户籍制度限制了农村劳动力向更高的产业流动。在二者共同作用下，农业省份普遍落后，农村人均收入提高缓慢。

从图 4 - 8 中可以看出，2000—2015 年城乡人均收入呈上升趋势。2000—2001 年，农村居民人均可支配收入的增速为 5%，城市居民人均可支配收入的增速为 9.2%，2001—2002 年，农村居民人均可支配收入的增速为 4%，城市居民人均可支配收入的增速为 12.2%，农村居民人均可支配收入增速还降低了一个百分点。从平均每年的增长情况（年均可支配收入增速）来看，2000 年到 2015 年，城镇居民的年均可支配收入增长速度为 11.2%，而农村居民的年均可支配收入增长速度为 11.4%，我们不能因为农村和城市的增长率基本持平就认为中国已经完成了扶贫，因为农村居民人均可支配收入基数小，它天然就应该获得更高的增速、更大的扶持才能实现区域均衡。在基数这么小的情况下，人均可支配收入的增长和城市保持一致，显然其绝对差距是在不断扩大的。

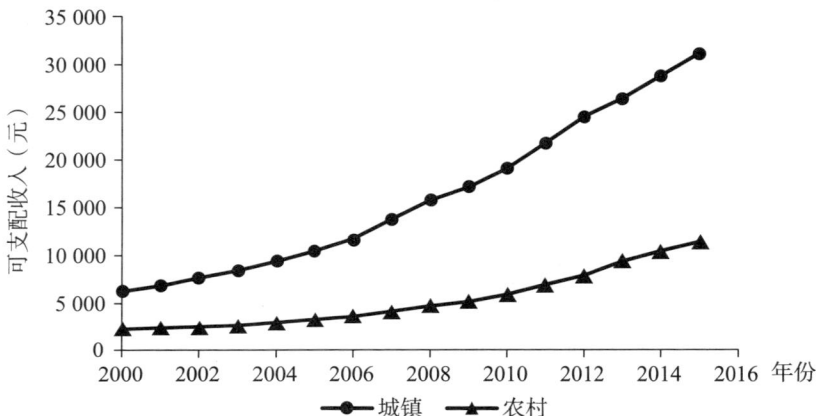

图 4 - 8　城乡人均可支配收入

注：2013 年以前，城镇地区为人均可支配收入，农村地区收入指标为人均纯收入；2013 年以后，由于城乡一体化改革，农村和城镇地区人均可支配收入指标发生了变化，此处数据为新口径。

资料来源：国家统计局网站。

二、中国区域发展失衡的内在原因

中国是世界上最大的发展中国家，在过去的 40 年间进行了世界范围内最为宏大的市场化改革，再加上中国悠久的历史和复杂的地理因素，以及中华人民共和国成立以来一系列的遗留问题，导致中国区域失衡的原因异常复杂。我们必须强调的是，在发展经济学的范畴内，后进国家在某一特定历史时期随着经济发展和人均生活水平的提高产生地区间的失衡是经济发展的一大客观规律。因此，这里将从自然因素、制度因素等方面分析导致中国地区间失衡的主要原因。

（一）自然因素造成了区域经济实力差异

中国是一个传统的农业大国，不同地域之间在地缘位置、气候环境、地形地貌和资源禀赋上存在着差异，这是区域发展失衡的客观原因。

中国地势西高东低向海洋倾斜，呈三级阶梯状。三级阶梯由西向东，第三级阶梯（东部地区）是中国大陆向海洋自然延伸的部分，是中国的近海大陆架，它包括渤海、黄海的全部，还包括东海的大部分海域以及南海的部分海域。第三级阶梯是以冲积平原为主，降水充沛，向西有着密布的河网，沟通了中国东西部的交通，有利于沿海地区与内地的经济联系，第三级阶梯向东是太平洋，由此也奠定了中国国际贸易大国的区位优势。中西部地区虽然地势辽阔，面积占全国面积的 60% 以上，但是其中沙漠、高原占中西部地区的 60% 以上，不适合农业、工业的发展。其中，以黄土高原、云贵高原、塔克拉玛干沙漠最为典型。黄土高原的黄土土质疏松，水土流失十分严重，在河流与地下水的浸泡后极易出现大型的山体滑坡，这是中国生态环境最脆弱的地区，水旱灾害频繁，农业基础差，当地居民生活贫困。云贵高原上广泛分布的石灰岩长期受流水的溶解侵蚀，地面没有漏斗，地下多溶洞、地下河等，地势极为复杂，不利于农业耕种，并给水库修建等基础设施建设增添了困难。塔克拉玛干沙漠是中国最大的沙漠，面积达 33 万平方公里，在平均年降水不超过 100 毫米的情况下年平均蒸发量高达 2 500～3 400毫米，不适合人类居住。西部地区南北走向的横断山脉，由许多平行山脉组成，地势由北向南逐渐降低，山高谷深的地势结构极大地阻碍了东西交通。通过对东、中、西部在地形、气候、水域上的比较，我们可以明显地发现东部地区在自然地理条件上的优势，这是造成区域发展失衡的客观原因，中国的 14 个特困连片地区都位于自然资源匮乏地区。

再者，区域间资源禀赋的不均衡也导致经济发展不平衡。中国自然资源种类丰富，数量较多，但是分布极为不均衡，以水资源、矿产资源以及化石能源尤为突出。中国南部地区是亚热带季风气候，相较于北部的温带季风气候，南部降雨量远大于北部，再加上南部多大江大河，南部水资源丰富程度远高于北部。有色金属主要分布在南方，铁矿主要在北方。而化石能源则主要分布在东部与西部。资源分布不均衡客观上决定了区域间发展的不均衡。

（二）制度因素部分加剧了区域间的发展失衡

1. 计划经济政策催生了地区间的发展失衡

改革开放前，中国农村与城市间普遍存在城乡差距，工农业剪刀差以及户籍制度是城乡差距产生的主要原因。中国城乡之间的户籍制度严重束缚了农业和农村的发展，造成了就业人口无法在企业、行业、地区之间进行转移，造成了农村人均收入提高缓慢的事实。而工农业剪刀差将农业部门的绝大多数剩余留在了工业部门和城市部门，完成了工业部门的原始积累，也使得中国农业省份发展普遍落后。

再加上计划经济时期各地产业结构出现了一定程度的失衡，扩大了地区间的收入差距。例如，东北地区形成了国家重工业基地，工业化和现代化起步较早，而河南等地缺乏工业投入，长期成为中国的粮仓和粮食调出大省，严重制约了当地经济发展。再如湖北省，获得了东风汽车厂的十堰市发展迅速，迅速和周边地区拉开差距，人力物力迅速向十堰市集中，人为地形成了区域间发展水平差距。

改革开放前，在工农业产品的长期交换中，农产品价格低于其价值，工业品价格高于其价值，由这种不等价交换形成的剪刀状差距即剪刀差。剪刀差在中华人民共和国成立前就已经存在，中华人民共和国成立后一个时期不仅没有缩小反而日益扩大，发展成为中国工农业之间、城乡之间以及工人和农民之间的一个重大政治经济问题（巴志鹏，2005），与工农业剪刀差相配套的统购统销政策、户籍制度和农业合作化运动更是加剧了这一经济政策的后果。

据原中央农村工作领导小组办公室主任陈锡文估计，从 1953

年实行农产品的统购统销到 1985 年取消统购统销期间，农民对工业化的贡献是 6 000 亿～8 000 亿元，即国家通过工农业产品价格剪刀差无偿从农民手里拿走了 6 000 亿～8 000 亿元资金（储著胜，2013）。如果说为了工业化的起步和发展，剪刀差政策是一个必然选择的话，那么国家的工业化程度较高后，政府应当通过相关的政策尽可能快速缩小工农业的剪刀差，统筹城乡经济社会，实现全面发展。

2. 改革开放后，国家未能采取有效政策阻止区域失衡进一步加剧

改革开放后，中国对产业结构、所有制结构、分配结构以及城乡结构进行了调整，在改革开放的大背景下，政策目标从追求区域均衡发展转向了以经济增长为主的区域非均衡发展，在"先富带后富"、城乡二元结构、投资向东部沿海地区倾斜以及国企改制等政策的共同作用下，中国区域间发展进一步失衡。

中国区域发展战略在改革开放以来主要分为两个阶段：1979—1990 年的区域非均衡发展阶段和 1991 年至今的区域协调发展阶段（魏后凯，2008）。

1979—1990 年，国家对区域发展战略进行了调整，确立了向东部倾斜的区域非均衡发展战略。1980 年国家设立了深圳、珠海、汕头、厦门四个经济特区；1985 年，珠江三角洲、长江三角洲、环渤海、苏南地区被列为开放地区，1990 年又开放了浦东新区。几大经济特区的设立，极大地推动了沿海地区的经济发展，对国家整体经济发展产生了牵引作用，但同时也造成了区域间的发展失衡。由于东部沿海地区的经济增长对中、西部地区缺乏高效的传导机制，东、中、西部之间的差距越来越大。

1991 年至今为区域协调发展阶段。针对 1991 年以前国家政策引起的区域失衡问题，国家实施了西部大开发、振兴东北老工业基地、中部崛起等国家级发展战略。政府通过转移支付、税收优惠、

企业改革等方式缩小东西部的发展差距，缓解东北经济停滞、中部发展塌陷、西部经济落后的问题。

但是在区域协调发展阶段仍然存在贫困问题。城乡分割的户籍制度限制了劳动力资源配置。劳动力虽然能够向任何地域转移，但是城乡户籍制度在一定程度上束缚了劳动力的自由流动，主要的影响对象是农村人口，户籍制度降低了农村人口的实际收入，他们不能享受本地居民所享有的教育、医疗、社会保障等福利。农村人口的高生活成本、较低的实际收入也降低了城市反哺农村的能力，整体上加大了区域与区域、城市与城市、城市与农村间的收入差距。富者愈富、穷者愈穷的马太效应进一步加剧了区域间的不平衡。

传统的扶贫政策的边际贡献逐步下降。传统粗放式的扶贫方式已经不再适应中国发展的现状。国家每年都向贫困地区拨款，但是却出现了越扶贫越贫困的现象，扶贫资金的获益者大多数是贫困地区相对富裕者，而真正"没有条件"的人却享受不到扶贫资金所带来的收益，这是中国区域均衡发展中存在的主要问题，也是扶贫开发中存在的主要矛盾。

三、应正确看待中国在转型时期出现地区间发展失衡的状况

（一）中国高速发展伴随着区域差距逐步扩大

改革开放最大的经济成就在于构建了中国特色社会主义市场经济体系，改革就是要逐步用市场机制来替代以往的计划机制，通过市场逐步实现对资源的最优配置。改革开放最大的经济特征就是市场化。基于库兹涅茨的相关理论，我们会发现一旦市场机制占据主导，那么在改革开放的进程中，工农业部门间的非均衡程度将加深，这符合经济发展的客观规律，而且改革中的部分政策也会进一步加剧这种非均衡。

改革开放的另一大经济特征是工业化，尤其是在很长一段时间内以轻工业为主导的出口导向型的经济模式构成了中国经济增长引

擎的三驾马车之一。与此同时，我们在前文也提到对国有企业和重工业企业的改制计划也在同时期内逐步实施。因而，"粗老笨重"的重工业企业逐步退出了历史舞台，"小快灵轻"的轻工业企业逐步走上了历史舞台。而依赖产业政策、国家扶持的传统重工业企业和依赖民营资本的新兴轻工业企业在地域上均表现出集中分布的特征。一定意义上，可以说要素从东北、华北地区全面向东南沿海地区，无论是资本、劳动力还是技术。在这一时期，东南沿海地区的工业生产率得到了巨大的提升并且长期维持在较高水平。随着时间的推移，杠杆效应越来越强，地区间的失衡状况也愈发严重。

改革开放的第三大经济特征是城镇化，尤其是特大城市聚集。我们可以发现这一经济特征同样更加倾向于出现在东南沿海地区。相对于内陆地区，长三角地区和珠三角地区很早就已经成为中国最大的城市聚落，尤其是长三角地区，多个城市的协同发展非常值得研究。此外，长江中下游城市群的逐步发展和连片也使得地区间的发展失衡问题显得更加严重，武汉、南京、杭州等地构成了中国一二线城市的核心。

（二）后发地区在经济增长中处于劣势

随着中国经济逐渐发展，产业分工逐步深入，后发地区面临脱贫致富和经济增长等多种压力。目前，部分后发地区存在历史欠账多、人均收入低等情况，青壮年劳动力不断流失，对外资和产业的吸引力相对下降，后发地区在与东南沿海地区的竞争中处于下风，区域发展出现强者恒强的特征。这对后发地区的扶贫和开发造成了压力。中国面临着区域间发展不平衡的局面固化甚至恶化的压力。这直接导致了人口和资源继续向东部地区集聚，西部地区失去了内生动力和产业集群，必须依靠外生的动力进行弥补。从总体上看，改革开放以来经济政策的导向和特征都使得东南沿海地区相对于内陆地区在剔除了地区禀赋的影响之后仍然获得了更大的发展，市场化、工业化和城镇化的经济政策导向形成了合力，使得中国地区发展失衡的状况愈发明显。这是中国转型发展时期难以避免的问题，但是在长期和当下都值得重视和研究。

（三）一定阶段内的区域失衡是经济发展的客观规律

跨过中等收入陷阱、步入发达国家的行列的发展中国家几乎都经历了完整的工业化过程，构建了较为完整的工业化体系。同时，我们会发现发达国家大多经历了地区失衡从扩大到缩小的过程，而目前仍然处于发展中国家阶段的国家的地区失衡状况往往还在恶化，发展差异并未收敛。上述情况能够被库兹涅茨曲线很好地刻画，而库兹涅茨曲线背后的经济逻辑则构成了发展中国家看待地区失衡这一问题的一个重要方面。库兹涅茨对经济增长与收入不平等的关系的分析是基于从传统的农业产业向现代工业产业的转变过程进行的。他认为收入分配会随着经济发展而趋于不平等，接下来在经历收入分配暂时无大的变化的时期到达经济充分发展的阶段后，收入分配将趋于平等（钱敏泽，2007）。

站在全球的角度看，墨西哥、澳大利亚等国家同样存在推动经济增长的同时引起区域发展失衡的问题，区域间的失衡问题并不是中国所独有。在 2017 年 7 月 28 日，墨西哥《经济学家报》报道，墨西哥国家统计局公布了 2017 年一季度各地区经济增速情况，各地区经济增长差距明显，其中北部增速为 3.3%，中西部增速为 4.7%，中部增速为 3.1%，东南部下滑了 1%。一季度，表现最好的州为阿瓜斯卡连特斯州（8.8%）、南下加州（7%）、金塔纳罗州（6.7%），表现最差的是东南部的坎佩切州（－10%）和塔帕斯科州（－11.6%），这充分证明了墨西哥同样也存在着区域间发展失衡问题。澳大利亚作为后起的发达国家，其地理条件决定了绝大部分经济活动和人口分布在东南部和其他沿海地区。[①]

这种现象的发生，可以用规模经济和集聚效应来解释。从全球

---

① 参见中华人民共和国驻墨西哥合众国大使馆经济商务参赞处网站。

来看，世界一半的 GDP 是由占世界土地面积 1.5％的地方创造出来的，而这么小的经济板块却居住着全球 1/6 的人口。同样，中国东部也只有国土面积的 1/5，却创造了一半以上的 GDP。规模经济的特性就是集聚。根据世界银行的研究，经济密度增加 1 倍，生产率提高 6％，而与中心城市的距离增加 1 倍，利润就降低 6％。其实，大城市的集聚效应是最明显的，如纽约的地区生产总值超过美国所有其他州，人均 GDP 也名列世界第二，大巴黎区创造的 GDP 占法国的 30％，东京和首尔的集聚效应则更大。中国小小的深圳某些年份的出口额也曾超过整个印度。从历史上看，世界经济的增长就是靠局部来推动的，非均衡发展才是经济发展的常态（李迅雷，2013）。

（四）国家通过一系列政策工具平衡区域发展

中华人民共和国成立以来，中国的区域发展经历了三个阶段。1949—1978 年，国家以社会总福利降低为代价缓解了中国经济发展的区域不均衡，实现了一种低效率的均衡发展。1979—1991 年，在国家"一部分地区、一部分人可以先富起来"的政策的指导下，东部沿海地区飞速发展，但由于东部沿海地区与中、西部地区之间缺乏高效的传导机制，造成了全国区域间的失衡。在 1991 年之后，国家为解决区域间的失衡，进行了西部大开发、振兴东北老工业基地等国家层面的经济活动（吕炜，2005），在 1994 年更是制定了中央层面的纵向转移支付制度和横向的东中部地区对西部地区的跨区域对口帮扶政策。改革开放以来，随着经济的高速增长，经济总量快速膨胀，城市对农村的反哺政策也在不断完善，政府出台关于农村人口就业、农村补贴（支农惠农）、新农村建设、农村医疗教育文化、户籍改革和新型城镇化的政策，同样是为了实现中国区域间的均衡发展和推动落实国家的反贫困战略。

改革开放以来，国家在推动经济高速增长的同时，致力于消除贫困和地区间发展的失衡。具体举措主要表现在以下三个方面：一

是中央财政转移支付；二是地区内部的城乡联动发展；三是精准
扶贫。

第三节　战略调整实现区域均衡发展、摆脱贫困

　　虽然对发展中国家而言，区域发展失衡是客观经济规律使然，
不以人的意志为转移，但是如果放任这一问题存在，不去解决，就
会产生一系列的经济与社会问题。区域发展不平衡长期得不到缓
解，差距扩大到一定程度，会进一步造成生产要素向发达地区集
中。发达地区会出现产能过剩、杠杆过高、库存过多等供给侧问
题，也会出现人口过密、资源环境破坏严重、大城市病等衍生性问
题。欠发达地区则相反，这就导致了区域发展的马太效应，强者恒
强，弱者更弱。尤其是在当前户籍制度未完全放开、城乡保障体系
尚未一体化的背景下，会扩大地区和城乡差距，使一部分低收入者
的生存成为问题，直接影响反贫困的进程。

　　国务院在 1999 年就提出并实施了西部大开发战略，在 2003 年
又开始实施振兴东北老工业基地的发展战略，2006 年又提出了中
部崛起的计划，这些促进区域发展的举措事实上已经涵盖了除东部
沿海地区之外的所有地区（李迅雷，2013）。据不完全统计，仅
2008 年以来国务院就批准了 20 个以上的区域振兴规划。李克强总
理在 2017 年政府工作报告中总结 2016 年的工作时再次指出："促
进区域城乡协调发展，新的增长极增长带加快形成。深入实施'一
带一路'建设、京津冀协同发展、长江经济带发展三大战略，启动
建设一批重点项目。编制西部大开发'十三五'规划，实施新一轮
东北振兴战略，推动中部地区崛起，支持东部地区率先发展。加快
推进新型城镇化，深化户籍制度改革，全面推行居住证制度，又有
1 600 万人进城落户。发展的协同叠加效应不断显现。"并在 2017

年政府工作重点中指出："贫困地区和贫困人口是全面建成小康社会最大的短板。要深入实施精准扶贫精准脱贫，今年再减少农村贫困人口 1 000 万以上，完成易地扶贫搬迁 340 万人。中央财政专项扶贫资金增长 30% 以上。加强集中连片特困地区、革命老区开发，改善基础设施和公共服务，推动特色产业发展、劳务输出、教育和健康扶贫，实施贫困村整体提升工程，增强贫困地区和贫困群众自我发展能力。推进贫困县涉农资金整合，强化资金和项目监管。创新扶贫协作机制，支持社会力量参与扶贫。切实落实脱贫攻坚责任制，实施最严格的评估考核，严肃查处假脱贫、被脱贫、数字脱贫，确保脱贫得到群众认可、经得起历史检验。"[1]

　　为实现均衡发展、减少贫困，国家在政策上进行了重大调整，对中西部地区的政府投资逐年上升，但是投资规模的增长并没有带来相应的经济繁荣。如从 2001 年到 2010 年，西部地区的固定资产投资规模在全国的占比已经从 16.37% 提高到了 19.58%，中部从 14.86% 提高到了 17.14%，东部地区从 54.9% 降至 51.9%，但从 GDP 占比看，1993—2010 年，东部地区的 GDP 占比从 49.53% 上升至 53.1%，中西部地区 GDP 占比不升反降，而且中西部和东北地区的投资高增长没能带来居民收入的大幅度提升。从绝对额看，中西部地区与东部地区的差距仍在扩大。以居民储蓄为例，从 2005 年到 2010 年，东北的居民储蓄余额只增加了 77%，虽然西部和中部地区与东部地区差不多，均增长了 100% 左右，但从绝对差距来看，中西部地区储蓄余额之和与东部地区的差距从最初的 1.6 万亿元扩大到了 2.8 万亿元。以上数据显示出中国实现区域均衡的政策目标有着相当大的难度，还依赖于长期的努力和政策扶持。

---

　　① 2017 年 3 月 5 日国务院总理李克强在十二届全国人大五次会议上所作的政府工作报告。

一、转移支付制度促进地区均衡发展、减少贫困

财政转移支付制度的目的是平衡经济效率和公平之间的关系。追求经济效率是为了实现资源的最优配置，即达到帕累托最优状态。公平则是指经济体内社会成员收入的均等分配。而公平与效益是鱼与熊掌的关系，经济学界大多数人认为两者难以兼顾，而在中国特色社会主义市场经济下，公平与效率并不是完全对立的，而是能够兼顾的两大目标，通过不同的机制可以缓解、消除二者之间的矛盾（申长平，2006）。

中华人民共和国成立以来，中国在经济发展的过程中，对公平和效率的认识存在一定的偏差。改革开放前，中国为了实现区域间的均衡发展，制定并实施了"三线建设"的经济政策，这是在国家意志下进行的大规模人口迁移，是以社会总福利下降为代价缓解中国经济发展的空间不平等。这种吃大锅饭的平均主义导致生产效率低下，影响了劳动者的积极性。在改革开放之后，对经济效率的追求严重影响了区域间的均衡发展。区域均衡和经济效率是孪生姐妹，不同区域发展不均衡，会严重影响效率，而过分追求公平，同样会导致效率低下。1991年国家对之前的政策进行了调整，国家推动的西部大开发、振兴东北老工业基地、中部崛起等国家级发展战略都是为了缩小东、中、西部地区的发展差距，解决东北经济落后、中部经济塌陷的问题。1994年分税制改革过程中建立了政府转移支付制度，为的是进一步解决区域发展失衡问题。解决区域发展失衡问题的主要目的是消除贫困（刘溶沧，2002）。长期以来，中国采取的扶贫方式是对贫困地区进行有效的区域开发和政府投资，这有一定合理性的。中国大量的贫困人口在农村，在环境恶劣的贫困地区。国家针对贫困地区的区域开发式扶贫可以使大量贫困人口脱贫。

（一）中央对地方的转移支付

中央对地方的转移支付可分为一般转移支付和特殊转移支付。由于中央和地方政府之间的纵向不平衡以及地区之间的横向不平衡，国家在 1994 年分税制改革后确立了中央转移支付制度，其主要表现形式是"抽肥补瘦"。分税制改革提高了中央政府在财政上的宏观调控能力，在财政部的统筹下，可有目标、有计划地在地方政府间重新分配资金，有利于实现区域间社会经济事业的协调发展，消除区域间的失衡。转移支付制度是世界上普遍用来缩小区域间的经济发展差距、消除贫困的政策工具。

中央转移支付是公共财政的一个重要组成部分，实行分税制改革后，为了解决地区收入和支出平衡的问题，确保富人和穷人能够同样享受教育、卫生防疫等公共资源，国家开始实行财政支付转移制度，主要是中央政府向地方政府无偿拨款。目前中央对地方进行财政转移支付的方式有 6 种，即税收返还、原体制补助、专项补助、过渡期转移支付补助、各项结算补助和其他补助。转移支付制度在实施上分为一般转移支付和专项转移支付两种类型。一般转移支付主要体现在中央财政对地方的补贴上，地方政府可以自主安排资金用途，增加地方财力，解决中央与地方财力纵向分配不平衡的问题（王秀芝，2015）。专项转移支付则主要服务于具体的政策目标，地方政府按照中央政府规定的用途使用资金，包括中央对地方进行的社会保障、环境保护、救灾、扶贫等方面的转移支付。

但中央财政转移支付的专项拨款中也有不少扶贫项目是粗放式的扶贫，农村扶贫效率低且针对性不强，地方政府在识别贫困户上不精确，再加上普惠政策多而特惠政策少，在一定程度上造成了"富人"先受益、"穷人"被挤出的现象，其本质还是"大水漫灌式""高射炮打蚊子式"的扶贫。随着中国经济的高速增长，大范围的贫困人口问题已经解决，国家对贫困地区进行区域性扶贫开发的效果开始减弱，精准扶贫的提出是对其最好的补充。

（二）地区间定点帮扶和政策支持

政府间转移支付是在各级政府间或不同地区的同级政府之间通过财政资金的无偿调拨调节各预算主体收支水平的一项制度（杨灿明，2003）。一般是富裕地区向贫困地区提供财政上的援助。中国政府的转移制度还是单一的、由上至下的转移支付体系，但实际上也存在横向转移支付的雏形：20 世纪 90 年代开始，中国东部地区、中部地区对西部地区进行对口支援，对口支援的实质是发达地区无偿地以转移支付、大型企业落户等方式支持不发达地区的建设。这已经具备横向转移支付的特征。比如中国湖南省对西藏山南地区的帮扶，湖南对口援助山南市已经有 22 年，从 1994 年开始到 2015 年，湖南向西藏累计派驻了 305 名援藏干部，援藏资金达 12 亿元，有 309 个项目落户。

但是随着大规模定点支援的深入实践，许多问题也暴露了出来：定点支援的法律制度还不够健全，国家多年来的对口支援仍是政治动员式帮扶而未在法律上形成明文规定。再者，对口支援的激励机制也不健全，同级政府间往往存在政策持续性不强的问题，导致支援地和受援地的利益与目标不一致。最后，对支援地对受援地的帮扶效果到底如何，对减贫的作用怎样，缺乏有效的评估机制。

进入 21 世纪，经济增长对减贫的边际效用出现递减之后，相对于"漫灌式"的中央财政转移支付和东中部地区对西部地区的对口支援，"滴灌式"的精准扶贫是一种更加规范、更加长效的转移支付模式。

二、精准扶贫实现全面小康战略目标

从 20 世纪 80 年代开始，中国就开始通过定点帮扶带动落后地区发展。例如，湖南省从 1984 年起定点帮扶西藏的山南地区，通过教育扶贫、医疗扶贫、产业扶贫等诸多手段予以援助，成功促进了山南地区经济跨越式发展。90年代开始，党和政府开始将扶贫的目标从县下沉到村一级，通过专项资金向村级建设和扶贫提供资金，向"五保户"、低保户等困难群众提供帮扶，向城中村居民等弱势群体提供医疗、养老等保障。

但是，为什么贫困、如何摆脱贫困依旧是一本糊涂账。随着经济的高速发展，收入差距扩大，收入分配不平衡程度上升，以区域开放为重点的中央财政转移支付效果的开始逐步下降，收入分配最低端的贫困人口越来越难以享受到经济发展带来的好处，这严重制约了中国反贫困事业的发展。如今扶贫开发工作已进入啃硬骨头、攻坚拔寨的冲刺期，国家的扶贫工作面临着新挑战，精准扶贫是国家对新时期扶贫工作的积极应对与正确指引。

精准扶贫的重要思想最早是习近平总书记2013年11月在湖南湘西考察时首次提出的，他说："扶贫要实事求是，因地制宜。精准扶贫，切记喊口号，也不要定好高骛远的目标。"2015年1月，习近平总书记在云南考察时更是强调："要以更加明确的目标、更加有力的措施、更加有效的行动，深入实施精准扶贫、精准脱贫，项目安排和资金使用都要提高精准度，扶贫到点，扶贫到根，让贫困群众真正得到实惠。"2015年11月，国务院印发《关于打赢脱贫攻坚战的决定》，制定了在2020年实现7 000多万人的脱贫的目标。精准扶贫的主要定义是扶贫政策和措施要针对真正贫困的家庭和人口，国家通过有针对性的政策帮扶贫困人口，从根本上消除致贫因素，达到脱贫目标。要实施精准扶贫首先要通过精准识别将低于贫困线的家庭和人口识别出来，并且找出致贫因素。其次，对识别出的贫困人口建档立卡，为扶贫工作提供贫困户的基本信息以制定帮扶措施。最后，将摆脱贫困的家庭和人口调整出档，将新产生的贫困人口记录归档。这样可形成一个动态的管理机制，保证精准扶贫的精准性。

第四节　案例分析

一、贵州：内生动力与政策扶持

贵州是中国扶贫工作的重点区域，位于中国西部地区的云贵高原上，处在中国的第一级阶梯。贵州海拔较高、交通闭塞，不利于贸易往来。20世纪末以来，中国的经济重心东移，政策向东部沿海倾斜，造成了东西部地区间的差异。在恶劣的自然地理环境和较差的投资环境的共同作用下，贵州省内产生了滇桂黔石漠化特困连片地区。

在贵州内生动力不足的情况下，中央通过财政转移支付、精准扶贫等政策弥补了当地基础设施和民生投资方面的欠账，缩小了东中西部地区间的发展差距。同时国家通过政府投资政策激发了贵州的内生动力。例如贵州贵阳大力发展大数据产业和电子科技产业，已经成功形成了产业集群。贵州省历年财政收支情况见图4-9。

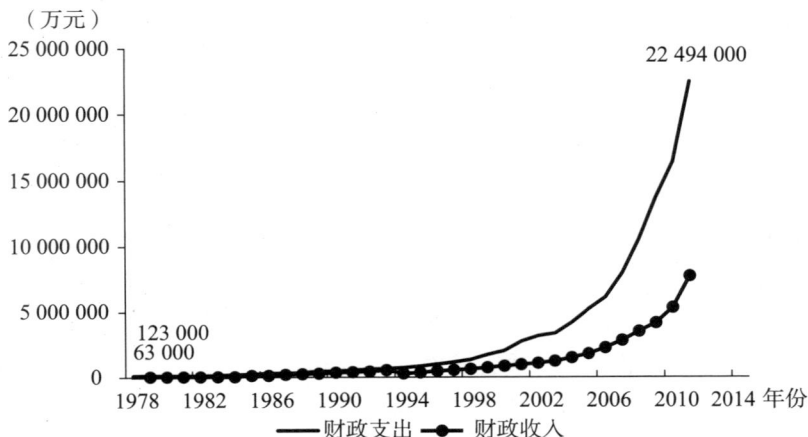

图 4-9　贵州省财政收支

资料来源：历年《贵州统计年鉴》。

贵州省的财政支出远远高于本地财政收入，并随着时间推移，本地财政收入占财政支出的比例越来越小。这说明中央对贵州、财政转移支付力度在不断加大。1978 年贵州省财政收入仅为 6.3 亿元，财政支出却为 12.3 亿元，财政压力巨大。在这一背景下，中央政府对贵州等省份进行了转移支付，通过一般转移支付和专项转移支付等形式予以政策倾斜。例如，2011 年，中央对贵州省的转移支付已经高达 1 476 亿元，是贵州省本地财政收入的 1.9 倍。中央通过转移支付、政府投资的方式激发贵州的内生动力，弥补了当地基础设施建设的不足和市场投资的亏欠，促进了当地经济的发展，充分体现了国家对区域间均衡发展的高度重视。

国家在利用政府投资政策激发内地省份内生动力上不留余力。2015 年 8 月，国务院印发了《促进大数据发展行动纲要》，将大数据产业提升到了国家战略高度，贵州是唯一的数据综合试验区践行者。2015 年 11 月，贵州省委提出了"十三五"时期对贵州经济社会发展的总体要求，其中最具特色的是大数据与大扶贫相结合的战略规划。[①] 陈敏尔认为，大扶贫、大数据是两大战略行动，是贵州"十三五"的亮点，大扶贫是攻坚战，大数据是"突围战"。在中央的大力支持下，贵州在 2015—2017 年就将基础设施建设总投资由原来的 330 亿元调增至 500 亿元，基础设施对大数据产业的发展起到了较为显著的引领作用。国家数据资源正在快速向贵州汇集。自 2014 年起就有 200 余个大数据信息产业项目落地，签约投资额超过 2 400 亿元。中央层面的转移支付是激发贵州省内生动力的重要举措，激发内生动力是突破生态抑制性贫困的有效手段。2013 年，贵州省有 1 149 万贫困人口，到 2015 年，贵州省贫困人口减少为 493 万人，贫困发生率降为 14.3%，贵州省的案例是国家扶贫工作中的样板。

---

① 2015 年贵州省大数据产业布局 [N]. 贵州日报，2015 - 12 - 28 (08).

二、温州：反贫困的辉煌成就

温州是中国改革开放以来反贫困事业的成功样板，也是东部沿海后发地区的典型代表。以温州为代表的落后地区，在党和政府的正确领导和政策扶持下，成功地实现了从贫困到富裕的巨大跨越，人民生活水平得到显著提升。

在改革开放前夕，温州经济发展水平低，增长极为缓慢。1957—1977 年，温州工业总产值年均增长率为 4.12%，农业总产值年均增长率仅为 0.6%。特别是在"文化大革命"期间，工业部门受到了破坏，工业总产值年均增长率为 0.5%。而杭州自中华人民共和国成立以来，经济一直呈上涨趋势。在改革开放初期，杭州 GDP 总量是温州的两倍有余，但进入 20 世纪 90 年代后，温州 GDP 总量和杭州逐步拉近，经济增长速度更是高于杭州。这是一个值得我们思考的问题。

纵观温州的历史，温州就是一片很贫瘠的土地，不适合农田耕种，自古以来就是中国的海防前线。且温州人口在历史上经历了多次迁移，而且主要是战乱、饥荒等灾难因素造成的非自发性迁移。从经济能力上看，滞留在温州的往往是最贫困的人口。在改革开放初期，温州依旧是一个贫困的地区，存在地缘条件差、交通闭塞、土地贫瘠、工业落后、人多地少等一系列问题。

改革开放后，温州的经济成就引人注目，创造出了全国闻名的温州模式。温州 GDP 总量、人均 GDP 在 1978 年后都呈逐年上涨趋势，特别是在 20 世纪 90 年代尤为显著。1994 年温州的 GDP 总量的增速达到 51.3%，较杭州而言，GDP 实现了赶超。在改革开放以来，温州 GDP 总量年均增速为 16.18%，杭州 GDP 总量年均增速为 15.91%。温州在各种资源条件都极为恶劣的情况下实现这么高的增速并超过杭州，GDP 总量达到 4 618 亿元，可以说是改革开放以来经济发展的奇迹。

从图 4 - 10、图 4 - 11 中可以看出，改革开放以来，温州、杭州的 GDP 增长率、人均 GDP 增长率的变化曲线趋同，且 GDP 的增长率为正，而人均 GDP 除了 2011 年、2015 年以外，也均为正增长。温州能创造出经济发展的奇迹，和政府的政策是分不开的，1978 年后，国家构建的中国特色社会主义市场经济体系以及向东部沿海地区的政策倾斜是温州经济腾飞的助燃剂。

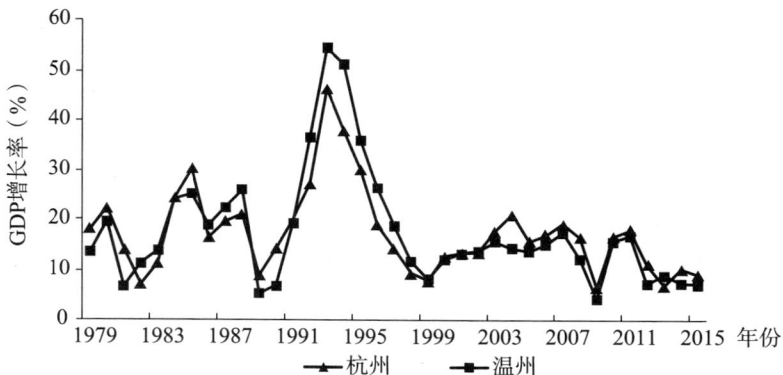

图 4 - 10 杭州、温州 GDP 增长率

资料来源：笔者据历年《江苏统计年鉴》计算而得。

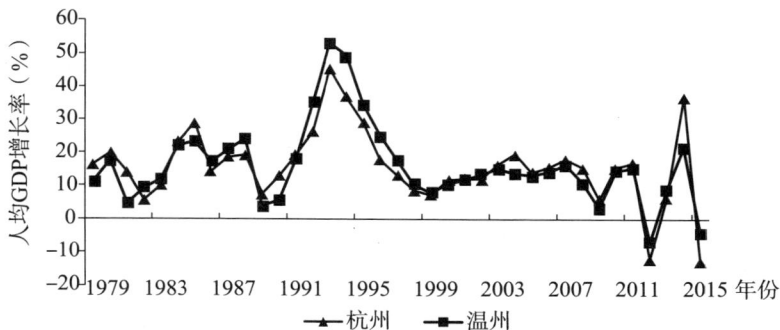

图 4 - 11 人均 GDP 增长率

资料来源：笔者据历年《江苏统计年鉴》计算而得。

温州模式的形成和发展是温州经济高速增长的主要动力，温州当地政府对民营经济的政策扶持是孕育温州模式的重要原因。李成亮认为，改革开放后政府对当地经济发展的政策扶持主要体现为为温州民营经济的发展提供了宽裕的政治环境，并且改善了民营经济发展的软硬件环境。1978年后，温州政府对当地的经济发展实行了"无为而治"的战略方针，先后出台了许多突破当时政策的法规措施，如在1987年，温州颁布了第一个关于股份合作制的地方性规章《温州市关于农村股份合作企业若干问题的暂行规定》。这些政策的出台，有利于当地经济的增长，这让温州市在市场化体制改革中走在了第一梯队。

第五节　总结与展望

改革开放以来，中国在经济发展上取得了辉煌的成就，这主要归功于改革开放以来构建的中国特色的社会主义市场经济体系。1978年之后，中国逐步用市场机制代替了以往的计划经济。在经济政策的作用下，大量劳动力、资本、技术等资源自发性地向东部地区集聚，实现从第一产业向第二、三产业的转移。在追求经济效率最优配置的同时，出现了工农业部门的非均衡发展。这是国家区域发展失衡、产生贫困的主要原因，这是符合经济发展客观规律的。

再者，中国作为最大的发展中国家，广阔的国土和复杂的地势结构等自然因素是区域发展失衡的客观原因，有些地区位于东部沿海，拥有适宜的气候、便利的水运和陆运交通条件，便于贸易；有些中西部地区气候恶劣、灾害频繁、土地贫瘠，这些客观原因造成了人力、技术、资本的转移，造成了内生动力的缺失，产生了贫困。

新时代下，中国的经济增长和反贫困事业需要进一步考虑效率和公平的关系，研究和关注经济增长和反贫困事业的互相促进。中国未来发展应该认识到经济增长是手段，而提高居民生活水平、实现社会公平正义是最终目标，也是党和政府对人民的庄严承诺，只有实现了全民小康和共同富裕，才能最大限度地激发人民群众生产生活的热情，从而促进国家长治久安。

中国作为一个社会主义国家，在全面实现小康社会的目标下，必然要解决贫困问题。也就是说国家在战略布局上要平衡效率与公平的关系，西方经济学界大多数人认为这两者难以兼顾，而在社会主义制度下的中国，公平与效率并不是完全对立的，而是能够兼顾的，通过不同的机制可以缓解、消除二者之间的矛盾。

确实，改革开放以来，国家也在区域发展、解决贫困问题上做出了重大努力，在 20 世纪 90 年代国家推行了诸多平衡区域发展的战略，1993 年建立起的中央财政转移支付制度都是为了缓解、消除区域间的差异。其中，中央财政转移支付更是进一步消除区域间失衡的重要举措，是区域间重要的补偿政策。当然，在中央转移支付过程中也存在不少粗放式的、大水漫灌式的扶贫项目，这一定程度上造成了穷者愈穷、富者愈富的现象。因此，国家提出了精准扶贫的要求，这是中央财政转移支付的补充机制，是新时期下国家扶贫开发工作的重心。2013 年 12 月印发的《关于创新机制扎实推进农村扶贫开发工作的意见》明确提出了建立精准扶贫工作机制和健全干部驻村帮扶机制的工作要求。2014 年 4 月，国务院扶贫办印发了《扶贫开发建档立卡工作方案》，指出建档立卡是精准扶贫的第一步，是对贫困家庭、贫困户的归档工作。2014 年 5 月，国务院扶贫办印发了《建立精准扶贫工作机制实施方案》，以对贫困户进行精准识别、帮扶、管理和考核。在 2015 年 11 月，国务院印发了《关于打赢脱贫攻坚战的决定》，制定了在 2020 年实现 7 000 多万人脱贫的目标。

当前，脱贫攻坚也进入了决胜阶段。贫困人口全部脱贫，所有贫困县摘掉贫困的帽子，是党和政府对人民的庄严承诺，只有实现全民小康和共同富裕，才能最大限度地激发人民群众生产生活的热情，从而促进国家长治久安。

第五章

反贫困的中国经验：产业发展与生态保护

　　20 世纪 80 年代以来，中国政府始终坚持将扶贫开发作为国家发展的核心任务，并取得了举世瞩目的减贫成效。在改革开放初期，中国的扶贫工作以传统的救济式扶贫为主，政府以财政拨款、优惠保障政策等方式对农村进行输血式扶贫，以确保贫困地区居民的基本温饱问题能够得到解决。然而，随着扶贫开发进程的推进，中国的贫困人口开始出现地缘性分布特征，中西部欠发达地区的贫困发生率逐渐与其他地区拉开了差距。由于受到经济、文化以及自然条件等因素的制约，传统的救济式扶贫难以帮助这些地区从根源上彻底摆脱贫困。为了解决这一问题，中国政府提出了以产业扶贫为核心的开发式扶贫战略，以特定的贫困区域为对象，因地制宜发展特色产业，通过改善贫困地区的生产生活条件，增强贫困地区居民依靠自身力量解决温饱、摆脱贫困的能力，从而实现由输血式扶贫向造血式扶贫的转变。

　　开发式扶贫战略的提出使中国的扶贫开发工作迈上了新台阶，但由于贫困地区与生态脆弱地区在地理位置上高度重合，因此，在推进扶贫开发工作的同时需要兼顾对生态环境的保护，否则容易导致贫困地区的生态承载力突破极限，从而"反噬"地区发展能力，使贫困地区陷入"生态脆弱—诱发贫困—掠夺资源—生态恶化—贫困加剧"的恶性循环（杨文静，2016）。近年来，中国政府意识到了生态保护之于扶贫开发的重要性，生态扶贫在中国扶贫工作中的地位不断上升。从 1994 年国务院在《国家八七扶贫攻坚计划（1994—2000 年）》中首次将贫困与生态一同提出开始，中国在推进扶贫工作的同时，积极探索生态保护与扶贫开发协同推进的方式方法。党的十八大将生态文明建设摆上了中国特色社会主义五位一体总体布局的战略位置，习近平总书记在 2016 年中央扶贫开发工作会议上更是将"生态补偿脱贫一批"列入中国精准扶贫工作的主要目标。这表明，党的十八大以来，中央已经将生态保护上升为扶贫开发的一种重要工作手段。

"宁要绿水青山，不要金山银山，而且绿水青山就是金山银山"①，是习近平总书记长期以来倡导的可持续发展理念，对中国扶贫工作的开展起着重要的指导作用：扶贫开发要以生态保护为约束，绝对不能走先发展后治理的老路子；生态保护要与扶贫开发进一步融合，成为摆脱贫困的新动能（王东宾，2015）。因此，扶贫开发需要做到产业扶贫与生态扶贫两手抓，才能实现贫困地区生产生活生态"三生共赢"、可持续发展。

第一节　产业扶贫：精准扶贫新战略

改革开放以来，中国在推进扶贫开发工作的过程中屡创佳绩，贫困人口数量显著减少。然而，市场化经济改革的开展导致中国不同区域间的贫困差距不断扩大，以往漫灌型的扶贫方式无法阻止贫

---

①　2013 年 9 月 7 日习近平总书记在哈萨克斯坦纳扎尔巴耶夫大学的演讲。

困发生率逐渐向中西部欠发达地区倾斜。为了缓解不同区域间存在的相对贫困，进入 21 世纪以来，中国政府提出了精准扶贫的新要求，中国的扶贫开发进入了新的历史阶段。精准扶贫不仅要求准确识别扶贫对象，明确谁是需要被扶持的贫困者，而且要求通过创新扶贫模式，实现资源配置到户，从而帮助贫困农户发展符合其自身条件的产业项目（凌经球，2014）。因此，因地制宜发展贫困地区特色产业，是新时期实现精准扶贫的有效途径。

一、产业扶贫的概念与作用主体

产业扶贫指的是政府以市场为导向，以创造经济效益为目标，以贫困地区的资源条件为依托，通过扶持特色产业实现贫困人口增收，推动贫困地区发展的一种有效的扶贫手段。产业扶贫的根本目标是通过发展符合贫困地区资源禀赋的特色产业，培养贫困地区居民自身的发展能力，避免对国家救济产生过度依赖，从而使贫困人口能够从根本上实现脱贫致富。

政府在产业扶贫的过程中起主导作用。政府可以通过制定整体规划、推行优惠政策、提供财政支持等，鼓励贫困人口和相关龙头企业积极参与到特色产业的发展中去，有利于提升产业扶贫的减贫成效。从中央政府的层面来看，只有解决了贫困问题，全面建成小康社会的国家战略才能实现。因此，产业扶贫作为精准扶贫的主要形式，可以上升到国家任务的高度。这就需要中央政府做好顶层设计，并对地方各级政府的分层对接进行监督，确保产业扶贫能够顺利开展。从地方政府的层面来看，地方各级政府一是要负责中央政策的传达与落实，在引领特色产业发展的同时也确保产业精准到户的扎实推进；二是通过激励政策动员当地龙头企业参与产业扶贫，例如明确企业只有在吸纳贫困人口就业达到一定标准以上才在贷款和税收方面予以政策倾斜（刘建生，2017）；三是完善土地流转以及地方基础设施建设，为产业扶贫的开展提供基础保障。

企业在产业扶贫的过程中起联结作用。贫困地区的特色产业的发展会受市场、资金、技术等方面的影响。企业能够通过自身在销售平台、资金储备、技术培训等方面的既有优势推动特色产业的发展，将政府的扶贫开发规划与需要被扶持的贫困人口联结起来。通过参与产业扶贫，企业可以为教育文化水平较低的贫困农户提供统一的技术培训，还可以通过制定统一收购价的方式切实解决贫困地区人口的增收问题。企业也能够从参与特色产业扶持的过程中获得益处：一方面，企业参与产业扶贫有利于企业形象的树立，为企业未来的发展积累良好的口碑；另一方面，企业通过参与产业扶贫能够获得政府的各种政策倾斜，有利于盈利目标的实现。

贫困户是产业扶贫的直接受益者。贫困户在产业扶贫的推行过程中既可以作为主体也可以作为客体，是产业扶贫能否成功的关键切入点。贫困户通过参与产业扶贫，能够实现收入的增长，使生产生活条件得到改善，幸福感得到提升。切实体会到产业扶贫带来的好处能够提高贫困户参与特色产业扶贫的积极性，提高脱贫致富的动力。同时，通过参与整个扶贫过程，贫困户既可获得自我认可和实现自我提升，又可为公民社会的形成奠定基础（刘建生，2017）。

二、产业扶贫的主要形式

（一）发展休闲农业

休闲农业是指在社会主义新农村建设的背景下，以实现农民增收为目的，以农业景观资源为依托，通过融合农业、农产品加工业及服务业，发展农村观光旅游的一种新型农业发展模式。休闲农业的基本属性是：以充分开发具有观光、旅游价值的农业资源和农业产品为前提，把农业生产、科技应用、艺术加工和游客参加农事活动等融为一体，供游客领略在其他风景名胜地欣赏不到的大自然浓厚意趣和现代化的新兴农业艺术的一种农业旅游活动（何景明，2002）。从广义的角度来说，休闲农业还包括休闲林业、休闲渔业、休闲牧业、休闲农家乐等。因此也可以说，休闲农业是以农业为基础，以休闲为目的，以服务为手段，以城市游客为目标，农业和旅游业相结合，第一产业和第三产业相结合的一种新型产业（郭焕成，2007）。

休闲农业具有广阔的市场。2005 年 10 月，中国共产党十六届五中全会通过的《十一五规划纲要建议》中提出要按照"生产发展、生活富裕、乡风文明、村容整洁、管理民主"的要求，扎实推进社会主义新农村建设。于是，休闲农业作为新农村建设中一种新型的农业生产经营形态，开始在全国各地，特别是距离城市较近的县、镇、村中开展了起来。随着城市化进程的不断推进，城市人口规模迅速扩大，为休闲农业的发展提供了充足的客源。不仅如此，随着经济的快速发展，居民人均收入的增加为休闲农业的发展提供了坚实的经济基础。由此可见，休闲农业这种新型的农业发展模式，具有广阔的市场与良好的发展前景。

休闲农业具有丰富的功能性。作为农业、农产品加工业和服务业三种产业相结合而成的一种新型产业，在发挥游憩功能，为城市居民提供娱乐休闲的活动场所之余，休闲农业也通过创收促进了农村地区的经济发展。不仅如此，休闲农业还具有一定的社会功能，通过吸引城市游客来农村观光旅游，促进了农村居民与城市居民之间的交流，增强了城乡间的互动，有利于缩小城乡间的差距。此外，发展休闲农业从一定程度上还能传播农村地区的民俗文化，有利于农村文化的传承与发展。

案例 5 - 1　　休闲农业助推精准扶贫
——以湖南省邵阳市城步县桃林村为例

2006 年以前，桃林村这个偏远的小山村全村只有 148 户，总人口 668 人。那时桃林村村民的年人均纯收入只有 300 元左右。2007 年，湖南省发改委进村扶贫，对全村进行规划设计，决定发展休闲农业帮助村民脱贫致富：成立农家乐协会，负责协调游客接待；自发成立村民养殖合作社，发展养殖户 20 余户，形成了"养殖户＋合作社＋农家乐"的产业发展模式，每年可产出上万只生态鸡，满足了游客的消费需求；注册成立桃林古苗寨苗文化演艺公司，定期组织编排节目，既解决了部分村民的就业，又增加了村民的收入。现在桃林村里人人有事做，人人有钱赚，不办农家乐的在农家乐打工最少每天也能挣到100元。到了暑假，大一点的小孩子上山采野菜、下水捉鱼虾，一个假期下来每个人都能赚三四千元。如今去桃林村休闲度假的人越来越多，村民在家种种菜、采收山货、排练文艺节目，日子过得一天比一天好。

毗邻桃林村的边溪村和上水村的交通和区位条件要优于桃林村，两村村民看到桃林村因发展休闲农业而脱贫致富，羡慕不已。2012年扶贫工作组进驻后，村民主动向扶贫组提出要求，希望像桃林村那样搞休闲农业。现在边溪村以葡萄等精品水果产业为特色、上水村以紫荆花为特色发展休闲农业，3个村已形成各具特色的休闲农业专业村，该区域已成为休闲农业聚集区。近年来到这3个村休闲游的游客逐年递增，这里的老百姓正在向幸福生活挺进。

资料来源：罗宁，岳凯. 休闲农业助推精准扶贫 [J]. 湖南农业，2016，(06)：8.

（二）发展乡村旅游

乡村旅游是以乡野农村的风光和活动为吸引物，以都市居民为目标市场，以满足旅游者娱乐、求知和回归自然等方面需求为目的的一种旅游方式（王兵，1999）。乡村旅游与休闲农业在概念上存在着一定的重合，但是二者之间也存在着明显的差异。乡村旅游强调的是乡村的自然人文资源与旅游业之间的关联性，而休闲农业则主要强调农业与旅游业之间的联结。事实上，由于乡村旅游概念上的复杂性，不同的学者对乡村旅游的界定存在着一定差异，但是基本上都认同乡村性是吸引旅游者参与乡村旅游的基础。因此，乡村性应该被认定为乡村旅游的重要标志（何景明，2002）。

乡村旅游具有良好的发展前景。生活在城市中的人们，由于长期处于繁重的工作、学习压力之下，因此十分容易被乡村旅游这种

186

新兴的观光旅游形式吸引，渴望通过参与乡村旅游实现与大自然的亲密接触，去体验日常生活中体验不到的宁静闲适。据调查，北京市每年约有 67.3％ 的家庭会到郊区体验休闲旅游，这其中有 16.9％ 的家庭每年到郊区旅游的次数可以达到 3～5 次（郭焕成，2007）。由此可见，乡村旅游作为以城市居民为目标市场的一种休闲娱乐方式，具有良好的发展前景。

乡村旅游具有以下几个主要特征。首先，乡村旅游所依托的乡村地区往往具有区域广阔、人口密度小的特点。其次，实施乡村旅游的土地利用类型以农业用地和林业用地等自然用地为主，建筑物占地面积较小，但是具有较强的季节性。再次，乡村旅游具有传统的社会文化特征：在乡村社会生活中，社会接触多为直接的、面对面的关系，人与人之间关系密切；乡村生活以家庭为中心，家庭观念、血缘观念比城市重；乡村的社会行为标准受风俗、道德的习惯势力的影响较大（何景明，2002）。

案例 5-2　　发展乡村旅游的成效分析
——以福建省赤溪村为例

福建省福鼎市赤溪村一度被称为"中国扶贫第一村"，其扶贫工作所取得的巨大成绩，引起了广泛的反响。作为一个少数民族人口占相对多数的沿海贫困村，30 年来，其走过的扶贫历程具有典型的借鉴意义。

赤溪村位于福建省福鼎市东南部，地处 5A 级国家风景名胜区太姥山西麓，隶属于磻溪镇，距福鼎市区 65 公里。赤溪村北依经济发达的浙江省，距离温州市 120 公里，南依福州市、厦门市及闽南金三角，距离福州市 200 公里，距离厦门市 200 公里。赤溪村群山环抱，且有巧溪交汇。村庄西倚群山，东临田园。"山、水、田、村"构成了其重要的生态景观资源。

借助独一无二的自然资源，赤溪村思路清晰，牢牢地抓住"旅游兴村"这一点，成效显著。第一，引进旅游公司开发旅游。2004
年引进福建太姥山万博华旅游开发有限公司，在赤溪村及周边乡村
进行旅游景点开发建设。赤溪村在2004年开始发展旅游，先后投入
7 000多万元，这对这个贫困山村的旅游发展起到了很大的作用。第
二，提升基础设施，改善交通状况，主动融入太姥山大旅游格局。
2015年，总长20.5公里、总投资3.19亿元的杨家溪至赤溪的旅游
公路建成通车，自此赤溪村到沈海高速互通口仅需20分钟，打通了
赤溪村至沈海高速的通道；2015年还完成了太姥山至赤溪的旅游公
路的改造升级。随着这两条公路的通车，赤溪村连通太姥山的"最
后一公里"被打通，赤溪村成为霞浦—杨家溪—九鲤溪—太姥山沿
海热点旅游线路上的集散地、太姥山旅游服务的重要支点。

　　近年来，赤溪村所在的九鲤溪瀑景区旅游发展迅速，赤溪村由
于其所在的区位优势明显而受益。表5-1统计了2004—2014年太
姥山风景区的游客量。可以看到，十年中，太姥山游客量总体呈增
长趋势，其中九鲤溪瀑景区的游客量增长迅速，从5 000人增长到
92 648人，游客总量仅次于主景区太姥山岳景区。

表5-1　　　太姥山风景名胜区2004—2014年游客量统计表　（单位：人）

	太姥山岳景区	福瑶列岛景区	九鲤溪景区	晴川海滨景区
2004	341 208	13 000	5 000	2 300
2005	292 947	40 000	5 000	2 750
2006	331 936	40 000	5 032	3 000
2007	324 453	37 896	12 125	3 200
2008	281 823	21 506	10 754	3 300
2009	347 415	18 109	92 158	3 350
2010	372 101	22 607	83 584	3 500
2011	451 739	28 451	91 446	3 550
2012	524 732	47 465	89 635	3 630
2013	554 623	48 214	91 563	3 650
2014	596 513	56 541	92 648	3 720

资料来源：《太姥山国家级风景名胜区总体规划（2015—2030）》。

结合赤溪村村民人均纯收入（见表5-2）进行分析，2004—2014年，赤溪村民人均纯收入在逐年增长，2014年是2004年的近4倍。由此可见，赤溪村村民收入的增长和九鲤溪景区游客量的增加是成正比的，旅游人数的增加、旅游收入的增长直接给村民带来了可观的收益，生态扶贫效果显著。

表5-2　　　　　赤溪村2004—2014村民人均纯收入

	2004	2010	2011	2012	2013	2014
人均纯收入（元）	3 212	4 068	5 353	7 350	9 430	11 674

资料来源：《福鼎市赤溪村旅游扶贫试点村规划（2016）》。

资料来源：张光英.基于旅游资源优势的精准扶贫路径研究——以福建省福鼎市赤溪村为例［J］.经济研究导刊，2017，（17）：141-145；朱晓玥，冯文轩，张云飞，杨晓艳，杨茜，黄启堂."美丽乡村"视角下乡村特色景观营造——以福建省赤溪村为例［J］.中国园艺文摘，2017，33（06）：103-106.

（三）发展电商扶贫

电子商务扶贫指的是政府及社会各部门企业利用互联网技术，依托电子商务平台，帮助贫困地区人口解决农产品滞销问题，帮助贫困人口通过互联网购买所需的生产生活资料，以及提供信息咨询、技术培训、资金融通等一系列服务，从而达到提高贫困地区居民收入水平、缩小城乡差距、提高贫困地区扶贫脱贫效率等目的的一种新型扶贫模式（孙昕，2015）。电子商务扶贫的出现打破了地域间的距离限制，降低了贫困地区农产品的交易成本，从而有利于帮助贫困人口实现增收。

电子商务扶贫的主要内容如下：一是通过网上的销售途径，帮助贫困人口解决农产品滞销的问题，增加贫困户的收入；二是通过种类繁多的购物渠道进行日常所需的生产生活资料的采购，不仅方便快捷，而且还可获得比现实市场中更低的价格，节约了成本；三是对贫困地区农户进行一定的培训后，引导农户借助电子商务平台经营自己的网店，为贫困人口提供创收新途径，激发贫困人口自身脱贫致富的积极性；四是合理利用网络信息资源，为发展贫困地区特色产业提供必要的宣传与推广。

电子商务扶贫作为近几年刚刚兴起的新型扶贫方式，仍然存在着一些问题。首先，受限于农村贫困人口较低的文化水平，贫困地区精通电子商务知识的人才十分匮乏。对于一些刚刚接触电商平台的农民来说，缺乏可以请教的对象，导致贫困人口对电子商务扶贫的积极性不足。其次，由于农村融资途径比较单一，多数金融机构对新兴的农村电子商务所给予的关注不够，如果国家再不给予足够的财政支持，贫困地区电子商务扶贫的开展就会因缺乏资金而停滞不前。最后，由于国家还没来得及对电子商务扶贫这一新型的扶贫开发体系制定相应的规范，因此，整个农村电子商务体系处于较为混乱的状态，容易造成贫困地区农民的利益遭受损失，不利于电子商务扶贫的健康良性发展。

案例 5-3　　阿里巴巴的"互联网＋扶贫"实践

阿里巴巴对贫困地区的"互联网＋扶贫"最早始于 2009 年对四川省青川县的震后援建。2014 年 10 月阿里巴巴发布了农村战略，宣布在接下来的 3～5 年，将拿出 100 亿元投入 1 000 个县的10 万个行政村，用于当地电子商务服务体系建设。

阿里巴巴"互联网＋扶贫"的落地分为三个层面。一是给贫困地区带来便捷实惠的商品和生活服务，如消费品下乡、农产品进城、手机充值、生活缴费、购买车票、预订宾馆等，此外还包括小微金融、远程医疗、在线教育等。二是为农村经济和社会提供可持续发展的生态支持，包括对地方官员的互联网意识强化、对地方企业的互联网转型能力培养，以及对返乡青年或普通农民的互联网技能的培训。三是帮助贫困地区建立起新经济基础设施。

2015 年 832 个国家级贫困县在阿里零售平台上共完成了 1 517.61 亿元的消费，同比增长 50.39％。根据在农村基层的调研经验，网上购买的商品比农村线下价格至少低 10％，因此，2015 年在阿里零售平台上的电商消费，为贫困地区节约支出超过 150 亿元。通过电商把产品卖出去，卖出好价钱，阿里平台还能给贫困地区带来创收。2015 年 832 个国家级贫困县在阿里零售平台上共完成了 215.56 亿元的销售，同比增长 80.69％。一些贫困地区依靠传统产业线上转型，焕发出新的生机；一些贫困地区依托本地资源，将土特产品卖上全网；更有一些贫困地区把握市场需求，根据需求找资源、促生产，同样实现了增收脱贫。

阿里巴巴在中国贫困地区的"互联网＋扶贫"实践同样具有其全球化的使命愿景，这样一整套新经济思维下的自立自强的商业模式，未来将通过合作培训、生态培育等手段，向更多国家推广，最终实现世界范围内的消除贫困、共同发展。

资料来源：张瑞东.阿里巴巴的"互联网＋扶贫"实践［J/OL］. http：//cn. chinagate. cn/povertyrelief/2016－10/25/content _ 39561762. htm

三、产业扶贫的主要障碍

（一）启动资金的缺乏

在贫困地区推行产业扶贫需要面对的首要障碍就是贫困户启动资金的缺乏。一方面，贫困地区的农户由于本身经济条件的制约，在解决温饱问题之余，很难攒出一笔能够被用来发展特色产业的资金；而另一方面，政府针对产业扶贫的财政政策支持的主要对象是当地的龙头企业，试图通过资金支持、政策倾斜等方式吸引企业参与到特色产业的开发中去，政府的财政投入很难为贫困户个体提供启动资金。此外，我国现行的金融体制不利于将资金配置到贫困农户，贫困户借款难的问题也是导致启动资金缺乏的一个重要原因。

（二）市场信息的缺乏

如果贫困地区农户想要通过产业发展实现脱贫致富，那么就需要掌握一定的市场信息，随时把握相关产品的价格波动、政策导向等信息，确保产业扶贫顺利实现。然而，由于贫困人口大多居住于交通通信设施落后的偏远山区，因此，要做到实时掌握信息十分困难，信息的缺乏十分不利于产业扶贫的开展。

（三）技术技能的缺乏

由于贫困地区农户的受教育程度普遍偏低，因此，在掌握产业开发的专业技术方面可能会遇到一些困难。由于大多数贫困人口从事的生产活动基本上是传统的种养业，生产技术主要是通过传统的世代相传习得的。凌经球（2014）在调研中设置了"您的生产技术主要是跟谁学来的"这一问题，回答几乎是一致的，即"跟父母学来的"。这种传统的简单再生产技术习得模式，使他们失去了学习新技术的原动力。

（四）劳动力的缺乏

由于贫困地区的经济发展水平不高，就业岗位有限，因此，这些地区的青壮年劳动力大多选择远离家乡，外出打工。在贫困村中留守的往往是各家的老弱妇孺，他们不但普遍年龄偏大，而且受教育水平也十分有限，就算是有好的项目可以就地进行产业开发，贫困地区劳动力的数量与质量也难以满足项目开发的需要。

（五）进取精神的缺乏

地处偏远山区的农村贫困人口由于受到传统生活习俗的影响，往往习惯于"种粮为了吃饭，余粮用于酿酒，养牛用来犁田，养羊为了积肥，养猪养鸡为过年"的小农生活，这种传统文化习俗无形中形成了一种路径依赖：甘于贫穷，不愿吃苦，安于现状，不思进取，缺乏发展的胆量和眼光，缺乏创业致富的勇气和信心。

（六）支撑条件的缺乏

这里所讲的支撑条件包括交通条件、市场销售渠道等。从交通条件来说，贫困村基本上地处偏远，尽管几十年来的扶贫开发都致力于解决行路难的问题，但调研发现，当下的所谓村村通路，通的只是行政村，而不是自然屯。以广西为例，从统计数据来看，广西基本上实现了村村通，但仍有不少自然屯并没有真正通路，有的虽然通路，但却是真正的"水泥路"，一遇雨天就难以通行。这就是当下部分贫困村行路难的真实写照。至于销售渠道也和市场信息一样，是贫困村的"软肋"，一些贫困村不乏具有一定市场竞争优势的产品，但苦于没有销售渠道，更不善于营销，只好"养在深闺人未识"，潜在的特色优势资源难以转化为现实的经济收入（凌经球，2014）。

第二节　生态保护：扶贫攻坚新思考

中国幅员辽阔，自然资源储备丰富，生态环境多样，但庞大的人口基数导致中国人均资源稀少，人与资源环境之间的矛盾是制约中国经济发展与社会进步的主要瓶颈之一，也是中国摆脱贫困的主要障碍。

经过大规模的农村产业开发扶贫之后，当前中国剩余的农村贫困人口主要集中在生态环境脆弱、自然资源匮乏的边远地区。现阶段，中国实施的生态建设项目主要集中在中西部地区，这与《中国农村扶贫开发纲要（2011—2020 年）》划定的 14 个集中连片贫困地区在地理空间上高度重合（龙涛，2016）。因此，中国把生态保护作为扶贫攻坚的重点之一，力求实现摆脱贫困与生态建设的高度统一。

一、生态扶贫的概念与内涵

生态贫困是近几年学术界研讨的一个热词，指的是由生态环境恶劣引发的经济发展滞后、农民生活贫困的现象，具有贫困人口地理分布集中、贫困程度深、返贫率高、脱贫难度大等特点。

而生态扶贫主要是指在绿色发展理念下，以实现贫困地区绿色、可持续发展为导向，将生态保护与扶贫开发有机结合，在保护生态的过程中发展经济、在经济发展的过程中保护生态的一种绿色扶贫思想和方式，是精准扶贫思想的有益补充（杨文静，2016）。

生态扶贫是将绿色发展理念应用到扶贫开发工作中的成果。作为一种新型的扶贫方式，生态扶贫的根本目标是实现扶贫开发与生态保护的协调发展。在以往的扶贫开发工作中，扶贫与生态保护就像是两条平行线，两者无法实现统筹发展。在绿色发展战略背景下推进生态扶贫，为扶贫开发与生态保护提供了联结的桥梁，摒弃了过去单纯追求物质财富增长的扶贫目标，改走绿色、可持续的发展道路，力求实现人与自然之间的和谐发展。可见，生态扶贫是将绿色发展理念应用到扶贫开发工作中的成果，是实现生态与经济效益良性互动的必然选择。

生态扶贫是扶贫开发与生态环境保护的统筹结合。由于大多数贫困地区在地理空间上与生态脆弱地区重合，因此，如果不能实现扶贫开发与生态保护的有机结合，就会引发生态贫困，从而陷入越扶越贫的恶性循环。生态扶贫重点强调保护生态环境的重要性，将扶贫开发与生态保护统筹结合，将两者同时作为扶贫开发工作的目标，用经济增长和生态保护的双重指标综合衡量扶贫开发工作的成效。中国的生态扶贫是在生态文明建设的背景下，协同推进扶贫攻坚与生态保护工作的新战略，不仅可以增加贫困地区生产者的收入，满足贫困地区摆脱贫困的现实需求，而且有利于重建城乡互信，修复贫困地区的生态环境，实现贫困地区绿色、可持续的发展目标。

生态扶贫是精准扶贫思想的有益补充。习近平总书记在总结和反思原有扶贫经验和教训的基础上，创新了扶贫开发理论体系，提出了精准扶贫的思想，强调扶贫开发贵在精准，重在精准，成败之举在于精准，并将精准扶贫途径从"四个一批"发展到"五个一批"，增加了"通过生态补偿脱贫一批"的扶贫路径。由此可见，习近平总书记所创新的精准扶贫思想也强调生态保护之于扶贫开发的重要性，生态扶贫的提出使精准扶贫的理论体系更加完善。

二、生态扶贫的作用机制

（一）贫困与生态环境之间的关系

经济学家们将致贫因素概括为物质资本、人力资本、基础设施、科学技术等方面的投资不足，或者是不公平和无效率的制度等。因此，当人们缺乏摆脱物质贫困的其他条件时，他们就会产生就地取材、利用周边环境中的生态资源的激励。而由于缺乏对生态环境的重要性的认识，这些人在开发利用生态资源的过程中，往往会造成大量浪费，且不具备建立有效的监督机制的主观需求和客观条件。不仅如此，污染天堂假说指出，无法建立有效的环境监督保护机制的地区容易吸引污染密集型产业的聚集，沦为外来投资者的污染避难所。于是，这些地区出现土壤肥力下降、地质灾害频发、劳动力健康状况恶化、投资吸引力下降等现象，生产生活条件变得更加恶劣。

生态环境的恶化导致人们不得不进一步降低本就不高的生活标准，从而使该地区的贫困类型也发生变化，由生态资源富足下的物质贫困进一步发展为生态资源贫瘠下的物质贫困，即生态贫困。与初始状态下的贫困不同的是，生态贫困会使贫困地区的人们难以逃离生态陷阱（见图 5-1），陷入恶性循环，增加脱贫的成本，加大脱贫的难度。

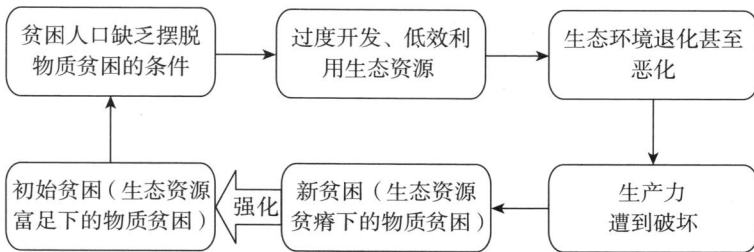

图 5-1 生态贫困陷阱的演进路线

在中国，贫困地区与生态脆弱地区在地理位置上往往存在较高的重合度，高达95%的绝对贫困人口生活在生态环境极度脆弱的"老少边穷"地区。

首先，贫困地区多处于自然灾害高发区。贫困地区大多是地震、滑坡、泥石流等地质灾害的高发区。脆弱的生态条件制约了多种农业作物的生长，给贫困地区居民的生产生活带来了极大阻碍，对贫困地区的经济增长产生了不利影响。不仅如此，极端的自然气候条件还会对贫困地区的基础设施及贫困人口的生命财产造成极大威胁。表5-3分别从中国东、中、西部地区挑选了浙江、湖北和云南这三个比较具有代表性的省份，并对这三个省份2008年的农村贫困发生率与地质灾害发生数量进行了对比。不难看出，一个地区地质灾害的发生数量与该地区农村的贫困发生率正相关，农村贫困程度越高，地质灾害的发生越频繁。

表5-3　　2008年浙江、湖北、云南三省农村贫困发生率与地质灾害发生数量对比

	农村总人口（万人）	农村贫困人口（万人）	贫困发生率（百分比）	发生地质灾害数量（处）
浙江	2 170.9	9.6	0.4%	116
湖北	3 129.6	151.7	4.8%	665
云南	3 043.8	555.2	18.2%	1 035

资料来源：中经网统计数据库、国家统计局。

其次，贫困地区多分布在高原、山区。这些地区脆弱的自然生态环境（见表5-4）造成了可利用土地不足、水资源稀缺等问题，发展农业生产的条件十分恶劣。此外，土壤贫瘠、生产力水平不高等导致贫困地区农业总产量低下，进一步制约了集约经营，不仅导致政府财政收入减少，而且造成农村居民人均可支配收入减少，扩大再生产的经济积累难以完成。

表 5 - 4　　　　中国贫困人口主要分布区域自然生态环境特征

贫困人口主要分布区域	自然生态环境的基本特点
西南大石山区	植被破坏、水土流失严重、土层浅薄、自然灾害频繁
西北黄土高原区	干旱少雨、植被稀疏、环境承载力低
青藏高寒区	气候高寒、积温严重不足

　　资料来源：杜哲．生态贫困实证分析及生态型反贫困的路径选择［D］．兰州大学，2007.

　　贫困地区经济发展水平低、产业结构落后的特点决定了粗放式的发展路径。在农业方面，贫困地区居民为了满足基本的食物需求，大规模地毁林开荒，广种薄收，加剧了生态退化，使本来就伤痕累累的生态环境变得更加脆弱。在工业方面，发展低端工业势必导致能耗与污染超标，过分依赖产业链条很短的矿产资源开发，产品附加值很低。例如，部分西部贫困地区的大型煤炭企业缺乏高新技术的支撑和大型战略投资者的带动，只是进行原煤、洗煤生产，经济效益低下，能耗排污大，产业单一化，不仅破坏了当地环境，而且增加了地质灾害的发生频率（刘慧，2013），结果，地区的贫困进一步加剧了生态的退化。

　　（二）生态扶贫的作用机制①

　　生态扶贫的提出，实现了扶贫开发方式的重构，将以往依赖资源消耗增加带动经济增长的发展模式向依靠经济增长和生态保护协调发展的可持续发展模式转变，是贫困地区走出贫困陷阱的有效途径。如图 5 - 2 所示，生态扶贫可以分为基础层、产业层和保障层三部分，是依托生态建设工程和生态产品直接利用价值，持续开发生态产品，形成生态产业，构建生态服务消费市场的综合扶贫体系（沈茂英，2016）。

---

　　①　本小节参考了沈茂英、杨萍的相关研究。参见沈茂英，杨萍．生态扶贫内涵及其运行模式研究［J］．农村经济，2016（7）：3 - 8.

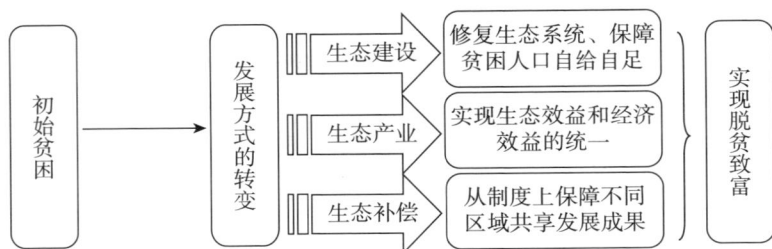

图 5-2　生态扶贫的作用机制

　　生态扶贫的基础层为生态建设。生态建设与保护将生态保护理念与经济社会的方方面面相结合，是当前贫困地区实施力度最大、涉及范围最广的发展项目。生态建设项目及其所形成的生态建设产业在治理生态环境、维护生态系统健康运行的同时，也为项目实施带来大量的发展机会。不仅如此，生态建设项目的实施维持了生态资源存量，保证了生态资源增量，保障了贫困人口自给型生态产品（如薪柴、草料、药材、菌类、水果、干果等）的足额供给，还为生态资源的产业化开发和生态服务消费市场的发展创造了条件。

　　生态扶贫的产业层是对生态资源直接使用价值的市场化开发，从而形成以生态环境为基础的产业。生态产业扶贫是生态扶贫的较高形态，是在充分满足当地人自用性实物资源的基础上实施的规模化、产业化开发，是实现贫困地区生态效益和经济效益合二为一的有效途径，可以促进生态与扶贫的良性互动，尽快地从根本上摆脱贫困、实现可持续发展。有机农业与有机农产品开发、生物资源开发产业、生态农业及其加工产业、生态旅游等均属于生态扶贫产业范畴。

　　生态扶贫的保障层是指，依靠主体功能区制度和生态红线保护制度，建立生态补偿机制，从而为生态保护与摆脱贫困的统一提供制度保障。有一种贫困是制度性或政策性贫困，是由于政府部门为推进某一领域的发展，制定的政策带有一定的倾向性，使得在某一领域或区域得到政策支持而快速发展的同时，其他领域或区域因政策限制发展缓慢而陷入的贫困。建立合理的生态补偿制度（包括横向补偿、流域补偿等）是对农户维护生态成本的合理补偿，是落实保护生态环境政策的合理体现，也是共享发展成果的制度保障。

三、生态扶贫的路径选择

（一）推行生态补偿机制

贫困地区面临着生态退化与居民贫困的双重压力。以治理生态退化、保护生态环境为目标的生态建设具有较强的外部效应，甚至一定程度上限制了工程区居民对生态资源的利用，从而在一定程度上一定范围内致贫。而且，拥有森林等生态资源的居民，在持续维护生态资源的同时却无法获得森林等生态系统所提供的涵养水源、调节河流流量的利益。他们为维护生态系统所付出的代价（包括直接用于森林保护的付出和由此而失去的发展机会）通常得不到应有的补偿，导致资源诅咒效应的发生，使得生态资源富集区出现大面积的贫困。对贫困地区农户生态资源维护成本的补偿，是消除贫困的重要制度保障，是生态扶贫的核心要素。建立完善的生态补偿制度，对生态资源的动态变化给予足额补偿，不仅是对农户生态保护成本的肯定，而且是有效提升农户可持续发展能力的关键。

（二）落实生态移民搬迁

生态移民是以恢复生态、保护环境和发展经济为目的，通过易地搬迁的方式将人口从生态条件特别脆弱的地区尤其是重要的生态功能区迁移到生态条件比较富足的地区，是提高生态扶贫精准度的重要途径。

推进生态移民工程，要坚持政府主导、移民自愿的原则。生态移民是一项涉及面广、工作量大、政策性强的系统工程，只有通过政府主导组织实施，相关部门配合参与才能有效启动。同时，生态移民也要充分尊重移民的意愿，通过宣传动员准确回答"为什么移、怎么移、移向哪"等问题，使移民自发、自觉、自愿地迁移。

推进生态移民工程，要制定生态移民配套政策措施，提供良好的政策环境。生态移民工程的推进，会引发移民户籍、土地、住房、教育、医疗、就业、社保等一系列问题，必须制定相关配套政策作为实施保障，让移民实实在在地吃上迁移"定心丸"，才能实现"搬得出、稳得住、富得起"的移民目标。

推进生态移民工程，要完善迁入地的基础设施建设。图 5－3 对比了 2006—2015 年贵州省农村年末水电设备容量与农村居民家庭人均纯收入的变化趋势，可以看出，发电设施作为基础设施建设的一项重要内容，其建设水平与农村居民的收入正相关，增长趋势基本趋同。因此，按照统筹规划、合理安排的原则，加快推进交通路网、港口码头和能源电网项目建设，构建功能完善、协调配套、高效可靠的基础设施体系，能使居住条件大幅提升，从而进一步激发村民脱贫的主观能动性。

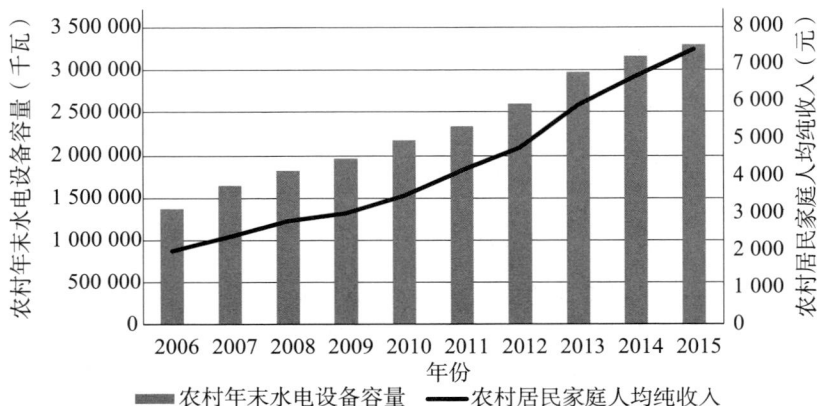

图 5－3　2006—2015 年贵州省农村年末水电设备容量与农村居民家庭人均纯收入的变化趋势

资料来源：中经网统计数据库。

四、中国推行生态扶贫的障碍

（一）经济方面的障碍

经济发展水平不高，为解决生态环境问题投入的资金有限。经济发展水平是生产力水平高低的重要表现。中国经济发展水平有限，是难以实现扶贫与生态保护协调发展的主要原因。环境库兹涅茨曲线假说指出，在经济发展的初级阶段，环境污染的程度与经济发展的水平同步上升，也就是说，经济越发展，污染越加剧。在这个阶段推行的环保项目，往往存在着投入高、见效慢、收益不明显的特点。而且即使有推行环保项目的想法，也往往会因为资金和技术投入的不足而导致计划搁浅。不管是地方政府还是各企业单位都无法做到投入大量的资金、人力、物力来发展环境保护事业。因此，在中国的大部分地区，一些用于环境保护的基础设施由于缺乏应有的维护，变得十分陈旧，甚至无法工作，难以有效发挥其环境保护的功能。

GDP 导向的政府考核容易引发资源环境破坏性开发。以 GDP 为主要指标的现行国民经济核算体系，只重视经济产值及其增长速度，而忽视了资源基础和环境条件。这是造成人们单纯追求产值，相互攀比速度，不顾资源损耗及环境恶化的重要根源。传统的 GDP 指标容易造成经济发展中的资源空心化现象。

市场失灵导致环境保护供给不足。环境保护作为一种公共物品，往往存在供给不足的问题。因此，许多发达国家的政府采用经济激励的手段，以达到加大环境保护供给的目的，主要包括减少污染项目的补贴、增加环保项目的补贴、减少环保项目的税收、对污染项目采取许可证制度等市场手段。中国虽然也在逐步地利用市场手段保护环境，但利用市场机制的力度和深度还远远不够（冯刚，2008）。

（二）制度顶层设计与政策分层对接方面的障碍

现行的环保制度缺乏有效的激励机制。经济主体的行为是受制度约束的，一个有效率的制度应同时具备约束机制与激励机制。中国现行的环保制度的约束机制远胜于激励机制，缺乏自觉遵守制度的激励，导致广大消费者和企业都沦为了制度的被动遵守者。因此，实现环保制度的创新，引入有效的激励制度，从制度设计上保证经济主体能从自身效用最大化角度出发，选择有利于保护环境的政策措施，使经济与环保策略达到一种共生的状态，这样才能实现经济发展与环境保护的和谐一致。

现行环保制度使司法机关、社会团体和公民个人在环保方面发挥的作用有限。中国现行环保制度主要以政府监管和治理为主，而对公众的环境权力或环境权益界定不足，处罚力度不强且程序烦琐，限制了司法机关依法介入环境保护的能力，使社会团体和公众参与环境保护的积极性受到了影响，而受污染影响的公民的合法权益较难得到保障。

产业政策不当对环境造成了破坏。环境问题与经济中各产业有着极高的关联度，产业政策的制定与实施也会间接对环境系统产生影响。有些旨在发展经济、促进产业发展的产业政策在客观上却给环境带来了灾难性的影响，如能源生产补贴政策、农产品补贴政策。

环境经济综合决策机制尚未完善。建立环境与发展综合决策机制，在重大立法、政策和计划等宏观决策中综合考虑环境与发展问题是促进中国环境与经济协调发展的必然选择。中国尚未形成一个对环境与发展进行综合决策的机制，也就是说，中国在许多重要的经济发展决策的形成过程中没有将环境保护因素考虑进去。其重要原因有：体制方面，由于中国目前的环保部门与经济管理部门相互分割、彼此独立，各部门在规划和政策制定上各自为政，过多地考虑本部门的利益，环保部门统一的资源环境利用综合协调能力明显不足，造成了潜在的甚至是无法消除的负面影响；认识方面，有些决策者法律观念淡薄，表面上重视环境保护，实际上面对环保机构薄弱、执法力量不强等问题，不是予以解决，反而还将环保机构削弱，有些领导只以产值和速度作为评定政绩的主要标准，漠视环境保护。

（三）思想意识方面的障碍

地方政府重经济、轻环境的意识仍然存在。目前，由于地方政府忽视生态环境问题，很多生态环境问题处理上进展缓慢，城乡污水厂和管网建设、农村垃圾整治、河流湖泊污染水体治理、重金属土壤修复等工作难以推进。对自然资源重开发轻保护，重利用轻补偿，对环境和生态造成了极为不利的影响。在实际工作中，少数领导将当前中国的环境保护和经济发展对立起来，甚至以牺牲环境为代价，换取暂时的局部的经济增长。不少政府对优化产业和产品结构认识不足，继续搞低水平重复建设，走"先污染，后治理"的路子。

公民环境保护意识不强。在贫困地区，由于贫困人口长期关注物质生活改善，文明素质不高，在部分生态保护领域参与度不高，小到垃圾分类、电池回收、节约用水，大到修堤筑坝、防沙造林等活动中，很难见到贫困地区的典型（冯刚，2008）。

五、生态扶贫的实践价值

（一）缓解生态压力，摆脱经济发展制约

全局性的生态压力不容忽视，其形成的"倒逼"趋势严重制约着社会经济的发展，贫困地区尤为严重。最为棘手的是，有些贫困地区的生态承载力突破极限，开始"反噬"地区发展力。因此，生态扶贫将生态保护置于扶贫开发的首要位置，就是从根源上破除致贫原因，从而缓解贫困地区的生态压力，破解生态环境对经济发展的瓶颈制约。

（二）推动生态产业发展，突破脱贫致富的生态瓶颈

贫困地区一定要以绿色发展为指向，牢牢抓住生态经济增长点，才能从根本上破解贫困问题。目前，生态经济的发展还处在起步阶段，需要政策、人力、资金、技术等多方面的支持。例如，生

态农产品由于流通渠道不畅、社会认知度不高等原因遭遇"叫好不叫座"的市场困境。因此，生态扶贫一旦推行就会出现政策红利并引发红利效应，吸引生态科技、生态产业以及各类生态项目的助贫投入，客观上刺激贫困地区生态经济的发展。

（三）催生贫困地区内生动力，推动绿色、可持续发展

生态扶贫最根本的是扶助贫困主体提高自我发展的能力，进而增强贫困地区的内生动力，实现绿色可持续发展。从一定角度分析，生态扶贫不仅要求扶贫开发以生态保护为约束，而且希望生态保护与扶贫开发协同形成发展新动力，有效推动贫困地区的全面发展。这种新动力的内核就是贫困地区的内生动力。例如，发展高效生态农业的直接效益体现在经济和生态上，但间接效益是吸引农村人才回流，包括农民工及其大学生子女返乡。这种人才回流恰恰是农村发展最需要的，也是贫困地区内生力量的源泉。因此，生态扶贫所产生的经济效益、生态效益以及深层次的社会效益，都会催生贫困地区的内生力量，推动贫困地区走上绿色、可持续发展之路（杨文静，2016）。

第六章

反贫困的中国经验：文化教育与兜底机制

中国历来重视贫困问题，为了解决这一世界性难题一直在不懈努力，也取得了一系列举世瞩目的成就。党的十八大以来，习近平总书记在国内的考察线路涵盖了众多贫困村，就摆脱贫困做出了一系列重要指示。2013年11月，习近平总书记在考察湖南湘西十八洞村时提出了"精准扶贫"的概念，体现了新时期的民生期盼。其中，教育扶贫和低保兜底机制作为精准扶贫的重要组成部分，直接关系到反贫困效果的持续性和长期性。

部分贫困人口长期贫困，表面上是物质上的贫困，实际上，更深层次的原因是思想上的"贫困"。过去的传统扶贫政策和模式，对部分地区和部分人群没有产生切实的成效，根本原因在于没有找到摆脱贫困的关键：扶贫必先智，治贫先治愚。习近平总书记在2015年的中央扶贫开发工作会议上明确提出了"发展教育脱贫一批"的扶贫攻坚措施。[①] 把

---

① 2015年11月27日至28日习近平总书记在中央扶贫开发工作会议上的讲话。

205

教育扶贫纳入精准扶贫战略中，既是一种创新也是标本兼治的重要举措。与产业扶贫、救济扶贫等扶贫方式相比，教育扶贫是从源头上发现并解决贫困问题，是最具持续效力且从根本上消除贫困代际传递的"关键一招"。

贫困人口的致贫原因有很多种，其中有许多贫困人口是完全或部分丧失了劳动能力，对他们而言，无法依靠自身的能力脱贫。因此，养老、医疗、最低生活保障、社会救助等制度成了他们的兜底保障。为此，国家将这些贫困人口全部纳入兜底保障的覆盖范围内，实行社会保障兜底脱贫。自十七届三中全会首次提出要"实现农村最低生活保障制度和扶贫开发政策有效衔接"以来，低保兜底与扶贫开发的有效衔接问题被提上了扶贫工作的日程。习近平总书记在 2015 年的中央扶贫开发工作会议上也明确提出了"社会保障兜底脱贫一批"的扶贫攻坚措施。为了实现到 2020 年基本消除绝对贫困这一目标，做好社会保障兜底和扶贫开发的有效衔接具有重要意义，它是推进精准扶贫的必然要求，也是全面建成小康社会的基本条件，因此它成为了当前我国扶贫开发工作的重要任务之一。当前，在我国过去已有的扶贫经验的基础上完善精准扶贫体系，探索出精准扶贫和社会保障兜底政策融合发展的运行机制，对于全面建成小康社会和实现中华民族伟大复兴的"中国梦"都具有现实而深远的意义。

第一节　教育扶贫是精准扶贫的治本之策

教育扶贫作为从根本上解决贫困代际传递问题的"关键一招"，是一项治本之策，在精准扶贫中发挥着至关重要的作用。对教育扶贫的探讨主要集中在其核心内涵和扶贫对象的精准识别、作用与意义、实施路径和问题以及对策等方面。教育扶贫中如何将可以通过教育这一方式脱贫的贫困人口精准识别出来是我们重点关注的问题，同时也是一大难点。现阶段我们非常重视教育扶贫问题，但在实施过程中仍存在一些问题，由此产生了相应的对策建议。通过对教育扶贫问题的深入研究，可以发现其实施的必要性和重要性。

一、教育扶贫及其对象的精准识别

（一）教育扶贫的内涵

教育扶贫指的是国家对贫困人口进行教育资助，以此来提升贫困地区的教育质量，通过投入教育资金增加贫困人口获取科学知识的机会，学习摆脱贫困的劳动技能，并在贫困地区的人口素质不断提升的过程中，推动贫困地区的经济、社会、文化的快速发展，最终实现脱贫致富的目的（陈冠男，2016）。教育扶贫实际上就是要在实施精准扶贫战略时高度重视教育事业，把贫困地区的人才培养作为重点，集中力量发展和提升贫困地区人口的文化素质、思想素质和科技素质，增强贫困地区的造血能力和综合素质，争取早日摆脱贫困。

教育扶贫有两个层次的内涵：一是对贫困地区的贫困人口进行教育帮扶，使他们享有同等的受教育的权利和机会；二是以教育的方式帮扶整体，提升贫困人口的整体素质和技能，使他们能够主动参与到市场中进行经济活动，获得脱贫致富的能力。教育扶贫是摆脱贫困的有效方式，也是防止贫困代际传递的根本途径。

教育扶贫力求转变过去只重视资金帮扶的传统扶贫方式，转而更加重视思想层面，把贫困地区人口素质的提升作为精准扶贫工作的一个重点。从我国的教育扶贫政策来看，教育扶贫已经从过去的普及初等教育和农村扫盲逐渐扩展到贫困地区的基础教育、职业教育以及高等教育等，针对不同年龄人口的教育方式也更加细化。

（二）扶贫对象的精准识别

教育扶贫的对象必须覆盖不同的贫困地区、不同的贫困家庭和不同的贫困对象，因此，教育扶贫对象的精准识别非常重要，同时也具有一定难度。教育扶贫属于造血式扶贫，并不是适用于所有的贫困人口，开展教育扶贫精准识别，首先需要确定哪些人属于需要帮扶的贫困人口，将这些人从总人口中分辨出来；其次需要将这些识别出来的贫困人口进一步分为可以通过教育扶持脱贫的贫困人口和不能通过教育扶持脱贫的贫困人口两部分[①]；最后需要明确以何种教育方式进行帮扶是最有效的。

教育扶贫对象精准识别大致分为三部分内容：首先是在对贫困人口建档立卡的基础上，对贫困人口进行科学评估，确保教育扶贫的对象符合要求，并且具有受教育的能力。其次是设计一套科学的教育扶贫对象识别程序，这套识别程序需要包括贫困人口自主申报、下属社区进行调查审核、民主评议、公示等环节。再次是建立动态的教育扶贫对象进退机制，定期对教育扶贫的贫困人口进行审核和重新识别，对于已经能够稳定脱贫的扶贫对象，使其退出教育扶贫机制，重新识别后新的扶贫对象享受同样的教育扶贫待遇（张翔，2016）。最后是设计一套科学有效的综合教育体系，包括基础教育、学历教育、职业教育等，确保贫困人群能够切实从教育当中获得摆脱贫困的能力。

二、扶教育之贫大有可为

（一）教育扶贫的作用

目前教育对于经济发展具有的积极作用已经得到了普遍认可，但是关于教育的扶贫效果尚缺乏详尽的文献证据和政策实践。我国以往的扶贫项目往往都是以基本层面的物质帮扶为主，忽视了对贫困人口的内在长久脱贫能力的培养，忽视了教育的重要性，导致贫困人口在脱贫道路上出现"长期贫困""反复贫困""代际传递贫困"。因此汲取了以往的经验教训之后，现阶段的扶贫工作已经将教育扶贫放在了重要的位置上。

---

① 这里所谓的可以通过教育扶持脱贫的贫困人口指的是尽管自身贫困，但具备一定的学习能力的人口。

一方面，大力推进教育扶贫，在贫困地区发展多种形式的教育事业，可以促进教育资源的优化配置，推动教育投入减贫边际效果递增。一定程度上，贫困源自贫困人群获得和运用生产要素的能力较弱，通过教育能够提升贫困人群的这种能力。另一方面，教育能够提升贫困人口的"跃迁能力"[1]，增强向更高收入的地区、产业、平台转移的能力。现阶段，人们已经逐渐认识到了教育在消除贫困方面的重要作用，图6-1反映了随着入学率的提高，贫困率反而下降的趋势，充分说明了接受教育对于减少贫困的显著效果。

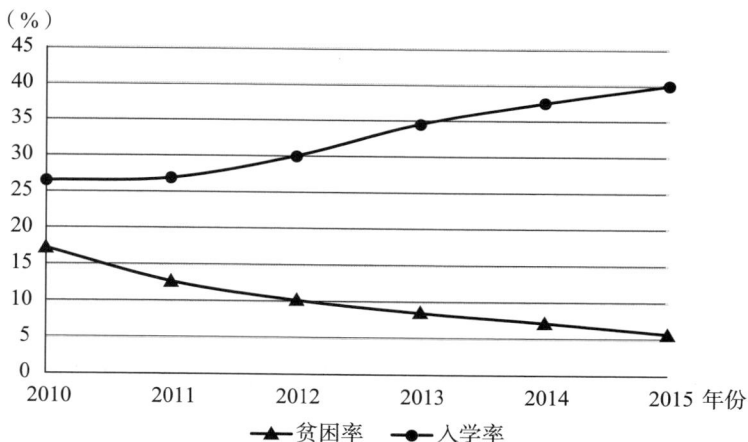

图6-1 入学率与贫困率的关系

资料来源：国家统计局。

（二）教育扶贫的意义

扶贫是一项系统工程，需要全社会共同努力。扶贫先扶智，治贫先治愚。在阻断贫困的代际传递问题上，教育大有作为。因此，将教育扶贫纳入精准扶贫的战略范畴中意义重大。

---

① "跃迁"本义是量子力学体系中状态发生跳跃式变化的过程，这里利用"跃迁能力"一词指代贫困人口改变其发展现状的能力。

首先，教育扶贫是造血式扶贫的基础。我国目前扶贫开发工作的理念就是造血式扶贫，力图帮助贫困地区的贫困人口充分了解市场环境，使贫困人口能够充分利用所学知识参与到市场中。想要参与到市场中去，一方面是需要有市场可以进入，这就需要政府营造一个良好的市场环境和健全的社会秩序，为贫困人口进入市场提供便利条件；另一方面是贫困人口要有主观能动性进入市场，这属于主观意识方面的问题，可以通过教育来实现，通过教育可以使得贫困人口改变其眼界、意愿、方法、能力等内在因素，从而实现脱贫致富的目的。

其次，教育扶贫能够提供人力资本、提升就业能力。很多贫困地区拥有丰富的自然资源，由于缺少善于开发、利用和管理的人才，导致资源没有实现"物尽其用"。进行教育扶贫开发工作就是要培育善于运用贫困地区资源要素的人力资源。教育扶贫就是改变以往单纯通过资金帮扶方式摆脱贫困的这一传统扶贫方式，转而通过教育提升贫困人口素质，从而从根本上摆脱贫困。只有将人才培养工作作为精准扶贫的重点工程来实施，才能使得人才质量有保障，摆脱贫困才有希望。

只有充分做好贫困地区的基础教育、学历教育、职业教育等工作，保障教学资源的高质量配置，才能提升贫困人口的就业创业能力，最终实现真正的脱贫致富。图6-2反映了就业率随着入学率的增加而增加的趋势。

最后，教育扶贫是改变贫困地区贫困现状最有力的措施。优质的教育可以带来科技的进步和创新、人力资本投资的提质和增效，从而推动区域经济发展，最终实现脱贫致富。图6-3反映了近些年来我国高等院校对教育科研的重视程度以及所取得的成绩，由此可以看出教育的重要性。扶贫的核心就是提升人的综合素质，归根结底也就是加强对贫困地区人口的教育，要用长远的眼光看待教育科技，通过教育扶贫阻断贫困的代际传递。

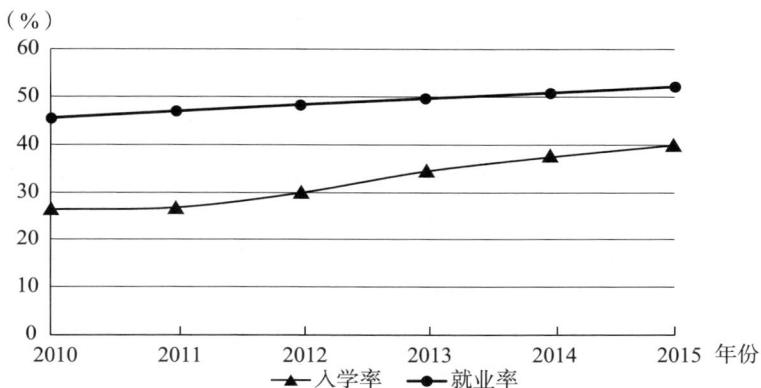

图 6-2　入学率和就业率的关系

资料来源：国家统计局。

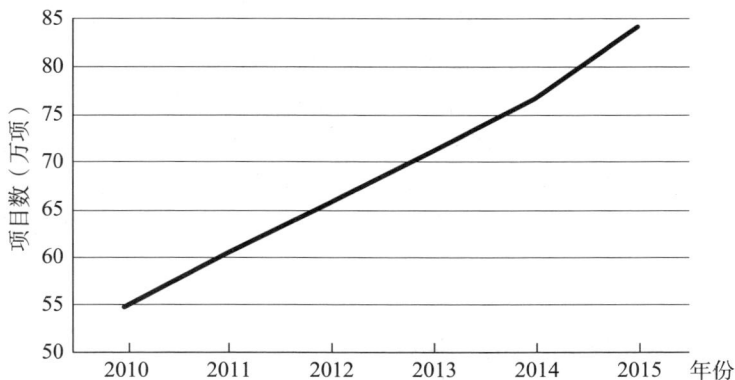

图 6-3　我国高等院校科研活动项目数

资料来源：国家统计局。

（三）教育扶贫的价值追求

　　长期处于贫困状况的儿童从小接触的都是贫困文化，使得贫困思想根深蒂固，并通过代际进行传递，使之成为一个封闭的循环怪圈，其自身无法摆脱贫困。基于此，通过教育的手段来提升贫困地区人口的生存与发展能力是一种根本性的、切实可行的方法，它能够从思想上摆脱贫困文化的束缚，是摆脱贫困的关键环节。教育扶贫的价值追求具体来说就是教育扶贫所追求的教育信念和教育目标，解决为什么要开展教育扶贫以及开展教育扶贫之后要取得什么成果。教育扶贫的本质是体现公平正义，通过公平的教育扶贫制度和实施过程来实现贫困地区教育资源的公平分配，从而实现教育扶贫对社会公平正义的这一价值追求（李兴洲，2017）。

教育扶贫体现了权利平等和机会均等的原则。每一个公民都享有受教育的权利，而要实现贫困地区的贫困人口拥有同等的受教育权利，不能仅仅是一种表面上的形式平等，而应该是受教育权利的实际平等。教育扶贫是要从根本上保障贫困人口的受教育权利和可持续发展的权利，从而为其摆脱贫困奠定基础，贫困地区的贫困人口只有首先在受教育这方面享有和其他人同等的权利，才有可能减贫脱贫和持续发展。教育扶贫一方面要保障贫困地区的整体投入充足，另一方面还要面向不同区域进行有针对性的政策选择，例如对于资源极度匮乏的贫困地区可以进行适当的倾斜，使当地的学校能够享有与其他地区学校同等的利用教学资源的机会。教育扶贫追求的价值是公平正义，从教育的起点到结果整个过程都应该体现出这种公平（李兴洲，2017）。

三、教育扶贫的问题与路径

（一）教育扶贫的实施路径

扶贫先扶智，治贫先治愚。只有通过教育的方式才能真正提高贫困人口的综合素质，彻底摆脱贫困，阻断贫困的代际传递。我国的教育扶贫体现在各个领域，采取的措施也是多种多样。

第一，面向农村地区，实施三大专项招生计划。三大专项招生计划指的是农村贫困地区定向招生专项计划、农村学生单独招生和地方重点高校招收农村学生专项计划，也就是我们常说的国家专项计划、高校专项计划和地方专项计划。其主要内容可以归纳如下：招生对象均为具有农村户籍的考生；采取单独招生与定向招生相结合的录取方式；最高可降低 60 分录取（黄巨臣，2017）。三大专项招生计划是教育扶贫的一种创新方式和新的尝试，虽然现阶段仍然存在一些问题，但它能够为农村的贫困学生提供更多的获得高等教育的机会。

第二，发展贫困地区的职业教育。很多贫困地区自身是有特色资源的，只是没有加以开发利用，这主要是由于当地的贫困人口思路不开阔，尤其是缺乏关于乡村旅游、绿色食品和生态农业等方面的认识，所以教育扶贫主要是围绕绿色优势产业来提高贫困地区人口的综合素质和就业能力，学习深度开发和应用的技术，尤其是要重点培养贫困地区的专业技术人员，培养新型职业农民，实现贫困人口的脱贫致富，从而促进贫困地区的经济发展。

第三，高校承担部分教育扶贫的重任。不同层次和类型的高校根据自身的能力和教学质量承担不同的教育扶贫责任，"985 工程"的大学、"211 工程"的大学、一般的本科院校由于自身的资源各不相同，所以承担的教育扶贫的任务也有所差别。同时我国的高校又分为综合类、文史类、理工类、师范类、语言类、医药类等多个不同类型，不同类型的高校所承担的教育扶贫的责任也有所不同。部分东部地区的高校和科研院所承担着支援西部地区的职责，西部地区院校可采用特聘教授制度来提升教学和科研水平，同时配以适当的人才流动机制等。

第四，利用国家政策引入丰富的教师资源。在教育扶贫开发的过程中，一个重要的核心问题就是教师，贫困人口的综合素质能否得到提升也体现在教师资源是否优质上，但是相比于大城市良好的待遇和完善的周边基础设施，贫困地区的学校基本无人问津，师范类院校毕业的学生不愿前往贫困地区任教，这也是一个重大问题。针对贫困地区存在的教师不愿来、不愿留的问题，一方面，要提高贫困地区教师的待遇，提高其工资收入、解决其住房问题，为其子女的教育提供福利等，吸引毕业生到贫困地区任教；另一方面国家制订了"国培计划""省培计划"，加强了对前往贫困地区的教师的职业技能培训，以提高贫困地区的教学质量。

（二）教育扶贫存在的问题

教育扶贫的初衷是从根本上摆脱贫困，为此国家也制定了相应的政策，但在地方实施的过程中却存在一些问题。

第一，教育扶贫的对象有偏差。在教育方面，每个人都希望能够接受高等教育，但实际上从人的成长规律和教育的发展规律来看，并不是每个人都适合接受高等教育，特别是对于贫困地区的学生，可能职业教育相对而言更适合他们，通过职业教育学习到真正可以帮助他们摆脱贫困的劳动技能，从而达到脱贫致富的目的。但目前我国的教育扶贫中职业教育发展还不完善，缺乏对贫困地区职业教育学校的有效扶持。从图 6-4 可以看出，教育扶贫仍将重点放在使贫困人口接受高等教育这一方面，对职业教育培训的重视程度不够。

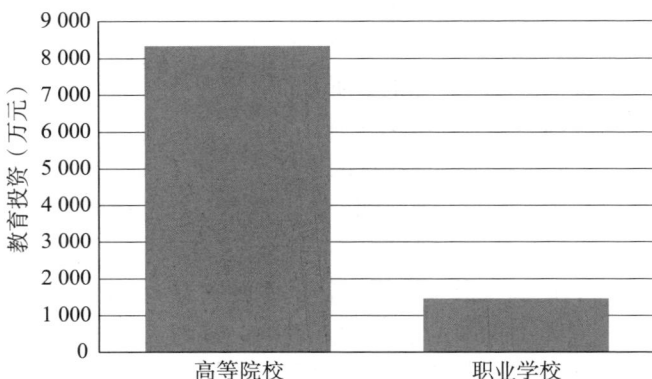

图 6-4　对职业学校和高等院校的投入资金的差别（2015 年）

资料来源：国家统计局，选取的是 2015 年职业学校和高等院校的投入资金额数据。

第二，国家财政性教育支出呈现区域性差异，教育扶贫起点不公平，使得区域发展不平衡。我国各地区由于受地理条件、政策等因素的影响，区域经济发展差距大，所以在这种情况下国家应该在教育扶贫开发工作中进行政策性倾斜，向贫困地区的教育投入更多的资金，以弥补贫困地区教育投资不足的劣势。但实际情况却与此相反，图6-5反映了国家财政性教育资金投入的区域性差异，对发达地区投入的资金反而更多，而那些本身就贫困的省（市、区）获得的资金支持则不足，这样只会使得区域间的发展更加不平衡，贫困地区仍旧无法脱贫致富。

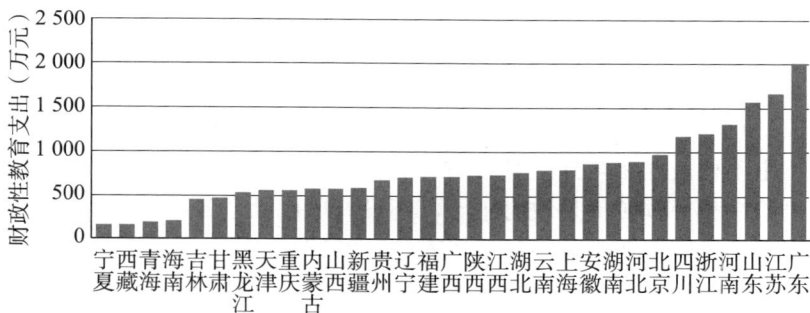

图6-5　国家财政性教育支出各地区间的差异（2014）
资料来源：国家统计局。

第三，教育扶贫的目标发生偏移。教育扶贫的根本目的是通过教育的方式使得贫困地区的贫困人口具备摆脱贫困的能力，但在一些贫困地区却存在轻视贫困生和老师、过度重视基础设施等硬件的援建等现象，这主要是因为建造基础设施更容易，而培养贫困生则更具有难度，所以一些相关的教育扶贫单位只讲表面功夫做好，而没有给予贫困生优质的教学资源，但实际上对贫困生的培养才是教育扶贫的根本目标。

第四，教育扶贫的制度建设不完善。目前的教育扶贫制度体系缺乏针对不同的扶贫对象的具体安排，配套的相关制度建设也并不完善，国家鼓励社会各界人士参与到教育扶贫的实践中去，但也并没有明确的法律条文来规范扶贫主体在教育扶贫中的权利、义务和责任，这就使得扶贫时出现了无法可依的情况。除此之外，制度设计和最终实施同样存在问题，一些地方政府在教育扶贫制度的设计上缺少协同合作精神，由此设计出来的教育制度出现了碎片化的情况，降低了教育扶贫的效率，在制度真正实施的时候也存在和最初的设想不一致的问题。教育精准扶贫制度在设计时是从中央到地方层层推进落实的，而地方扶贫主体可以出于经济利益等原因在实施执行过程中违背制度最初的设想，同时又由于缺乏相应的部门监管，导致教育扶贫资金等资源受到损失。

第五，教育扶贫多元主体缺失。我国的教育扶贫应该采取以政府为主导、社会各界积极参与的扶贫模式，一个良好的教育模式应该是政府、学校、社会组织和市场等多个主体共同治理的，各个主体主动积极地参与到教育扶贫中，才能实现教育扶贫效益最大化。目前在教育领域仍是政府主导，还没有形成社会各界广泛积极参与到教育扶贫事业中的格局（代蕊华，2017）。图6-6反映出我国教育基础设施建设资金投入方面几乎都是政府在扶持，而其他主体参与度较低。

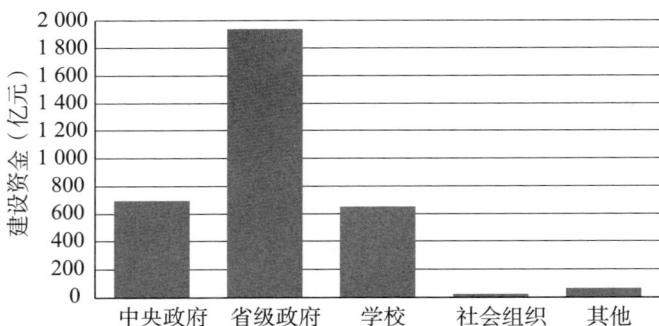

图6-6　政府与民间机构教育基础设施建设资金投入情况（2015年）
资料来源：国家统计局。

（三）教育扶贫的对策建议

第一，有针对性地发展职业学校。在贫困地区发展职业教育是实现精准脱贫的最有效的方法，贫困地区的学生可以通过职业教育学习劳动技能，获得脱贫致富的能力，带动整个家庭减贫脱贫。所以，发展职业教育是贫困地区教育扶贫的重中之重。首先要提升贫困地区职业学校的教学质量和办学能力，加大对其的资金投入和政策支持力度，保证每个市都有一所重点建设的职业学校，扩大高等职业院校对贫困生的招生人数，以此来弥补贫困地区教育投入不足的缺陷。其次要提升教学质量和培训能力，职业教育不同于其他教育，它必须紧紧围绕贫困人口脱贫这一目标展开，一方面要针对职业农民进行农业相关知识的培训，另一方面要针对贫困地区发展具有当地特色的涉农专业点，其目的就是培养有知识、懂生产的新型职业农民，通过职业农民和涉农专业点开发独具当地特色的农业品牌。最后鼓励企业与贫困地区的职业学校合作办学，贫困地区的企业要想持续发展，不能只依靠当地政府，还需要与当地企业合作，提升办学水平。可以采取建设校企教育扶贫基地等方式，学生可以进入企业实现就业，既为贫困学生提供了工作机会，也为企业提供了专业人才，互相合作、互惠互利。

第二，国家应充分了解我国各地区的实际情况，针对不同贫困地区的实际情况给予财政支持。贫困地区长久以来由于经济、文化落后，实际上其教育水平已经与其他地区相差甚远，因此，只有国家给予充分的重视和更多的资金帮助，使贫困地区在教育方面与其他地区站在同一起跑线上，才能真正达到教育扶贫的理想效果。

第三，在贫困地区普及学前教育，增加优质的学前教育资源。我国贫困地区对学前教育长久以来不重视，在精准扶贫中教育扶贫必须改变这一状况。首先需要兴建校舍，这样贫困儿童可以就近入学，从而保障他们不会因为学校离家远等原因失学，真正使得贫困地区的儿童得到教育启蒙。其次要完善贫困地区的学前教育办学体制，形成县、乡、村分级的教育网络，确保乡镇和贫困村幼儿园的全覆盖。最后为入学的贫困儿童提供便利服务以吸引其主动入学，改善贫困地区学校的基础设施条件，为贫困儿童提供一个良好的学习环境。

第四，健全和完善教育扶贫制度。首先在国家层面需要尽快完善教育扶贫相应的法律法规，特别是资金使用、监督管理等方面的法律，加大制度供给力度，同时制定相应法律明确社会各界在参与教育扶贫时应负的责任和义务。其次在地方层面需要在国家制定的宏观法律制度框架下结合本地区的特点和教育扶贫的实际情况因地制宜地制定出台相关的政策，保障教育扶贫开发工作得以顺利开展。最后要加强对教育扶贫的监督管理。教育扶贫在真正实施的过程中，地方政府可能会由于经济利益等原因而背离初衷，针对这种问题必须进行监督制约，国家需要建立和完善减贫脱贫监管机制，构建教育扶贫资金信息公开平台，特别是针对教育扶贫资金的信息公开和使用监管，要做到每一项资金的使用都公开透明，同时引入第三方监管机制对教育扶贫的资金使用、对象识别、帮扶效果等情况进行监督，以提升教育扶贫的效率。

第五，创新社会多元主体参与教育扶贫的机制。教育扶贫应该打破过去的单一主体的扶贫结构，转变管制型政府模式下的教育理念，形成社会各界积极参与教育扶贫的新模式，实现各种扶贫资源的优化整合，提高教育扶贫的效益，构建政府主导下的社会组织、学校、市场相互补充、相互融合、协同发展的格局，推动教育扶贫事业的良好发展。同时基于互联网＋的时代背景，紧紧依托互联网技术，建立教育扶贫信息交流平台，使得多元主体间能够相互沟通交流，协同发展。

专栏6-1 "格斗孤儿"：人生不应只有两难选择

不久前，一条"格斗孤儿"的视频在网上流传，两名来自凉山的14岁少年在铁笼中厮打的画面引起了轩然大波。一时间，对少年所在格斗俱乐部收养是否合法、是否教唆未成年人进行商业比赛牟利等的质疑四起。随后，成都市警方对俱乐部进行了调查。日前凉山州教育部门以"接受义务教育"为由，将孩子们送回县里。

正当人们为"解救"而欢呼时，送返现场孩子们流泪不舍的画面又将舆论迅速推到了另一个极端：送返回乡是否以爱为名将孩子们送回了贫困的生活，剥夺了他们追求梦想的权利？

直到今天，与解救"格斗孤儿"相关的两种声音的"楚河汉界"依然清晰：支持者说，把凉山贫困儿童的出路寄托于格斗，既对孩子的身心成长不利，又脱离了实际；质疑者则反问，在一厢情愿的"高尚"送返后，孩子们的出路又在何方？

姑且不去讨论俱乐部收养这些孩子的合法性以及是否利用他们进行商业比赛牟取暴利，因为那还需要等待最后的调查结果，单就孩子们参加俱乐部这一事情本身而言，格斗作为一项体育运动，无论在国内还是在国外，运动员的培养从娃娃抓起，格斗技能的提高从实战训起，都是一个普遍现象。换个角度看，格斗等体育运动也的确可能成为一小部分贫困儿童冲破社会阶层藩篱的路径。正如俱乐部球探挖掘一些有天分的孩子进行培养，当他们长大后有机会成为收入可观的足球明星一样。

当然，未成年人在选择任何一项运动时，都必须得到其本人和监护人的同意，如果存在强迫和暴力现象，就是违法行为，是必须予以制止的。从现有的报道来看，并没有俱乐部存在强迫和暴力行为的证据。相反，经过一段时间的训练，少年们相当程度上已经融入了这个集体，并将自己的梦想寄托在了格斗事业上，这是令人欣慰的。

但是，这并不意味着要对凉山州教育部门的送返行为简单地给予否定，更不意味着整个社会就应该旁观、默认甚至接受"格斗俱乐部"这一现象存在。因为俱乐部的确没有办法保证孩子们能够完整地接受义务教育。在孩童时代，无论接受了何种职业性教育，都不可以牺牲义务教育为代价，这不仅是一个法律问题，而且更关乎一个人的智力和价值观的成长。

　　事实上，无论支持者和质疑者如何争论，贫困都是一个绕不过去的话题。从根本上而言，俱乐部最初吸引这群孩子的，恐怕也是良好的生活待遇。"这边的（饭）好吃多了，有牛肉、鸡蛋，在老家的时候只有洋芋。"因此，在大众看来所谓孩子们的主动要求，其实也是贫困生活中无奈的被动选择罢了。因此，无论是屈从于现实的压力，出于这些孩子家庭贫困、无人照料等原因，就默认他们接受这样的"还算不坏"的安排，或是出于应对舆论的考量，简单地以"完成义务教育"之名强制将其带回老家，都不是有担当和负责任的表现。我想，对于"格斗孤儿"事件，与其过多侧重于非此即彼的批评，不如冷静下来进行反思。

　　首先，公众应当尊重未成年人在本人和监护人同意的情况下对个人成长路径的合法选择。我们不应该仅仅站在自己的角度对他人的选择作出过度的评价，更不能以多数人的价值判断对少数人合理合法的价值取向进行道德上的指责。多一点换位思考，多一些宽容体谅，才能为每个人的成长多提供一些积极向上的能量。

　　其次，政府应当对诸如涉事俱乐部之类的未成年人特殊成长场所进行规范监管和配套服务，切不能"一刀切"地否定。尤其在脱贫攻坚任务依然艰巨的当下，政府对贫困儿童的成长"大包大揽"并不现实。给俱乐部的"慈善"行为留一个窗口，或许对于激发贫困地区未成年人积极成长和排解贫困造成的潜在社会矛盾是一剂良药。在对招生、训练甚至收养的合法性进行监管的同时，政府还应加强对体育、艺术等职业特长学生的义务教育的配套，切实维护未成年人的合法权益。

　　最后，政府还应进一步解决贫困地区未成年人的教育和职业出路问题。一方面，要进一步加大义务教育投入，强化师资力量和硬件设施，保障学生营养餐的供给；另一方面，可以根据地方实际，在完成义务教育的基础上，加强职业技术教育，增强未成年人未来谋生的能力。

　　回到事件本身，对于被送返的这些凉山少年，千万不能一返了之。政府、学校和监护人应同孩子们及时沟通，甚至可以采取建档跟踪的方式，加强心理疏导。对于确实怀有格斗梦想的孩子，还是要尊重他们的意见，想方设法在完整进行义务教育的前提下，为他们开展技能训练创造条件。

人生不应只有两难选择，无论这群被送返的孩子将会面临怎样的生活，唯愿他们的心里不要泛起"生活刚刚见到一点曙光，希望又再一次破灭"的苦楚，取而代之的是冉冉升起的新希望。

资料来源：农民日报.2017-08-23.

第二节　充分发挥社会保障的兜底作用

由于我国存在不可忽视的贫富差距问题，因此为了实现社会保障的兜底作用，需要投入更多的精力在农村这一层面上，本节所涉及的社会保障主要指农村社会保障。农村社会保障的内涵、体系和对象是需要首要了解的，同时要明确农村社会保障兜底的意义，切实增强农村社会保障兜底脱贫的能力，而农村社会保障中最核心的部分是农村最低生活保障，农村低保对象的识别、标准的设定都是重中之重。农村低保与扶贫开发工作密不可分，必须加强农村低保与扶贫开发的有效衔接。

一、准确把握农村社会保障的目标定位

（一）社会保障兜底的内涵

我们所说的社会保障兜底中的"兜底"一词是指从我国的实际情况出发的，能够满足并保障广大贫困人口的基本需求，同时也被全社会普遍接受的一条底线，这条底线包括了对温饱、基础教育、大病医疗、公共教育和基本住房的需求，对于还处在这一底线之下

的人群，政府给予他们政策保障和财物补贴，这种由社会保障形成的兜底线可以保障社会的基本公平。

我国目前的社会保障体系主要涵盖了社会救助、社会保险、社会福利和慈善事业四个方面，其中社会保险针对的是参加保险的人，只有他们才能获得相应的保险待遇；社会福利是政府提供给老年人、残疾人、孤儿等特殊人群的福利保障，既不需要个人缴纳费用也不需要审查家庭的经济状况；慈善事业是企业和社会成员出于爱心自愿发起的资助帮扶活动；社会救助不需要缴纳费用，同时也不需要履行责任义务，但其救助对象为贫困人口，最具有兜底保障功能和作用。

（二）农村社会保障体系及其对象识别

现阶段，我国农村社会保障体系格局基本形成，大体包括农村社会养老保险制度、农村合作医疗制度、最低生活保障制度、灾害救济制度、"五保户"供养制度、临时救济制度、社会互助制度及社会优抚制度等（杨翠迎、黄祖辉，2007）。农村社会保障对象主要是广大的农村居民，农村、农民、农业的特点客观上决定了为农村居民建立社会保障制度的必然性。

（三）农村低保对象的识别

从广义范围来看，农村低保对象在确定、审核、管理等方面存在差异，其划分不完全一致，主要分为扶贫对象、农村"五保"对象和农村低保对象三种。扶贫对象指的是那些家庭年人均纯收入低于国家农村的扶贫标准同时还具有劳动能力的农户。农村"五保"对象指的是《农村"五保"供养工作条例》中明确指出的"五保"供养对象，主要包括：没有法定扶养义务人或者虽然有法定扶养义务人，但是扶养义务人没有扶养能力的；没有劳动能力的；没有生活来源的；老年人、残疾人、未满 16 周岁的村民。国家在衣、食、住、医、葬五个方面对农村"五保"对象给予生活照顾和物质帮助。① 农村低保对象指的是家庭年人均纯收入低于当地最低生活保障标准的农户，主要是因病致贫和因灾致贫的贫困户。②

　　从狭义范围来看，我们所说的农村低保对象主要是指那些家庭年人均纯收入低于当地低保标准的贫困人口。目前我国大多数的贫困地区的农村低保工作还处于起步阶段，很多方面都不够完善，同时财力、物力、人力资源都十分有限。综合各地方的实际情况，目前我们主要将保障重点放在那些因为疾病、残疾、年老体弱而丧失了基本劳动能力的贫困人口以及因为生存条件恶劣造成家庭常年生活贫困的人员身上。

　　（四）农村最低生活保障标准的设定

　　由于各个地区的经济发展水平和实际情况等存在差异，因此各个地区实际的农村最低生活保障标准也各不相同（见图6-7）。农村最低生活保障标准一般由县级以上地方人民政府按照能够维持当地农村居民全年基本生活所必需的费用确定，然后报告给上一级地方人民政府备案后公布执行。农村最低生活保障标准要随着当地生活必需品价格的变化和人民生活水平的提高适时进行调整。

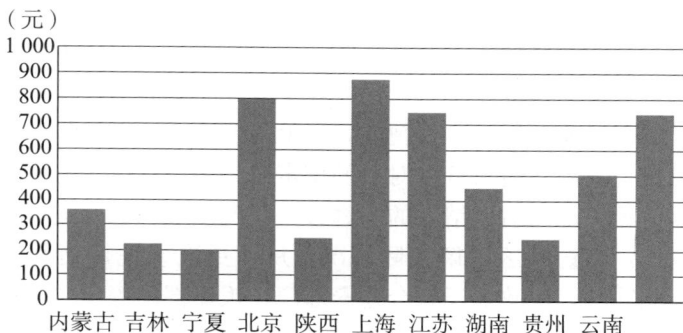

图6-7　我国部分省（区、市）的农村最低生活保障标准（2016年）
资料来源：国家统计局。以2016年各省（区、市）的农村最低生活保障标准为例。

————————————

① 2006年1月21日颁布的《农村"五保"供养工作条例》。
② 参见《国务院关于在全国建立农村最低生活保障制度的通知》（国发〔2007〕19号）。

二、切实增强社会保障兜底脱贫能力

（一）增强社会保障兜底脱贫能力的具体措施

一是建立了城乡低保制度和农村"五保"供养制度，作为社会保障的最后一道防线，以此来保障城乡居民基本的生存权利；二是实行了免费的义务教育，免费为那些家庭经济困难的适龄儿童提供教科书，同时补贴寄宿生的生活费，以此来保障公民基本的发展权利；三是建立了城乡医疗救助制度，以此来保障城乡贫困人口的健康权；四是制定了廉租房、经济适用房、公共租赁住房等救助政策，以此来保障公民的居住权；五是为城乡贫困居民代缴医疗保险费、养老保险金，以此来保障这部分人群的健康需求及其老年时的生存需求；六是当社会保险基金收不抵支时，由公共财政来承担兜底的责任等（邓大松、薛惠元，2013）。

为了切实加强社会保障低保兜底的脱贫能力，在原有政策的基础上，需要进一步加强各个部门之间的协调与沟通，共同商议决策，分工协作、整体推进，充分发挥社会救助的统筹协调作用，具体从以下几个方面改善：

第一，加强对低保家庭实际经济状况的核查。习近平总书记多次强调扶贫贵在精准，农村低保能否实现其兜底脱贫的作用，主要取决于低保对象的识别是否精准，这就需要更进一步加强对低保对象的审核。我国目前对低保对象的认定已经做出了巨大的创新，例如和其他相关部门对申请人的家庭收入状况及财产状况进行细致的审核对比，走访社区了解实际情况，从而更准确地评估其家庭状况。与此同时，民政部还联合公安部门、银监部门等建立了信息查询机制，进一步拓宽了信息渠道，各部门间的信息共享也更有利于对低保对象进行识别、监督。

第二，创新低保资金保障机制。资金保障是低保兜底脱贫最重要的一方面，我们需要改变单一的由政府投入财政资金的方式，拓宽资金来源渠道，为了获取更多的资金支持，可以建立一个开放的、多元的低保资金保障机制，在这个平台上将政府相关部门认定的低保户的社会信息与社会群体掌握的社会救助资源相互连接沟通，使得社会群体也可以参与到社会救助中来。

第三，提升农村低保的经办能力。我国农村低保属于基层性的社会保障，所以会存在村委会的经办人员能力不足的问题，从而导致农村低保在真正实施的过程中存在一些问题。为了进一步提升农村低保的经办能力，政府可以通过购买服务的方式为农村低保工作配备相关的专业人员，同时还可以定期对村委会相关的负责人员进行业务培训，提升他们的经办能力，确保每一位农村低保经办人都对农村低保和扶贫开发有全面的理解，能够准确把握政策的重点。

（二）社会保障兜底的影响

从总体和长期的角度来看，社会保障兜底制度的影响是积极的，一方面它直接减少了贫困人口数量，减轻了扶贫开发工作的负担；另一方面也直接提供了物质帮助，将扶贫开发工作从维持生存的重担中解脱出来。这是因为农村低保对象是那些因病致贫和因灾致贫的贫困户以及年老体弱、丧失劳动能力的农村居民，将这部分人口从扶贫对象中分离出来，不仅可以减轻扶贫工作的负担，而且可以使扶贫工作更具针对性。

但在实际应用中，不可避免地存在一些消极影响，例如在农村低保制度实施之后，曾出现了全面实施低保制度后还需不需要扶贫开发这一思想波动。除此之外，随着农村低保制度的建立，相应的扶贫开发工作的任务也由过去解决贫困人口的温饱问题转变为促进贫困人口持续发展的问题，由此也带来了一些新的挑战。具体包括：农村低保制度全面建立之后扶贫开发政策如何进行调整？虽然农村低保和扶贫开发是两项不同的工作，各有分工，但在实际工作中会存在重叠的部分，如何进行两者的有效衔接？

三、加强农村低保制度和扶贫开发的有效衔接

农村低保和扶贫开发是我国农村反贫困的两项最重要的工作，

农村低保是一种社会保障制度，关注的是贫困人口的生存权问题，是一种输血式的扶贫方式；扶贫开发是一项经济开发政策，更关注贫困人口的发展权问题，是一种造血式的扶贫方式。在目前我国的扶贫开发工作已经进入精准扶贫阶段的大背景下，必须坚持并加强农村低保制度与扶贫开发的有效衔接。为此，国务院扶贫办、民政部、中央农办、财政部、国家统计局和中国残联共同制定了相关指导意见①，在指导意见中明确指出了两项政策有效衔接的总体要求、重点任务、工作要求、保障措施等内容。

（一）低保兜底与扶贫开发的对象界定

低保兜底和扶贫开发所针对的对象并不一致，扶贫开发所针对的对象是具有劳动能力的贫困人口，而低保兜底所针对的主要是没有劳动能力的或丧失了劳动能力的贫困人口，两者是有本质区别的，所以需要对两项政策的工作对象加以区分。首先是低保对象，主要是指家庭年人均纯收入低于当地最低生活保障标准的农村居民②，主要是因疾病和残疾、年老体弱、丧失劳动能力以及生存条件恶劣等生活常年困难的农村居民，这部分群体基本或完全丧失了劳动能力，没有办法自行开展生产经营活动，只能依靠政府的补贴救济。其次是扶贫对象，主要是指那些家庭年人均纯收入低于农村扶贫标准且具有生产能力的贫困户。扶贫开发工作中针对这类群体更多地是采用"授人以渔"的方式，例如通过实施整村推进、产业扶贫、劳动力培训转移、移民扶贫等措施帮助其摆脱贫困。最后是同时享受低保和扶贫政策的贫困对象，主要是指暂时丧失了劳动能力无法生存，但经过阶段性的转变能够恢复劳动能力或有一定劳动能力但家庭生活极度贫困的群体。

低保兜底和扶贫开发既有联系又有区别。首先，两者所面对的

---

① 2016年9月27日，国务院扶贫办、民政部、中央农办、财政部、国家统计局和中国残联共同制定了《关于做好农村最低生活保障制度与扶贫开发政策有效衔接的指导意见》。

② 参见《国务院关于在全国建立农村最低生活保障制度的通知》（国发〔2007〕19号）。

对象都是社会中的弱势群体、贫困人口，所采取的扶贫方式和手段也是以政府财政支持为主；其次，两者的目的都是缓解贫困，在这方面是相辅相成的。除了联系之外，两者的区别也是不可忽视的。首先，两者的服务对象不同，简单来讲就是扶贫开发对象是有劳动能力的贫困人口；而低保兜底对象是丧失了劳动能力的贫困人口。其次，两者的性质和功能不同，低保兜底是"授人以鱼"，强调的是其生存权；而扶贫开发则是"授人以渔"，强调的是发展权。再次，两者的目标不同，低保兜底是力求解决贫困人口的温饱问题，还属于比较基础的层次；而扶贫开发谋求的是更长远的发展和繁荣，它的目标是彻底摆脱和消除贫困，从根本上改变贫困地区的落后状况。最后，两者的帮扶方式不同，低保兜底是以生活补贴的形式为主的，其目的也是保障贫困人口生活的基本权利；而扶贫开发则是为了提高贫困人口的发展能力，所以更多的是从加强基础建设、加快经济发展、提高生产力这些方面进行的。

（二）低保兜底在扶贫开发中的问题

现阶段我国农村低保兜底最大的问题就是贫困人口规模较大但地方的财力却比较薄弱。虽然我国中央政府高度重视扶贫开发工作并给予了大量的资金支持，但仍然有一部分地区的贫困人口没有被低保项目覆盖，同时由于低保项目资金投入力度不够等原因，低保户的待遇较差，无法真正改善低保人口的生活和发展质量，扶贫的作用非常有限。

除此之外，我国贫困地区的贫困人口所获得的公共支持远远没有达到要求，并且农户最终获得到的低保金非常少，根本无法满足日常生活及生存的需求。朱玲（2011）曾在青藏高原的调研中发现，低保户一般用低保金来购买食品，依靠医疗救助可以一定程度上解决就医难的问题。社区其他成员的照顾，也可以帮助那些没有劳动能力的低保人员维持日常生活和获得社会交往。同时当地的寺院同样会提供一定的救助，使得当地的贫困人口在获得物质援助的同时，也能够获得精神上的抚慰。然而，这种民间救助并不是制度化的和定期的活动，它虽然能够在一定程度上帮助贫困人口改善他们的生存状况，但却不能真正帮助他们排除发展的障碍，彻底摆脱贫困。

（三）低保制度与扶贫开发有效衔接的途径

为了真正实现"应扶尽扶、应保尽保"，尽快实现农村贫困人口脱贫和全面建成小康社会的目标，必须坚持农村低保制度和扶贫开发政策的有效衔接，具体采取的途径都应该体现加强政策衔接、加强对象衔接、加强标准衔接和加强管理衔接这四个重点任务，围绕这四大方面开展。

第一，加强政策衔接，必须切实保障并推动农村低保制度和扶贫开发政策的有效衔接。政策衔接就是要在低保兜底和扶贫开发两项政策分工协作的同时，在政策中明确各自的职责，也就是符合低保条件的贫困人口，民政部门对其及时给予补助，做到应保尽保；对于符合扶贫开发条件的贫困人口，扶贫部门也要及时给予扶贫政策支持，针对不同的致贫原因进行精准帮扶，做到应扶尽扶。对于那些返贫的家庭，在经过相关审核确认后，将符合条件的低保户纳入特困人员救助供养、医疗救助或临时救助的范围内，以此确保他们的基本生活得以继续。

第二，加强对象衔接，精准识别认定低保对象。对于农村低保对象的精准识别，还需要在原有的基础上进一步完善农村低保制度，改变原有的依据"熟人社会"开展的参与式评估方法，转而探索建立家庭贫困状况测算指标体系，将家庭收入、家庭资产和家庭刚性支出、导致贫困的因素作为主要指标，以此综合评估家庭的贫困状况。在此之后将评估的结果通过入户实地调查、访问邻居、民主评议等方法与家庭经济状况的信息一一进行核对，精准认定农村低保对象（宫蒲光，2016）。

第三，基于大数据背景建立信息分享制度，加强标准衔接。为贫困地区的贫困家庭和个人建立信息数据库，在此基础上，相关部门可以进行信息交流沟通与共享，更具有效率，同时还可以节约成本，加大扶贫的力度。除此之外，还需要建立农村低保和扶贫开发数据互通、资源共享的信息平台，通过这一信息平台可以真正实现信息系统的互联互通、相关数据的及时更新，实现动态实时监测。

第四，切实加强管理衔接及动态管理。贫困问题是一个动态的、复杂的社会现象，非贫困人口也可能由于某些原因变成贫困人口，因此贫困人口的认定必然是一个动态的过程，加强动态管理需要相关人员经常进行走访调查，及时掌握低保对象和扶贫开发对象的日常基本情况以及经济状况，与此同时，扶贫部门和民政部也可以通过多种方式加强管理服务工作，就建档立卡贫困户和农村低保对象的家庭收入、财产变化情况相互交流，有针对性地调整帮扶措施，做到动态管理，该进则进，该退则退，精准帮扶。

第三节　案例研究

一、案例一　校地联动、教产衔接培育新型职业农民的实践——以江苏省太仓市为例①

（一）研究背景

1. 现代农业对农业经营主体提出了新要求

现阶段我国的农业已经开始由传统农业向现代农业转变，单一的家庭农业生产已经难以适应现代农业的发展，规模经营将会是日后现代农业发展的模式，而规模经营相比传统农业更加注重农业经营理念，需要农民具备一定的农业知识和经营头脑，学习新技术，及时掌握市场变化并获取信息，这是传统农民不具备的，需要通过学习来获取。

2. 农民缺乏科学技术知识

现阶段农民已经意识到了科技可以帮助他们脱贫致富，但是我

---

① 农业部科技教育司. 新型职业农民培育典型模式［M］. 北京：中国农业出版社，2015：75－79

国目前科技推广力度不足以及农民教育薄弱等导致了农民接触不到新的科学技术，科技也难以在农村得到普及，即使是曾经接受过科技启蒙的农民大多数也会失去后续的教育支持，更不要说是进一步的创新精神和风险意识的培养。因此，从整体来看，农民严重缺乏科学知识教育。

3. 精准扶贫与新型职业农民培育的关系

精准扶贫和培养新型职业农民都是国家的大政方针，只有农民富农村才能富裕，从而国家富裕，所以扶贫的重点在于农民。培育新型职业农民是为了发展现代农业，促进农村与农民的发展，这两者相互影响和作用，是密不可分的。一方面，培育新型职业农民是为精准扶贫服务的，通过精准扶贫中的教育扶贫工作让农民获得劳动技能；另一方面，精准扶贫必须助力培养新型职业农民，由此识别出可通过扶贫开发帮扶的贫困农民。

4. 培育新型职业农民已经上升到国家战略层面

在 2014 年召开的中央农村工作会议上，习近平总书记指出要把加快培育农业经营主体作为一项重大战略，以吸引年轻人从事农业工作，将培育职业农民作为工作重点，建立专门的政策机制，构建职业农民队伍，为现代化建设和农业持续健康发展提供强有力的人才基础和保障。[①]

本案例主要探讨培育新型职业农民的一种模式，即校地联动、教产衔接的新型职业农民培育模式。该模式指的是农业职业院校和地方政府联合办学，主要围绕地方以农业为主导的产业发展需求，一方面从以农业为主导产业的专业村中选择要培养的对象；另一方面选择那些自愿参与农业活动的优秀中学毕业生，采取政校合作、定向招生、定制课程、定岗培养的方式，开展有针对性的农业中等和高等职业教育，促进职业教育与产业发展有效融合，为地区经济的稳定增长培养一批懂技术、会管理、高素质的新型职业农民（文

---

① 习近平总书记在 2013 年中央农村工作会议上的讲话。

承辉等，2016）。江苏省太仓市便是将这种新型职业农民培养模式
运用得非常好的典型地区。

（二）江苏省太仓市农业现状

江苏省太仓市位于江苏南部经济发达地区，南靠上海，西邻昆
山，现代农业连续两年位列全国现代农业示范区综合评分第一名，
2014 年第一产业增加值达 38.84 亿元，耕地面积为 39.2 万亩，农
村劳动力 3.07 万人。近些年来随着太仓市经济发展和城乡一体
化进程的加快，农村青壮年劳动力大量转移，农村劳动力结构性短缺
问题日益加剧，老龄化等问题日益突出，加上现有的农村劳动力素
质普遍不高，严重制约了现代农业的发展。

2009 年起，太仓市开始探索并发展合作农场的经营模式，以
集体经济为主导，农民自愿参股，以这种方式将零散的土地集中流
转经营。这种合作农场的方式以"大承包、小包干"为特色，将家
庭承包经营的优势和现代统一经营的优势结合起来，近些年发展十
分迅猛，现如今，太仓市已经拥有 102 家合作农场，总经营面积达
到 21 万亩，平均经营面积达到 2 000 亩，资产总额达 2.5 亿元，
拥有农机具 991 套，年经营收入超过 4 亿元，总收益达到 1.2
亿元。

在发展合作农场的过程中，存在的主要问题就是缺少农业方面
的专业技术人才，特别是年轻的技术人员，这严重制约了合作农场
的发展。以东林合作农场为例，该农场的耕地面积有 1 800 亩，但
农场的劳动人员只有 20 人且平均年龄超过 50 周岁，经专业测算发
现每个合作农场至少应该配备两名年轻的专业技术人员。基于此，
太仓市提出了 3 年委托培养 200 名新型职业农民的计划，并将培育
新型职业农民作为政府工程，优先选择本地优秀应届高中毕业生进
行培训，将他们培养成生产经营型、专业技能型、社会服务型的新
型职业农民，由他们带动和促进现代农业的发展。

（三）具体政策措施

太仓市高度重视培养新型职业农民这一重要任务，为此专门成

立了领导小组，该领导小组由市农委、市委农办、市财政局、市人社局、市教育局等单位组成，全面统筹和协调培养新型职业农民的工作，具体的工作内容由市农委和市委农办布置和负责。市委和市政府还出台了《关于大力培育新型职业农民的意见》，下发了《关于印发太仓市新型职业农民培育工程实施方案（2013—2015 年）的通知》，以政策文件的形式明确了培养新型职业农民的重要性，计划用 3 年的时间培养 6 500 名农业农村实用人才，提高职业农民的整体素质和专业技能，为现代农业发展提供人才保障。

1. 委培方向

太仓市培养新型职业农民采用了定向委托培养的方式，实施全日制 3 年大专学历教育，学生们在农业职业技术学校学习与农业相关的专业知识和技能，目的是为合作农场等培养专业的技术人员和管理人员。

2. 招生条件

专门培养新型职业农民的农业类职业技术学院在招生时规定，学生必须是具有太仓市户籍的应届或往届身体健康的高中毕业生，本人自愿，承诺完成学业之后从事与农业生产经营相关的工作。

3. 考试录取

参加农业类职业技术学院自主招生考试，成绩需要达到相应的普通高等职业技术学校的录取分数，委培生和市新型职业农民培养工程领导小组签订《农业专业人才定向培养及就业协议书》。

4. 学费资助

委培生在校期间所有的学费全部由新型职业农民培养专项资金承担，学费由市农委管理，财政部门审核后拨发。资金分为两部分：在校期间先支付 60% 的学费；毕业并取得毕业证书，并和相关的合作农场签订用工合同之后一次性补助剩余 40% 的学费。

5. 就业待遇

委培生在毕业之后根据市新型职业农民培养工程领导小组的统一分配前往各个合作农场，和合作农场等与农业相关的用人单位签订就业合同。工资标准参照所在村的副职干部，政府同时给予 5 年的生活补助。委培生必须无条件地服从用人单位的就业分配，工作第一年为见习期，考核通过后继续签订合同。同时领导小组也鼓励委培生通过参加省考继续本科学历学习，政府承担本科学习的两年学费，委培生毕业后仍然可以安排到合作农场工作。

（四）创新之处

1. 课程设计具有创新性

太仓市政府和农业职业技术院校结合太仓市实际的农业生产状况，综合了农业发展链条向产前与产后延伸和分工分业的趋势特点，共同制定了专业的人才培养方案，有针对性地定制课程。课程设计中主要包括农业生产技术、农业管理技术、农业信息技术和农业装备技术四个方面，除了教授一些基础的农业知识之外，还将农产品营销、农产品储存与加工、农机具的操作与保养、村务管理、公文写作与会计知识等内容全部纳入课程中，以培养复合型的新型职业农民。

苏州农业职业技术学院多次组织学生前往太仓市现代农业园和各个产业基地、农业龙头企业、科研机构参观学习，以此增强学生们对农业的信心。江苏农林职业技术学院全面培养学生的综合素质与能力，联合南京农业大学开设了专升本的课程，鼓励学生进一步深造，同时选派"太仓班"的优秀学生前往日本等国家进行农业学习和交流，学习外国的先进技术和经验。除此之外，学校还邀请太仓市的农业发展重点村和农业龙头企业前往学校进行宣讲交流，以此吸引学生投身农业。

2. 教学模式具有创新性

太仓市的农业职业技术院校采用的是"一个院校＋若干个基地"的教学模式，以涉农职业学校为依托，选取了太仓市比较有特色的几家合作农场作为实训基地①，以理论和实践相结合的方式开

---

① 太仓市制度化培育新型职业农民［N］. 太仓日报，2015 - 01 - 12.

展教学，更有助于学生提高动手能力，更好地理解并运用所学的农业知识和技能。2014年夏季，江苏农林职业技术学院和苏州农业职业技术学院首批100名委培生被安排到太仓市东林村、万丰村等七个育秧点开展大棚工业化基质育秧实习。在实践中，学生们掌握了工业化大棚基质育秧的基本理论和实际操作技术。在秋季的实习训练中，学生们主要学习农机具的使用方法。除此之外，学校还安排学生们开展暑期村务实践活动，学生们在暑期就近前往农村进行实习，主要是熟悉村务管理等工作，为毕业后的工作分配打好基础。

3. 就业机制具有创新性

太仓市农委和涉农职业技术院校共同建立了学生综合成绩与毕业分配挂钩的机制，采用这种做法是为了提高学生们学习的热情和动力，学校制定了一套严格的学生素质综合评价标准，综合成绩评定中，学生在校的课业成绩占50%；在基地的实习表现占30%，实习期间的分数由实习单位给出；在校期间的素质教育评价占20%，根据学生们的综合成绩排名，实行优等生优质分配。学生工作之后，市农委还会继续针对这些学生进行跟踪培养，每年都会进行关于农业知识技能的培训，进一步丰富他们的知识储备。除此之外，当地还制定了一些优惠政策鼓励他们进行创业，由这些已经培养出来的优秀的新型职业农民带动太仓市的农业现代化建设。

（五）效果分析

太仓市所采用的这种校地联动、教产衔接的新型职业农民培养模式在这几年的实践中效果显著，原定3年培养200名新型职业农民的委培计划提前一年完成，经过教育学习，培养出的新型职业农民文化素质高、实践动手能力强、工作认真刻苦，获得了政府、学校和社会的一致好评，江苏省农业部门和太仓市农业部门也对这种培养新型职业农民的模式给予了充分的肯定，江苏省农委在2013年5月7日转发了太仓市委市政府的《关于大力培育新型职业农民意见》，要求全省各地都学习借鉴这种模式，并将其作为培养新型职业农民的典型在专题会议上进行分享交流。

二、案例二　农村残疾人社会保障与救助实践——以北京市为例①

（一）北京市农村残疾人基本情况②

1. 农村残疾人人数及残疾类别

根据 2006 年全国第二次残疾人抽样调查的数据推算，截至 2006 年 4 月 1 日，北京市约有残疾人口 99.9 万人，占全市总人口的 6.49％，其中农村残疾人口 29.9 万人，占残疾人总数的 29.93％。残疾类别主要有视力残疾、听力残疾、语言残疾、肢体残疾、智力残疾、精神残疾、多重残疾七大类。③ 调查显示，北京农村残疾人中肢体残疾的比例最高，达到 34.2％；其次是多重残疾，达到 24.7％；再次是听力残疾，达到 20.7％；智力残疾、精神残疾和视力残疾分别占比 6.7％、6.2％、6.4％。

2. 农村残疾人年龄及受教育程度

北京市的残疾人从年龄角度来看，主要以 40 岁以上的中老年居多，其中 65～80 岁的老年残疾人的比例更是超过了 1/3，而 40 岁以下的残疾人比例则非常低。在 6 岁及 6 岁以上的残疾人中，农村残疾人的受教育程度要明显低于城市残疾人，如表 6-1 所示，农村残疾人不识字率高达 41.7％，而城市残疾人不识字率只有 19.7％；初中及初中以上学历的农村残疾人的比例也在逐步降低，且明显低于城市残疾人的比例。农村残疾人知识贫困的状况会严重阻碍其技能学习与就业，甚至可能会造成贫困的代际延续。

---

① 孔祥智，北京市农村残疾人劳动扶持和社会保障问题研究［M］，北京：中国水利水电出版社，2008.

② 本案例涉及的数据均来源于第二次全国残疾人抽样调查。

③ 北京市残疾人联合会．北京市残疾人政策服务手册［M］．北京：开明出版社，2013.

表6-1 北京市6岁及6岁以上残疾人受教育程度的城乡比较　　单位：人

		不识字	未上过学	小学	初中	高中	中专	大专	本科	研究生	合计
农村	人数	596	20	463	275	51	14	6	2	0	1 426
	占比	41.7%	1.4%	32.5%	19.3%	3.6%	1.0%	0.4%	0.1%	0.0%	100%
城市	人数	666	73	868	862	378	157	168	200	12	3 384
	占比	19.7%	2.2%	25.7%	25.5%	11.2%	4.6%	5.0%	5.9%	0.4%	100%
合计		1 261	93	1 331	1 137	429	171	174	202	12	4 810

资料来源：第二次全国残疾人抽样调查。

3. 农村残疾人就业及社会保障情况

北京地区的抽样调查显示，北京农村残疾人中，15岁及15岁以下的就业人口只有22.5%，而没有就业的人口则高达77.5%，之所以有很多残疾人没有就业，很大程度上是因为他们丧失了劳动能力，这部分人口占了57.9%；其次是因为要料理家务、照顾家庭，这部分人口占了28.9%；再次是离退休，这部分群体占了9.5%；而由于自身原因失去工作、在校学生毕业后不愿意就业等其他原因没有就业的人口的比例则不到1%。通过这些数据我们可以发现，农村残疾人往往得不到正规就业，导致达到一定年龄后离退休的比例较低；同时农村残疾人的劳动负担也相对更大，照顾家庭等会影响其就业；农村残疾人没有就业的原因也相对简单，最主要的原因就是丧失了劳动能力无法继续就业。

对于那些无法继续就业的农村残疾人来说，生活来源成为他们必须首先解决的问题。调查显示，离退休金、领取的基本生活费和家庭其他成员的供养是残疾人最重要的生活来源，其中对于农村残疾人来说，生活基本靠家庭其他成员供养，没有就业的农村残疾人有73.7%是依靠家庭其他成员供养的；14.4%的农村残疾人依靠领取基本生活费维持生活；只有9.6%的农村残疾人依靠离退休金生活。在农村，家庭成员的保障依然是农村残疾人最主要的生活来源，这也从侧面反映了我国目前社会保障体系不健全，并没有完全覆盖全部贫困人口，尤其是农村地区的残疾人口很大一部分都被排除在外，缺乏社会保障（孔祥智、钟真，2008）。

4. 农村残疾人的生活状况

从总体来说，农村残疾人的生活状况已经得到了改善，但相比正常人，农村残疾人的生活水平普遍偏低。一是收入水平低。残疾人无法适应激烈的就业竞争，因此，个人收入明显低于正常人。在2005年的调查中发现农村残疾人的人均年收入为3 383元，远低于农村的人均年收入4 837元和城市残疾人的人均年收入10 003元。但从全国范围来看，北京市农村残疾人的人均年收入排名全国第四位，情况相比较而言还属于良好。二是住房条件差。农村残疾人的人均住房面积为28.8平方米，低于农村平均水平29.1平方米，但农村残疾人房屋自有率高达94.6%，很少有租赁的情况。三是生活质量普遍偏低。由于农村残疾人家庭收入较低，所以大部分残疾人的消费水平也受到了很大的影响，同时也很少参与公共娱乐活动，以家用电器为例，农村残疾人家庭冰箱拥有率为49.0%，洗衣机拥有率为41.3%，电脑拥有率为7.0%，而城市残疾人家庭这三项电器的拥有率却高达90.1%、80.2%和35.8%。

（二）北京市农村残疾人救助模式分析

1. 农村残疾人救助的对象及内容

第二次全国残疾人抽样调查的数据显示，北京市农村残疾人大约有73.7%是依靠家庭其他成员供养来维持生活的，所以对农村残疾人的救助不应该只局限于个人，而应该涵盖包括其他成员在内的整个残疾人家庭。

我国的社会保障包括社会救助、社会保险、社会福利和社会优抚四部分，其中社会救助是为贫困人口提供最低生活保障的，它的救助对象是社会的低收入人群，目的是帮助他们摆脱贫困，社会救助也是社会保障的最后一道防线。残疾人社会保障指的是国家保障残疾公民在生病、年老、丧失劳动力、失业、失学等情况下依旧能够获得基本的物质帮助，并给予他们相应的康复、医疗、就业教育等权益保障的社会保障制度（钟志远，2011）。我国对农村残疾人的社会保障主要还集中在社会救助方面，主要包括对残疾人及其家庭其他成员基本生活的保障以及促进残疾人家庭增收。

在农村，并不是所有的残疾人家庭都是贫困的，有的残疾人家庭由于残疾人本人或其他成员创收能力强，所以整个家庭并不贫困；但有的残疾人家庭则存在没有稳定的收入来源，基本生活难以维持的情况。针对这一问题，我们将残疾人家庭根据残疾人有无劳动能力和家庭贫困程度进行划分：第一种是残疾人无劳动能力的贫困家庭；第二种是残疾人无劳动能力的相对富裕家庭；第三种是残疾人有劳动能力的贫困家庭；第四种是残疾人有劳动能力的相对富裕家庭。第一类残疾人家庭是救助工作的难点，第三类残疾人家庭是救助工作的重点。

2. 农村残疾人救助的主要形式

农村低保制度是最基础的救助形式。根据第二次全国残疾人抽样调查的数据，北京市大约有 11.8% 的农村残疾人享受着低保的待遇。根据北京市民政局的资料，2006 年北京市农村低保平均标准达到了 1 580 元，比上年的平均标准提高了 70 元，具体来看，各区（县）① 的农村低保标准如表 6－2 所示，由于各区（县）的经济发展状况不同，所以目前北京市还没有制定统一的农村低保标准。

2006 年 6 月，北京市民政局宣布，北京市农村将建立低保标准调整机制，此后，各个区（县）的农村最低生活保障标准便可以按照统一的方法测算了，首先需要测算全市农村低保的平均标准，然后乘以区（县）的平衡系数，再加上或减去适当的调整数（孔祥智、钟真，2008）。这种方法使得各区（县）之间的低保更平衡，也可以及时准确地随着物价消费指数的变化而变化。

---

① 密云和延庆现已改为区。

表 6 - 2　　　　　　北京各区（县）农村最低生活保障标准　　　　　　单位：元

地区	农村最低生活保障标准
朝阳区	300
海淀区	240
丰台区	210
顺义区	141.1
昌平区	140
门头沟区	100
房山区	100
通州区	100
怀柔区	100
大兴区	100
平谷区	100
密云县	100
延庆县	83.5

资料来源：京华时报 . 2006 - 06 - 13（4）.

　　除了农村低保救助之外，还有其他的救助形式。例如，怀柔区对农村残疾人的救助方法还包括对困难人群进行的"三项补助"：对农村的特困残疾人给予每人每月 50 元的生活补助；在农村残疾人遇到大病、大的事故或自然灾害时，地方政府给予适当的特别救助；对于那些不在低保范围内的无业、重度残疾人员进行全额补贴。

　　对农村残疾人的救助除了提供生活补贴外，在农村残疾人入学、就医、住房等多个方面都制定了相应的救助政策和救助办法，以保证其真正可以摆脱贫困。例如怀柔区某镇在教育方面，对在本地就读但不在低保范围内的残疾人子女、有学习能力的残疾少年儿童，免除学费和课本费等一切费用，同时还提高他们的生活补助，以此确保其可以完成九年义务教育。对于这部分人群就读高中和大学，当地政府同样给予帮助，高中每年补助 500 元，大学每年补助 1 000 元。

3. 农村残疾人救助中的困难与不足

农村残疾人属于社会中的弱势群体，在对他们进行帮扶的时候还需要大量的资金投入和政策倾斜，因此在帮扶救助过程中会存在一些问题与不足。

第一，农村社会保障制度不健全。由于农村地区经济发展相对落后，社会保障制度也并不健全，一些原本应该由政府提供的服务转而由市场承担，例如医疗、养老保险等，而农村残疾人由于贫困无法购买这些服务，没有办法得到基本的公共服务。一般的农村残疾人除了低保金之外几乎没有任何政策补助，虽然在低保金的基础上他们的生活状况有所改善，但是从全国大范围经济繁荣发展的局面来看，他们实际的生活质量却呈相对下降的趋势。

第二，针对农村地区的优惠政策对残疾人没有实际帮助。我国针对农村地区制定了许多优惠政策，例如取消农业税、农村合作医疗、粮食直补、农村义务教育的"两免一补"等优惠政策极大地减轻了农民的负担（陈燕妮，2009），但这些政策却无法实际帮助到农村的残疾人口。粮食直补和取消农业税对于那些丧失劳动能力的残疾人毫无帮助；农村合作医疗对于维持残疾人日常医疗的作用本身就十分有限，对于那些重度残疾的群体更是作用有限；农村义务教育依旧无法解决农村残疾人子女读高中和大学的学费问题。

第三，农村助残资金不足，缺乏资金来源。想要真正做好农村残疾人的保障救助工作，需要投入大量的资金，但是在很多情况下一些措施由于资金短缺而无法贯彻执行，严重影响了救助力度。在取消农业税前，可以将农业税的 6％作为社会和自然灾害减免资金提取出来，并将其中的一部分作为生活补贴发放给农村残疾人，但在农业税取消后，这种措施也无法实行，没有这种资金来源后，地方政府负担加重，救助力度也受到影响而减弱（孔祥智、钟真，2008）。

第四，农村残疾人就业困难。农村残疾人就业困难已经是一个公认的事实，就业难的原因有许多，首先是随着经济和城镇一体化的发展，耕地资源在逐渐减少，传统的农业耕作方式也在转变，原本依靠种地来解决就业问题的农村残疾人面临巨大的挑战；其次是农村残疾人受教育程度普遍偏低，缺乏劳动技能，无法通过劳动转移就业；最后是农村残疾人就业时经常会遭到歧视，很多用人单位不愿意接受残疾人作为员工，即使他们拥有就业能力，即使一些残疾人能够就业，但也存在得不到与正常人同等待遇的情况。

（三）北京市农村残疾人事业发展的对策建议

农村残疾人是社会最底层、最脆弱的群体，针对前面提出的在农村残疾人救助工作中出现的问题和不足，可以从以下几个方面改进：

第一，完善我国农村社会保障制度，继续将农村残疾人口纳入农村最低生活保障对象范围，做到应保尽保。对于那些接近低保线但还未到低保线的无业残疾人，也一并纳入低保范围，有条件的地区可以为残疾人提供全额低保金，努力为残疾人提供免费的公共基础服务，努力使农村低保制度之外的临时救济、特别补贴等多种救助方式逐步转变为更加稳定的社会救助制度，完善农村社会保障制度。

第二，给予农村残疾人更优惠的政策。现阶段各种农业优惠政策对于改善农村贫困状况的确有显著效果，但农村残疾人的这方面的问题却仍无法解决。所以针对本身就处于最弱势的农村残疾人，应该在医疗、教育、养老、就业等方面给予更大的优惠政策，以此避免他们与健康家庭出现过大的差距。

第三，加大对助残资金的投入，拓宽助残资金的来源渠道。农村残疾人的救助工作具有工作量大、工作任务繁重的特点，同时也需要投入大量的资金，但实际上却因为缺乏资金而使得一些救助措施无法落实或落实不到位，因此，需要加大对农村残疾人救助工作的资金支持，进一步加大助残力度；同时还要鼓励全社会积极参与和关注农村残疾人救助事业，拓宽资金来源渠道，增加一些慈善捐赠活动。

第四，通过多种形式推动农村残疾人就业。针对农村残疾人就业难的现状，深入探索就业渠道。首先可以加强职业培训，以培训促进就业。建设完善残疾人职业培训机构，政府提供资金开展残疾人培训，以此增强残疾人的就业能力。其次可以因地制宜地采取灵活的就业方式。根据北京市农村的实际情况，最适合发展乡村旅游，农村残疾人在传统的种地无法继续的情况下，可以结合所在村的自然、人文景观发展乡村旅游，开办农家乐和其他休闲娱乐项目来吸引城市的游客。最后要加大行政执法和监督检查的力度。为农村残疾人提供就业岗位，按照比例分派到用人单位，对那些歧视农村残疾人的用人单位给以警告、处罚；对有些用人单位存在的同工不同酬的现象要及时指出，切实维护残疾职工的合法权益。

参考文献

［1］ Hongbin Li，Li-An Zhou. Political Turnover and Economic Performance: The Incentive Role of Personnel Control in China ［J］, Journal of Public Economics，2005，89（9－10）：1743－1762.

［2］ Lin J Y. Rural Reforms and Agricultural Growth in China ［J］, American Economic Review，1992，82（1）：34－51.

［3］ Qian Y, Roland G, Xu C. Why is China Different from Eastern Europe ［J］? Perspectives from Organization Theory ［J］, European Economic Review，1999，43（4－6）：1085－1094.

［4］ The World Bank. Moving Out of Poverty in Northeast Brazil ［R］. March，2010：1－6.

［5］ Xu C. The Fundamental Institutions of China's Reforms and Development ［J］. Journal of Economic Literature，2011，49（4）：1076－1151.

［6］ Ye Chen，Hongbin Li，Li-An Zhou.

Relative Performance Evaluation and the Turnover of Provincial Leaders in China [J], Economics Letters, 2005, 88 (3): 421 - 425.

[7] Zhiyue Bo. Governing China in the early 21 st Century: Provincial Perspective [J], Journal of Chinese Political Science, 2002, 7 (1 - 2): 125 - 170.

[8] 阿比吉特·班纳吉, 迪弗洛. 贫穷的本质：我们为什么摆脱不了贫穷 [M]. 景芳, 译. 北京：中信出版社, 2013：196.

[9] 阿玛蒂亚·森. 贫困与饥荒 [M]. 北京：商务印书馆, 2001：1 - 7, 26 - 27, 62 - 69.

[10] 阿玛蒂亚·森, 让·德雷兹. 不确定的荣耀 [M]. 唐奇, 译. 北京：中国人民大学出版社, 2015：229.

[11] 安蓓, 赵超. "十二五"中国易地扶贫搬迁贫困群众 394万人 [EB/OL]. http://news.xinhuanet.com/fortune/2015 - 10/16/c _ 1116850973. htm.

[12] 安格斯·迪顿. 逃离不平等 [M]. 崔传刚, 译. 北京：中信出版社, 2014：208

[13] 巴志鹏. 土地家庭承包制下的农民负担问题研究 [D]. 北京：中共中央党校, 2005.

[14] 白维军. "金砖国家"反贫困政策比较研究 [J]. 现代经济探讨, 2012 (12)：86 - 90.

[15] 陈冠男. 吉林省贫困地区教育扶贫问题研究 [D]. 吉林：吉林大学, 2016

[16] 陈西川. 新时期我国区域经济格局发展变化及其研究 [J]. 管理世界, 2015 (2)：170 - 171.

[17] 陈宗胜, 沈扬扬, 周云波. 中国农村贫困状况的绝对与相对变动——兼论相对贫困线的设定 [J]. 管理世界, 2013 (1)：67 - 77.

[18] 陈宗胜. 中国多维扶贫走在世界前列 [N]. 人民日报, 2017 - 08 - 17.

[19] 储著胜．以承担市民化成本来补偿农民历史性贡献 [N]．证券时报，2013-03-28（A003）．

[20] 代蕊华，于璇．教育精准扶贫：困境与治理路径 [J]．教育发展研究，2017（7）：9-15．

[21] 邓大松，薛惠元．社会保障如何补短板、兜底线 [J]．中国社会保障，2013（10）：38．

[22] 丁一文．生态抑制型贫困研究文献综述 [J]．中国环境管理，2014，6（04）：24-29．

[23] 范小建．扶贫标准上调至2300元（政策解读）比2009年标准提高92% [N]．人民日报，2011-11-30（02）．

[24] 冯刚．新农村建设中经济与生态保护协调发展模式研究 [D]．北京：中国林业大学，2008．

[25] 甘贝贝．健康扶贫正在全面深度推进 [N]．健康报，2017-08-03．

[26] 宫蒲光．充分发挥农村低保的兜底作用 [J]．行政管理改革，2016（4）：33-35．

[27] 郭焕成，任国柱．我国休闲农业发展现状与对策研究 [J]．北京第二外国语学院学报，2007（1）：66-71．

[28] 郭熙保．论贫困概念的内涵 [J]．山东社会科学，2005（12）：49-54．

[29] 国家行政学院编写组．中国精准脱贫攻坚十讲 [M]．北京：人民出版社，2016：97．

[30] 何慧超．美国和欧洲国家反贫困政策比较及其对中国的启示 [J]．中国民政，2008（9）：18-19．

[31] 何建新，舒宏应，田云．我国农村劳动力转移数量测算及影响因素分解研究 [J]．中国人口·资源与环境，2011，21（S2）：148-152．

[32] 何景明，李立华．关于"乡村旅游"概念的探讨 [J]．西南师范大学学报（人文社会科学版），2002（5）：125-128．

[33] 侯雪静．坚决打赢反贫困斗争的伟大决战——专访国务院扶贫办主任刘永富 [N]．新华网，2017－08－18．

[34] 华东政法大学政治学研究院．全球治理指数 2015 年度报告 [R]．2015．

[35] 黄季焜．新时期的中国农业发展：机遇、挑战和战略选择 [J]．中国科学院院刊，2013，28（3）：295－300．

[36] 黄巨臣．农村地区教育扶贫政策探究：创新、局限及对策——基于三大专项招生计划的分析 [J]．贵州社会科学，2017（4）：91－97．

[37] 黄潇．健康在多大程度上引致贫困脆弱性——基于 CHNS 农村数据的经验分析 [J]．统计与信息论坛，2013，28（9）：54－62．

[38] 孔祥智，钟真．农村残疾人救助与扶持模式研究——以北京市怀柔区和延庆县为例 [J]．北京农学院学报，2008，23（1）：68－73．

[39] 兰传海．环京津贫困带扶贫开发研究 [J]．经济研究参考，2015（2）：71－86．

[40] 李春平，徐伟．"双重"华西的"颠覆式改革" [N]．新京报电子报，2017－03－20（B06）．

[41] 李双成，许月卿，傅小锋．基于 GIS 和 ANN 的中国区域贫困化空间模拟分析 [J]．资源科学，2005（4）：76－81．

[42] 李兴洲．公平正义：教育扶贫的价值追求 [J]．教育研究，2017（3）：31－37．

[43] 李迅雷．中国实现区域均衡发展难在哪 [N]．环球时报，2013－01－14．

[44] 林毅夫．从西潮到东风 [M]．北京：中信出版社，2012．

[45] 林跃勤，周文等．金砖国家发展报告（2016）[M]．北京：社会科学文献出版社，2014：1，28．

[46] 凌经球，赵禹骅．产业扶贫到户：新阶段扶贫攻坚的重中之

重［J/OL］. 桂海论丛，2014，30（06）：124-127.（2014-11-21）.

［47］刘慧，叶尔肯·吾扎提. 中国西部地区生态扶贫策略研究［J/OL］. 中国人口·资源与环境，2013，23（10）：52-58.

［48］刘建生，陈鑫，曹佳慧. 产业精准扶贫作用机制研究［J］. 中国人口·资源与环境，2017，27（6）：127-135.

［49］刘溶沧. 地区间财政能力差异与转移支付制度创新［J］. 财贸经济，2002（6）：5-12.

［50］龙涛. 生态扶贫研究综述与重点展望［J］. 四川林勘设计，2016（3）.

［51］陆绮雯. 巴西如何缩小贫富差距［J］. 北京纪事：纪实文摘，2008（2）.

［52］吕利丹. 从"留守儿童"到"新生代农民工"——高中学龄农村留守儿童学业终止及影响研究［J］. 人口研究，2014，38（1）：37-50.

［53］吕炜. 中国经济改革与发展：政策与绩效［M］. 辽宁：东北财经大学出版社，2005.

［54］罗宁，岳凯. 休闲农业助推精准扶贫［J］. 湖南农业，2016（6）：8.

［55］马志雄，丁士军，张银银，等. 大病冲击、经济状况与农户筹资约束相互影响机制研究——基于四川童寺镇1105个农户的调查［J］. 统计与信息论坛，2013，28（5）：95-100.

［56］穆罕默德·尤努斯. 穷人的银行家［M］. 吴士宏，译. 北京：生活·读书·新知三联书店，2015：251.

［57］佩里·安德森，张晶. 卢拉的巴西［J］. 国外理论动态，2012（3）：12-19.

［58］彭智敏. 长江经济带综合立体交通走廊的架构［J］. 改革，2014，（06）：34-36.

［59］钱箭星. 发展中国家的人权观：反贫困与可持续发展［J］. 国际论坛，2000（3）：11-16.

［60］钱敏泽．库兹涅茨倒 U 字形曲线假说的形成与拓展［J］．世界经济，2007，30（9）：56-63．

［61］申长平．经济效率、社会公平与财政分配［J］．财政问题探索，2009（7）：62-64．

［62］沈茂英，杨萍．生态扶贫内涵及其运行模式研究［J］．农村经济，2016（7）：3-8．

［63］石扬令，常平凡，冀建峰．产业创新与农村经济发展［M］．北京：中国农业出版社，2004：80，100．

［64］世界银行．2006 年世界发展报告［M］．中国财政经济出版社，2006：206．

［65］宋洪远．农村改革三十年［M］．北京：中国农业出版社，2008：285-286．

［66］孙昕，起建凌，谢圆元．电子商务扶贫问题及对策研究［J］．农业网络信息，2015（12）．

［67］田龙鹏．1978 年以来中国农村改革的减贫效应研究——基于权利配置视角［D］．湘潭：湘潭大学，2016．

［68］万宝瑞．当前我国农业发展的趋势与建议［J］．农业经济问题，2014，35（4）．

［69］汪三贵．论中国的精准扶贫［J］．党政视野，2015（5）：147-150．

［70］汪习根．免于贫困的权利及其法律保障机制［J］．法学研究，2012（1）：194-208．

［71］王必达．后发优势与区域发展［D］．上海：复旦大学，2003．

［72］王兵．从中外乡村旅游的现状对比看我国乡村旅游的未来［J］．旅游学刊，1999，（2）．

［73］王东宾．生态保护扶贫是扶贫攻坚战最硬的骨头［N］．21 世纪经济报道，2015-11-30（4）．

［74］王瑾．破解中国贫困代际传递的路径探析［J］．社会主

义研究，2008（1）：119 - 122.

［75］王俊松．长三角制造业空间格局演化及影响因素［J］．地理研究，2014，33（12）：2312 - 2324.

［76］王美艳．农民工的贫困状况与影响因素——兼与城市居民比较［J］．宏观经济研究，2014（9）.

［77］王三运．扶贫开发贵在精准——学习贯彻习近平总书记扶贫开发重要思想［J］．求是，2015（19）.

［78］王秀芝．中国财政转移支付制度问题研究［J］．经济研究导刊，2009（12）：12 - 13.

［79］卫生部统计信息中心．中国卫生服务调查研究：第三次国家卫生服务调查分析报告［R］．2004：15.

［80］魏后凯．中国国家区域政策的调整与展望［J］．发展研究，2009（7）：62 - 64.

［81］文承辉，魏亚萍，胡越．新型职业农民培育典型模式研究［J］．中国农业教育，2016（6）：35 - 39.

［82］沃龙科娃，钟建平．俄罗斯及其他国家的反贫困政策［J］．西伯利亚研究，2011（5）：55 - 59.

［83］习近平．摆脱贫困［M］．福州：福建人民出版社，1992：208.

［84］习明明，郭熙保．贫困陷阱理论研究的最新进展［J］．经济学动态，2012（3）：109 - 114.

［85］夏吉生．中非合作与非洲脱贫［J］．西亚非洲，2006（5）：5 - 10.

［86］杨灿明．地区间财政能力差异与转移支付制度创新［J］．财贸经济，2002（6）：5 - 12.

［87］杨翠迎，黄祖辉．建立和完善我国农村社会保障体系——基于城乡统筹考虑的一个思路［J］．西北农林科技大学学报（社会科学版），2007，7（1）：14 - 19.

［88］杨文静．生态扶贫：绿色发展视域下扶贫开发新思考［J］．

华北电力大学学报（社会科学版），2016，102（4）：12-17.

[89] 杨文静. 生态扶贫：绿色发展视域下扶贫开发新思考 [J]. 华北电力大学学报（社会科学版），2016（4）：12-17.

[90] 虞孝感，王合生，朱英明. 长江经济带农业发展的态势分析 [J]. 农业现代化研究，1998，（05）：44-47.

[91] 湛中乐，苏宇. 消除贫困与人权保障：中国的进展与反思 [J]. 人权，2010（1）：12-16.

[92] 张兵，李翠莲. "金砖国家"通货膨胀周期的协动性 [J]. 经济研究，2011（9）：29-40.

[93] 张光英. 基于旅游资源优势的精准扶贫路径研究——以福建省福鼎市赤溪村为例 [J]. 经济研究导刊，2017，（17）：141-145.

[94] 张磊. 中国扶贫开发政策演变（1949—2005）[M]. 北京：中国财政经济出版社，2007：64，85，109，131-132.

[95] 张五常. 中国的经济制度 [M]. 北京：中信出版社，2009.

[96] 张翔. 教育扶贫对象精准识别机制探究 [J]. 教育导刊，2016（6）：23-26.

[97] 张宇. 中国特色社会主义政治经济学的科学内涵 [J]. 经济研究，2017（5）.

[98] 章元，许庆. 农业增长对降低农村贫困真的更重要吗？——对世界银行观点的反思 [J]. 金融研究，2011（6）：109-122.

[99] 钟志远，我国农村残疾人社会保障法律问题研究 [D]. 重庆：西南大学，2011.

[100] 周亮，徐建刚，林蔚，杨林川，孙东琪，叶尔肯·吾扎提. 秦巴山连片特困区地形起伏与人口及经济关系 [J]. 山地学报，2015，33（6）：742-750.

[101] 朱玲. 低保与扶贫的衔接：贫困地区面临的挑战 [N]. 中国财经报，2011-08-02（4）.

［102］朱晓玥，冯文轩，张云飞，杨晓艳，杨茜，黄启堂．"美丽乡村"视角下乡村特色景观营造——以福建省赤溪村为例［J］．中国园艺文摘，2017，33（6）：103 - 106.

［103］朱信凯．重新认识农业［J］．理论学习，2014（7）：32 - 33.

［104］左黎韵．丰都县"一心两极三带"推动"绿色崛起"［N］．重庆日报，2017 - 07 - 11（2）.

后　记

2017 年年初，中国人民大学出版社委托我及我的长江学者创新研究团队撰写一本全面展示中国反贫困事业的专著。

受命以来，夙夜忧叹，恐托付不效。课题组进行了大量的前期调研，走访了多个贫困县，系统梳理了四十年来中国人民摆脱贫困的历程。"把心交给你"，一位成功摆脱贫困的老农民对我们激动地唱道，国家的扶贫开发让他从之前破旧的茅草屋住上了现代化的楼房，让他 8 岁的孙女免费接受义务教育，让他的儿子接受职业技能培训摆脱了"面朝黄土背朝天"的命运。语言已经无法表达他内心的激动，他紧紧握着我们的手，希望能够表达对党和国家的感谢。在田间地头的实地调研过程中，这样的场景不止一次地出现。中国反贫困的四十年，本身就是一曲波澜壮阔的战斗之歌。随着调研的深入，我们愈加感受到了身上责任的重大。

本书是课题组系列研究成果的综合体现，凝聚了全体成员的辛劳、智慧和汗水。课题组仔细查阅了我国扶贫开发的历史档案，几经周折采访到扶贫政策制定时的多位历史亲历者。本书成稿期间正值七八月酷暑，北京的"桑拿天"几乎让几位课题组成员中暑。有时候，办公室里的空调甚至挡不住户外的高温。由于我对课题研究的理论功底、经验证据和文字水平要求较高，课题组成员对初稿进行了多次修改。时间紧，任务重，为了按时交付书稿，课题组成员常常工作到酷暑的深夜，也多次在暴雨如注的天气冒雨赶来办公室开"赤脚"研讨会。在此，我十分感谢课题组成员的辛苦付出。

我作为课题组组长，承担了本书的假说体系和理论框架的构建，指导了调研工作，与大家讨论确定了章节内容，对书稿进行了修改并负责最后的定稿等工作。农业部农村经济研究中心彭超副研究员作为课题组的副组长，全程负责课题的具体组织调研和项目协调，并且承担了文字修订和书稿修改的大部分任务。课题组成员的具体分工为：第一章初稿主要执笔人为杨晓婷、朱信凯，第二章初稿主要执笔人为彭楚乔、彭超，第三章初稿主要执笔人为李南、朱信凯，第四章初稿主要执笔人为李英儒、彭超，第五章初稿主要执笔人为黄怡璠、朱信凯，第六章初稿主要执笔人为高小淇、彭超，我的合作博士后孔哲理也参与了初稿的部分写作和修改工作。

本书写作过程中，还得到了中国扶贫基金会理事长段应碧、中国农业经济学会会长尹成杰、著名反贫困问题学者汪三贵教授等多位领导同仁的指导与帮助；中国人民大学出版社对课题研究提供了极大地帮助；中国人民大学苏州校区为课题研究的顺利实施提供了所有可能的方便，特此一并表示感谢。

"知标本者，万举万当；不知标本者，是谓妄行。"为了深入了解我国的贫困问题，课题组深入到了扶贫开发工作的第一线，特此对接受课题组调研的所有基层单位和个人致以最真诚的感谢！

《中国反贫困：人类历史的伟大壮举》是中国人民大学建校80周年的献礼之作，我们相信，随着中国的反贫困工作深入开展，在党和政府的领导下，在广大基层干部的努力和奉献下，在亿万人民群众的顽强奋斗下，中华民族必将行稳致远，开创更加美好的未来。

朱信凯

乙酉年教师节于中国人民大学明德楼

图书在版编目（CIP）数据

中国反贫困/朱信凯等著 . —北京：中国人民大学出版社，2018.5
（中国经济问题丛书）
ISBN 978-7-300-25809-6

Ⅰ.①中… Ⅱ.①朱… Ⅲ.①扶贫-研究-中国 Ⅳ.①F126

中国版本图书馆 CIP 数据核字（2018）第 111656 号

"十一五"国家重点图书出版规划
中国经济问题丛书
中国反贫困：人类历史的伟大壮举
朱信凯 彭 超 等 著
Zhongguo Fanpinkun：Renlei Lishi de Weida Zhuangju

出版发行	中国人民大学出版社	
社 址	北京中关村大街 31 号	**邮政编码** 100080
电 话	010－62511242（总编室）	010－62511770（质管部）
	010－82501766（邮购部）	010－62514148（门市部）
	010－62515195（发行公司）	010－62515275（盗版举报）
网 址	http://www.crup.com.cn	
	http://www.ttrnet.com（人大教研网）	
经 销	新华书店	
印 刷	涿州市星河印刷有限公司	
规 格	148 mm×210 mm 32 开本	**版 次** 2018 年 6 月第 1 版
印 张	8.375 插页 4	**印 次** 2018 年 6 月第 1 次印刷
字 数	222 000	**定 价** 48.00 元